Ruhrtalradweg

Halterner Stausee

Ahlen

esheim

Dortmund-Ems-Kanal

Datteln

Werne an der Lippe

Lippe

HAMM

2

Waltrop

Emscher

Lünen

Bergkamen

45

CASTROP-RAUXEL

HERNE

DORTMUND

Emscher

44

nnader See

WITTEN

Schwerte

Ruhr

Hengstey-see

Ruhrtal

Menden

Winterberg (Sauerland)

Ruhrtal

Wetter

Ruhrtal

Harkort-see

3

Ennepe

HAGEN

Lenne

Letmathe

Iserlohn

Hemer

Gevelsberg

Ennepetal

Volme

Schwelm

Altena

45

Wupper

Ennepe-talsperre

Werdohl

0    10km

beck'sche reihe

Olaf Sundermeyer

# Der Pott

Warum das Ruhrgebiet
den Bundeskanzler
bestimmt
und Schalke ganz sicher
Deutscher Meister wird

Verlag C. H. Beck

**Für Marlis & Udo**

Mit 26 Abbildungen

Verlag C.H. Beck oHG, München 2009 | Umschlaggestaltung: malsyteufel, Willich/Gülsah Edis | Gesetzt aus der Proforma bei Fotosatz Amann, Aichstetten | Druck und Bindung: Druckerei C.H.Beck, Nördlingen | Gedruckt auf säurefreiem, alterungsbeständigem Papier | (hergestellt aus chlorfrei gebleichtem Zellstoff) | Printed in Germany | ISBN 978 3 406 59134 1

*www.beck.de*                                        *www.olaf-sundermeyer.com*

**Auf gutem Weg: Der Strukturwandel im Pott ist keine glänzende Erfolgsstory, aber es geht voran.**

# Inhalt

# metropolig

Eine eindeutige Antwort auf die Frage, ob das Ruhrgebiet nun eine Metropole ist, kann ich Ihnen nicht geben. Dafür lasse ich auf einer Reise durch den Pott einige Menschen zu Wort kommen, die sich darüber Gedanken gemacht haben. Aber vor allem zeige ich Ihnen einiges von dem, was das Ruhrgebiet heute ausmacht. Natürlich nur in Ausschnitten. Sonst hätte ich mich zusätzlich an einigen Samstagen in Baumärkten herumtreiben müssen, in der Autowaschanlage «Wascharena» in Gelsenkirchen, auf Ramschmärkten vor Möbelhäusern in Bottrop oder in den Fitnessstudios zwischen Oberhausen und Hamm. Aber Autowaschen fahren Sie vermutlich selbst, einkaufen auch. Außerdem war ich zu Fuß unterwegs, mit dem Fahrrad und mit Bus und Bahn. Ich wollte nämlich nah dran sein – das Ruhrgebiet vermessen, wie man neuerdings sagt. Welche Ausmaße hat es? Wie viele Menschen leben dort? Welche Städte gehören eigentlich dazu? Wen man auch fragt, die Antworten fallen immer unterschiedlich aus. Zuletzt wurde politisch entschieden, dass sich das Ruhrgebiet auf 53 Städte und Gemeinden ausdehnt und deshalb etwa 5,3 Millionen Menschen hier leben. Allerdings stehen da Orte mit auf der Liste, bei denen sich der Herner oder Wittener fragt: «Wat soll dat denn?»

Aber wer weiß außerhalb, also in Restdeutschland, schon, dass in Dortmund mehr Menschen leben als in Düsseldorf, Stuttgart oder Leipzig? Dass Berlin und Hamburg zusammengenommen weniger

Einwohner haben als der Pott und erst recht viel weniger Fläche. Das wissen ja selbst hier nur die wenigsten. Das Ruhrgebiet sendet ziemlich wenig nach draußen. Das liegt auch daran, dass – außer der BILD-Zeitung – keines der bekannten, überregionalen Blätter eine Redaktion dort hat. Geschweige denn seinen Hauptsitz. Auch die Fernsehsender unterhalten lediglich Landesstudios oder bestücken sogenannte regionale Fenster aus dem Pott: und zwar nur für die Menschen, die da leben. Deshalb verlässt das wenigste, was dort passiert, diese Gegend: Die Menschen im Pott kochen seit Langem schon im eigenen Saft. An den Wochenenden gehen sie dann zu Hunderttausenden in ihre schönen Stadien, sagen: «Boah, sind wir viele!», dann fahren sie nach Hause, gucken sich die Sportschau an und sehen, dass es in anderen Stadien wieder weniger waren. So einfach funktioniert hier die Selbstvergewisserung.

Das Ruhrgebiet zu beschreiben ist ungefähr so, als müsse man Gleiches mit der russischen Seele tun. Aber auch den Pott kann man nur über seine Menschen abbilden. Bitte schön! Ich habe einige besucht, die in gewisser Weise beispielhaft für die gegenwärtige Gesellschaft sind. Nicht für jene Gesellschaft der abgelaufenen über 150 Jahre. Das ist Teil der Industriegeschichte. Stoff für die Wissenschaft. Und was dem Pott in seiner Entwicklung nicht hilft, ja geradezu bremst, ist die ewige Verklärung der Ruhrgebietsromantik. Nach dem Motto: «Kerl, war dat früha schön am Hochofen und anschließend inne Kneipe.» Es war nicht schöner früher. Wer das behauptet, ist ein Folklorist. Es war einfach anders. Vor allem war es dreckig. Als ich geboren wurde, arbeiteten fast eine halbe Million Kumpel unter Tage. Diese Arbeit gehört hier zu fast jeder Familiengeschichte, die noch im alten Jahrtausend beginnt. Zu meiner auch. Pütt und Hochofen. Bis

---

**Blick auf den Pott: Die Nahaufnahme einer ehemaligen Industrielandschaft.**

ins Jahr 2018 soll nun die letzte Grube dicht sein. Deutsche Kohle ist einfach zu teuer. Ich habe Leute besucht, die das Ruhrgebiet ausmachen – und zwar das heutige. Das Wort modern passt hier nicht. Es verstellt ebenso den realistischen Blick wie die Romantik, die mit dem Weichzeichner über die Vergangenheit geht und alles verklärt. Solange das Festhalten an der regionalen Vergangenheit in Medien und Gesellschaft dominiert – und das tut es in Teilen –, hat der Aufbruch keine Chance. Allerdings sollte man seine Herkunft niemals leugnen. Schon gar nicht im Ruhrgebiet. «Hömma, hasse eigentlich schon vergessen, wo de herkomms?», heißt es sonst. Und das ist mehr als bloß ein Spruch. Es ist sehr wichtig. Der Spagat zwischen der konstruktiven Vergangenheitsbewältigung, und dem gewinnbringenden Werkeln an der Zukunft, das ist die zentrale Herausforderung im Pott. Das reiche Erbe an einzigartigen Industriedenkmälern erinnert fortwährend an die Geschichte. Nicht bloß vorübergehend. Gleichzeitig wünscht man sich, dass auf den Orten der industriellen Vergangenheit etwas Gewinnbringendes, Neues entsteht.

Für mich ist der Pott vor allem meine Heimat, zu der auch all die Leute in diesem Buch gehören. Selbst wenn sie in Gelsenkirchen leben, was für jemanden, der wie ich in Dortmund aufgewachsen ist, Feindesland darstellt. Und Heimat hat man nur einmal. In Zeiten, in denen sich alles rasant wandelt und nichts mehr gewiss ist, birgt dies die größtmögliche Gewissheit. Heimat kann man auch überall mit hinnehmen. Wie auch immer man sie verpackt: etwa in Form der Zuneigung zu einem Fußballverein. Denn Fußball ist wahnsinnig identitätsstiftend. Und nirgendwo sonst ist er identitätsstiftender als bei den Menschen aus dem Ruhrgebiet. Er hilft auch gegen Heimweh. Ich selbst lebe inzwischen in Berlin. Natürlich gibt es Schlimmeres. Aber der Fußball dort hat keine Seele. Deshalb haben viele Ruhris in der Hauptstadt samstags Heimweh. Ich habe meines früher oft durch Manni Breuckmann heilen lassen, den bekanntesten Sportreporter im deutschen Hörfunk. Das kostete mich nur die GEZ-Gebühr meines Radios. Leider hat Herr Breuckmann sich beizeiten für die lukrative Frühverrentung seines Senders entschieden und funkt längst nicht mehr.

Dafür müsste der WDR das Ruhrgebiet und alle Menschen, die es seiner speziellen Art wegen mögen, eigentlich entschädigen: zum Beispiel mit einem Umzug der beiden beliebten Tatort-Kommissare Max Ballauf (Klaus Jürgen Behrendt aus Hamm) und Freddy Schenk (Dietmar Bär aus Dortmund) von Köln ins Ruhrgebiet. Das ist der Sender den Leuten von hier einfach schuldig. Stattdessen verspeisen die beiden ihre aus dem Pott importierte Currywurst mit Blick auf den Kölner Dom. Und wissen Sie, warum? Weil das Ruhrgebiet keine Lobby hat. So einfach ist das. Der Pott darf massenhaft die Einschaltquoten beeinflussen und maßgeblich bestimmen, wer ins Bundeskanzleramt einzieht. Aber über das Fernsehprogramm und über die Politik der einst staatsparteiähnlichen SPD entscheiden längst andere. Denn die Menschen hier haben keinen Fürsprecher, stattdessen werden sie zu großen Teilen noch fremdbestimmt: aus der feinen Landeshauptstadt Düsseldorf, wo urbane Elitenbildung seit Generationen heimliches Abiturprüfungsfach ist. Der ehemalige Ministerpräsident Wolfgang Clement behauptete im Gespräch für dieses Buch gar, dass das Ruhrgebiet systematisch «beschissen» werde. Dagegen solle man sich am besten in einem Zusammenschluss zur Wehr setzen – als gemeinsame Ruhrstadt.

Für die Arbeit an diesem Buch bin ich für eine gewisse Zeit in meine Heimat zurückgekehrt, und zwar nicht bloß für einen Stadionbesuch, ein Klassentreffen oder Schwagers Geburtstag. Ich gehöre zu denen, die das Ruhrgebiet in großer Zahl verlassen haben – unbewusst einem allgemeinen Trend folgend. Denn sämtliche Bevölkerungsprognosen zeigen hier nach unten. Und Menschen, die sich ernsthaft Gedanken machen um das Ruhrgebiet, etwa der Bochumer Historiker

Klaus Tenfelde oder der Essener Dieter Gorny, einst Gründer des Musiksenders VIVA und heute Kulturmanager im Ruhrgebiet (beide kommen in diesem Buch zu Wort), sehen in der Abwanderung junger Leute das größte Problem dieser Region. Die Gründe dafür sind unterschiedlich. Meistens fehlt es an der beruflichen Perspektive – oder es liegt an der mangelnden Identifizierung mit dem Ruhrgebiet. Aber viele ziehen aus noch ganz anderen Gründen weg – nach Köln, Berlin oder Hamburg. Auch Christoph Biermann hat das Ruhrgebiet verlassen. Der SPIEGEL-Korrespondent gehört zu den profiliertesten Sportautoren in Deutschland; aufgewachsen ist er in Herne. In einem Interview über seine Zeit als Musikredakteur im Pott hat er angedeutet, warum er wegging: «Das Ruhrgebiet war damals extrem kulturfeindlich, ist es das nicht heute noch? Jede Art von bohemistischem Lebensstil, zum Beispiel spät ins Bett gehen und spät aufstehen, wurde zutiefst feindselig betrachtet.» Natürlich wird man im Kulturbetrieb des Ruhrgebiets heute niemanden finden, der das so sagt – aus nachvollziehbaren Gründen. Aber alle anderen sind nicht mehr da. Dabei wäre es doch schön, wenn sich zwischen Ruhr und Emscher ein paar ausgeschlafene Romanautoren tummeln würden, die den seligen Abschied von Max von der Grün («Irrlicht und Feuer») ein bisschen überlagern könnten. Schließlich wird es Zeit, dass hier eine bedeutende Prosa wächst, die ihre Protagonisten nicht mehr unter Tage schickt.

Außerdem sind es die Kreativen, die sich die Verantwortlichen heute hier wünschen. Liegt doch eine der Hoffnungen für das Ruhrgebiet auf der sogenannten Kreativwirtschaft. Denn das erste Rennen nach dem Niedergang der Schwerindustrie hat das Ruhrgebiet bereits verloren: das um die maßgeblichen Institutionen des digitalen Zeitalters. So haben sich etwa die Telefongesellschaften Vodafone und E-Plus frühzeitig für einen anderen Standort entschieden. Sie gehören zu den wichtigsten Arbeitgebern im nahen Düsseldorf. Zuletzt hat Nokia auch noch seine Produktionsstätte in Bochum abgebaut. Man muss sich also etwas einfallen lassen im Ruhrgebiet, um den Studenten etwas zu bieten, die im Überhang aus den hiesigen Universitäten kommen. Sonst sind sie weg.

So gesehen, ist die traditionelle Zuwanderung im Pott ein Glück, das man nur noch als solches erkennen müsste. Schließlich ist die Erfahrung im Umgang mit fremden Kulturen ein wuchtiges Kapital in der Wissensgesellschaft, die keine nationalen Grenzen mehr kennt. Daher bringt die zweite – und bald auch die dritte – Gastarbeitergeneration reichlich Potenzial mit, um das Ruhrgebiet weiter voranzubringen. Längst sind viele von ihnen mit diesem ganz speziellen Menschenschlag im Pott verschmolzen. Diesen Menschenschlag dürfen Sie finden, wie Sie wollen. Meinetwegen, direkt, ungehobelt – oder frech. Aber die Leute hier sind meistens authentischer als in anderen Gegenden. Damit muss man erst einmal klarkommen. Die meisten Berichte derjenigen, die es versucht haben, fallen ganz gut aus. Man darf die Ruhris auch ruhig «echt» nennen. Das gefällt ihnen. Auch wenn das jeder macht, der mit einem Augenzwinkern auf das Ruhrgebiet schaut, vielleicht sogar ein bisschen abschätzig. «Echt» ist in keinem Falle falsch. Und schon gar keine Beleidigung.

Weil das Ruhrgebiet aber jahrzehntelang für Auswärtige als industrielle No-go-Area galt und niemand bloß aus Lust und Laune hierherkam, haben sich die Menschen eine höchst unangenehme Eigenschaft zugelegt: das «Sichvergleichen». Wozu das führen kann, lässt sich am besten am Beispiel der beiden Fußballvereine Borussia Dortmund und Schalke 04 zeigen. Nämlich fast bis zu ihrem Kollaps. Anstatt sich – wie sonst üblich – miteinander zu vergleichen (und das ist ein für beide fruchtbarer Wettstreit, zumal mit ähnlichen Voraussetzungen), haben sie sich zwischenzeitlich am Klassenprimus Bayern München gemessen. An diesem größenwahnsinnigen Vergleich sind beide fast zu Grunde gegangen. Dabei sind der Pott und seine Typen einzigartig. «Reicht dat nich?»

Eine Liebeserklärung ist dieses Buch nicht. Es ist schlicht eine subjektive Annäherung, mit der eigenen Erfahrung im Gepäck. Eine Nahaufnahme des Ruhrgebiets, das allmählich auf dem Weg zu einer Metropole ist. Ob es dort auch einmal ankommt? Auf jeden Fall steigen die Chancen, wenn man sich hier nicht fortwährend selbst fragt, ob das Ruhrgebiet nun eine Metropole ist. Bis dahin fühlt es sich einfach nur metropolig an. «Is doch auch schön.»

Olaf Sundermeyer

# Phönixsee

Die Peepshow im Ruhrgebiet kostet einen Euro. Am meisten sieht man aus 142 Meter Höhe. Hier oben entblößt sich der Pott schonungslos, er zeigt seine Narben. Unter der leicht gewölbten Bauchdecke wurde er tausendfach durchlöchert, auf der Suche nach Kohle. Sechs Milliarden Tonnen sind unter 20 000 Quadratkilometer Ruhrgebietsfläche aus der Erde geholt worden. Dabei müsste sich die Gegend durchschnittlich um drei Meter gesenkt haben. Und nur ganz allmählich verheilen die sichtbaren Wunden, auf die das Münzfernrohr zielt. Es weht ein scharfer Wind auf der Aussichtsplattform des Dortmunder Fernsehturms. Als sich mein Jochbein mit leichtem Druck auf den Metallring des Okulars presst, entsteht im Kopf die Idee eines Films. Wenn das hier eine Kamera wäre, die seit einem halben Jahrhundert Bilder aufgenommen hätte – so lange steht der Turm –, ließe sich im Zeitraffer eine zweiteilige Dokumentation unter dem Titel «Strukturwandel» montieren. Teil eins: Das Leben mit der Industrie, Teil zwei: Das Verschwinden der Industrie.

Jetzt läuft bereits Teil drei: Sie ist weg, die Industrie. Gut verheilt sieht die Bergehalde im Nordwesten aus, wo das Auge an einer riesigen weißen Halle hängen bleibt. Wo früher Kohle und Koks gelagert wurden, der Stoff, aus dem der Stahl gekocht wurde, stapeln sich nun Billy-Regale und Knihult-Sofas. Für die Wohnzimmer junger Familien zwischen Gibraltar und Nowosibirsk. Das Hochregallager ist das weltweit größte Logistikzentrum des schwedischen Möbelgiganten Ikea. 1300 Menschen arbeiten dort. Immerhin ist eine der klaffenden Arbeitsplatzwunden somit notdürftig versorgt worden. 80 000 Menschen hatten hier ihren Industriearbeitsplatz verloren. Davor nämlich war immer vom «Dortmunder Dreiklang» die Rede – Kohle, Stahl und Bier. Beim langsamen Schwenk weiter in östliche Richtung blickt man heute auf zwei Brauereiruinen der ehemals größten Bierstadt Europas. Nur Milwaukee hatte einen größeren Ausstoß. Sieben Millionen Hektoliter Bier wurden jährlich gebraut. Der Niedergang der Dortmunder Brauhäuser wurde eingeleitet durch einen Mix aus geänderten Trinkgewohnheiten, falschen unternehmerischen Entscheidungen und einer verlorenen Übernahmeschlacht zu Gunsten größerer Konzerne. Da unten wurde bei der Marktbereinigung einiges weggefegt. Und wer denkt heute beim Biertrinken noch an Dortmund?

Vielleicht Horst de Loche, der da unten jetzt irgendwo mit seinem schwarzen Schäferhund Rex aus dem Haus kommt. Mit den für ihn typischen kleinen Schritten geht er schleppend durch die Kleingartenanlage am Hörder Bach. An jeder Ecke gibt es hier diese privaten Parks mit ihren Lauben, Grillöfen aus Waschbeton, dem Bundeskleingartengesetz, der Schreberjugend und den schwarz-rot-goldenen Stoffen am Fahnenmast von Plus oder von Obi. 118 solcher Vereine verteilen sich über das Stadtgebiet und machen es schön grün. Im Augenblick aber geht unter den Gartenzwergen die Angst um. Vor dem Kaninchenripper von Dortmund. Auf 56 stieg in der vergangenen Nacht die Zahl seiner Opfer. Den meisten hat er den Kopf abgetrennt. Auch ein paar Meerschweinchen sind tot. Die Ermittler suchen nach einem Perversen. Es ist ein lokaler Aufreger.

---

**Aus dem Dreck: Wo Zehntausend einst am Hochofen in Dortmund-Hörde schwitzten, entsteht der künstliche Phönixsee.**

De Loche lässt das kalt. Zwar hat er einen Garten, aber keine Kaninchen. Rex wüsste sich schon zu wehren gegen so einen Bekloppten. Mit ihm durchquert er nun die Bahnunterführung zur Hermannstraße in Richtung Phönixsee. Dort setzt er sich auf die Mauer ans Südufer, wie fast an jedem Morgen dieser wiederkehrenden Tage eines Frührentners im runtergekommenen Stadtteil Hörde.

Einst war dies der wichtigste Teil der Stadt, mit eigener Fußgängerzone, Brauerei, sogar mit einer Burg aus dem 12. Jahrhundert. Und mit Tausenden von Stahlarbeitern auf der Hermannshütte, dem Werk Phönix. Aber das ging mit dem neuen Jahrtausend zu Ende. Erst schloss die Brauerei, dann Phönix, schließlich wurde das ganze Stahlkochgeschirr abgebaut – und nach China verschifft. Nach und nach machen nun auch die Kneipen dicht. Selbst die Rollläden der Spelunke gegenüber vom Bahnhof gehen nicht mehr hoch. Gestern erst stand de Loche durstig vor der verschlossenen Tür, mit Rex an der Leine. Dabei hätte er eigentlich Zeit für ein Schwätzchen gehabt. Hätte gerne eine Runde geknobelt mit den anderen Jungs am Tresen, von denen auch viele eine Menge Zeit haben. Arbeitslose gibt es hier genug. Knobeln. Auch das Würfelspiel mit den quietschenden Lederbechern, die sich seit Jahrzehnten unter den Tresen im Pott stapeln, verschwindet allmählich. Mit all dem anderen. Horst de Loche ist ein Jahr älter als die Bundesrepublik und hat noch nie woanders gelebt. Er hat hier alles erlebt. Als Borussia Dortmund die erste deutsche Mannschaft ist, die den Europapokal der Pokalsieger gewinnt, fängt er im Werk an; das war 1966. Gerade erst wurde das Werk von dem Stahlkonzern Hoesch übernommen. 10 000 Menschen arbeiteten hier. Der kleine Läufer Hoppy Kurrat stand damals bei Borussia in der Abwehr. Seit einer halben Ewigkeit hat er nun drüben in Holzwickede, vor den Toren der Stadt, eine Eckkneipe. Da holt er zwar noch Dortmunder Bier aus dem Hahn, aber mit dem Fußball ist es nun ganz vorbei. «Nee, Jungs, Fußballgucken is nich mehr, dat Bezahlfernsehen is uns zu teuer», rief seine Frau neulich erst der geöffneten Tür entgegen. Und das beim Spiel gegen Bochum, dem «kleinen Derby». An einem Samstag um halb vier im Pott.

Zur gleichen Zeit aalte sich Rudi Assauer in seiner Schalker VIP-Lounge. Damals, '66, stand er gemeinsam für Borussia mit Hoppy in der Abwehr und dachte wohl im Traum noch nicht an Schalke. Schon gar nicht daran, Jahrzehnte später in einem Fernsehstudio in Hörde die Sendung «Auf Schalke» für einen dieser lärmenden Nischensender zu produzieren. Mitten auf dem Gelände der ehemaligen Stiftsbrauerei traf Assauer, ehemals Manager von Schalke 04, ins Herz der Dortmunder Lokalrivalen. Die Mitklatschshow wurde zudem geführt von Schalkefan Uli Potofski und präsentiert von Sponsor Veltins, der Großbrauerei aus dem dominierenden Sauerland. Von dort sickerte der schleichende Tod des Dortmunder Bieres in die Stadt ein. «Auf Schalke» lief nicht lange. Ebenso das Programm eines Senders für Musikvideos, das hier produziert wurde. Der letzte Versuch hieß «Help TV», moderiert von Fernsehpfarrer Jürgen Fliege. Schon bei dessen Start schrieb die «Süddeutsche Zeitung» humorlos von einem «Ort des Scheiterns». Nach dem Ende des Dreiklangs hatte die Stadt vergeblich versucht, sich als Medienstandort zu etablieren. Immerhin leben hier mehr Menschen als in Düsseldorf. Nur Köln hat in NRW mehr Einwohner. Dort sitzen der WDR, der wichtigste Sender der ARD-Familie, und natürlich RTL. Hier in Hörde aber blieb vieles Vision. Als Letztes resignierte das Berlin-Mittige Interviewmagazin «Galore», das im Schatten einer anderen Brauereibrache entstand.

Das alles juckt Horst de Loche nicht. Er hat ein dickes Fell. Ab und zu liest er die BILD-Zeitung, fertig. Noch lieber schaut er den wühlenden Baggern auf der Brache zu. Damit ist er praktisch mitten im Nachrichtengeschehen. Denn hier entsteht der Phönixsee. Das ist eine der Topstorys im Pott, und de Loche ist jeden Tag live dabei. Zwar dauert es noch, bis der See geflutet wird. Denn die industriellen Altlasten verzögern immer wieder die Planung. Natürlich wird das ganze Projekt wesentlich teurer als ursprünglich veranschlagt. Aber es gibt schon einen Yachtclub Phönixsee e.V., mit 300 Mitgliedern. Nur eben noch kein Wasser. Dafür reichlich Staub. Wie die Köpfe grasender Kühe senken sich die Schaufelarme der Bagger immer wieder zur Erde. 50 Maschinen sind eine ziemlich große Herde. Zwei Stunden sitzt de Loche hier und schaut ihr zu. Das bringt Abwechslung. Dann steht er auf und geht zum Ostufer, zu den anderen.

Dort erfasst das Fernrohr die riesige Baustelle mit ihren braunen Erdhügeln. Einzelheiten sind von hier oben nicht zu erkennen. Hörde steckt in Watte. Es ist diesig. Eine Kirchturmspitze stellt sich in den Blick. Klick. Jetzt ist die Linse verschlossen. Die Peepshow ist vorbei. Von der viel befahrenen B1 trägt der kalte Wind den Verkehrslärm hinauf. Die Straße, die auf dem Weg nach Bochum zur A40 wird, scheitelt den Pott in Nord und Süd. Auf dem Betonsockel des Fernsehturms steht mit schwarzem Filzschreiber geschrieben: «Willste mit mir gehen?» Und in geschwungener Mädchenschrift hat eine geschrieben, dass Raphael W. «the sexiest teacher alive am Stadtgymnasium» sei. Wenigstens die B1 und die Romantik haben den Wandel überlebt.

Am Ostufer der interessantesten Baustelle im Pott richten ein Dutzend Kibitze ihre Ferngläser auf das, was sich ändert. Es ist erst mittags, aber von denen hier muss keiner mehr arbeiten. Richtig alt sieht aber auch keiner aus. Schon eher ein bisschen erholt. So wie das Paar mit den nagelneuen Alu-Fahrrädern in den praktischen Windjacken. Partnerlook. Er zückt sein Fotohandy, macht Bilder von der Baustelle, in dieser eigenartigen Bewegung mit zwei ausgestreckten Armen in Brusthöhe, und erzählt: «Da drüben, das war früher die schäbigste Wohngegend in der ganzen Stadt.» Er zeigt auf eine dunkle Reihe verkommener Mehrfamilienhäuser. Jahrzehntelang haben sie sich aneinandergeschmiegt, als würden sie sich gegenseitig beschützen. Vor den Rußwolken, dem Gift, dem metallischen Lärm der Hütte. Das Tal der fliegenden Messer hieß dieses Problemviertel früher unter den Jugendlichen. Heute warten seine Mieter auf den Seeblick. Belohnung für ein Leben im Dreck. Die meisten allerdings, die den Seeblick künftig genießen werden, haben kaum Erinnerung an den Dreck.

Denn aus der maroden Nachbarschaft werden sich nicht viele eine der 1000 Wohnungen am Seeufer leisten können. Oder eines der Einfamilienhäuser, die wie in einer Bauausstellung den Rand der Industriebrache säumen sollen. Oder eine der schicken Penthousewohnungen, in denen bald die Werber oder Architekten wohnen werden, die hier am Phönixsee ihre Geschäfte betreiben. Ein maritimes Viertel für 3000 Menschen mitten in einer Stadt, wo kein natürliches Gewässer die Augen erfrischt. Das klingt verlockend. Ganz sicher wird es der beliebteste Ort im Sommer werden. Dafür braucht es Cafés. Auch ein kleiner Yachthafen entsteht für eine begrenzte Zahl von Jollen auf einer kleinen Wasserfläche von 24 Hektar. Die werden geopfert, um den restlichen Teil der insgesamt 100 Hektar großen Brache als hochwertigen Immobilienstandort vermarkten zu können. So soll aus einer leer stehenden Industriefläche in einem abgewirtschafteten Stadtteil ein attraktiver Standort werden. Die Stadt, die das Projekt finanziert, wiederholt das Mantra von dem See, «der größer ist als die Hamburger Binnenalster». Mit allen Mitteln kämpft man für neue Arbeitsplätze. «Die Nähe zum Element Wasser macht auch die Ansiedlung eines Gesundheits- und Fitnesszentrums am See mit Arztpraxen, Sportgeschäften, Ernährungsberatung, Laboren und vielem mehr denkbar», sagt die Stadt.

«Alles Kokolores», meint de Loche. Ob die Menschen im Ruhrgebiet grundsätzlich skeptischer sind als anderswo? Der alte Mann mit dem Hund ist es ganz sicher. «Bis die hier fertich sind, lauf ich am Stock um den See, und Rex lebt dann schon lange nich mehr.» Der schwarze Rüde hat schon ein paar graue Haare um die Schnauze. «Ach, hör mir doch auf mit dem See», erzählt sein Herrchen jedem, der es wissen will. Am Ostufer wird gefachsimpelt, fast wie auf der Wambeler Pferderennbahn ein paar Straßenecken von hier. Fehlt nur noch einer, der die Wetten annimmt. Auf das Datum der Flutung, das Richtfest für den Yachthafen, auf die tatsächlichen Kosten für die Stadt und damit für den Steuerzahler. Steuerzahler – dieses Wort fällt hier häufig, wie überall, wo mehrere BILD-Zeitungsleser zusammenstehen.

«Schätzelein, du hast ne Nachricht.» Die Stimme spricht aus der hellen Weste des Alten, mit dem ich hier verabredet bin, und dann noch: «Weiste Bescheid, nisch, chrrrr.» «Ja, der Horst Schlämmer gefällt mir», sagt er und grinst unter einer Schirmmütze. Hape Kerkelings Figur Horst Schlämmer hat er sich auf das Handy geladen, als Klingelton. Er streckt die Hand aus: «De Loche, auch Horst.» Dann stehen wir im Wind, der hier unten nicht mehr so kalt ist, und hören dem Wühlen der Bagger zu. De Loche sagt: «Das wird also unser See. Schon komisch.» Da hinten in der Ecke habe er malocht, richtig gewullackt. Als Hilfsarbeiter. Zehn Meter unter der Fackel, die vor einigen Jahren gesprengt wurde. «Damals gab es noch richtig schönes Geld», sagt er – und reibt vor dem Gesicht Daumen und Zeigefinger aneinander. Das L in «Gellld» dehnt er auf eine Art, als würde er die Zunge unter dem Gaumen zusammenrollen. Dieses L gehörte zur Stadt wie die Hörder Fackel und ist nur noch an ganz bestimmten Plätzen zu hören.

Fast 100 Meter war der Industrieschornstein hoch, über den die beim Stahlkochen aufkommenden Gase abgefackelt wurden. Wie ein feuerspeiender Drache stieß die Fackel ihren heißen Atem in den Himmel. Gleichzeitig gab sie Orientierung an den dunklen Tagen. Bis sie zusammenkrachte. Wie ein lauter Schuss peitschte die Explosion der Sprengung an diesem verregneten 24. April 2004. Verzögert, wie in Zeitlupe, fiel der Koloss zu Boden, wo eine riesige Staubwolke unter dem Applaus von ein paar tausend Menschen aufstieg. Aus diesem

Staub soll Phönix sich bald wieder erheben. «Hab´ ich alles gefilmt, woll», sagt de Loche. Übergangslos hat es der Rentner ins digitale Zeitalter geschafft. Nun dreht er seinen eigenen Film. Mehrteilig, über das Verschwinden der Industrie in seinem Lebensraum.

Eine Frau im Jogginganzug kommt vorbei, auch mit einem Hund an der Leine. Sie schaut kurz auf und ruft: «Würstken!» Ich denke: Meint die mich? Und frage besser mal nach: «Der Hund heißt nicht ernsthaft Würstchen, oder?» Ohne das Lächeln zu erwidern, antwortet sie in einer Selbstverständlichkeit, die ein Reiseführer als landestypisch umschreiben würde. «Doch, der heißt Würstken.» Wie einer denn darauf kommt, seine kleine purzelmäßige Mischlingstöle Würstchen zu nennen? «Is doch ganz einfach! Als ich den neu hatte, saß er immer neben meinem Riesenhasen im Gatten. Der Hase war doppelt so groß. Da hat mein Mann gesacht, gezz guck dir ma dat kleine Würstken an. Ja, dann sind wir einfach bei dem Namen geblieben.» Dass der Kaninchen-Killer Würstchen mal nicht verwechselt, denke ich, lasse das aber lieber unausgesprochen.

Auf einmal wird es hektisch. Da kommt eine ganze Crew, die auch einen Film dreht. Einen Werbestreifen über das Produkt Phönixsee. Autos mit dem Kennzeichen D. Das ist hier so beliebt wie ein griechisches Nummernschild im türkischen Teil von Zypern. Die Hauptdarstellerin wird professionell verkabelt. Alles muss perfekt sein, denn bald wird jemand sie daran messen, wie viele Grundstücke sie hier verkauft hat. Maritim wie das Projekt Phönixsee ist ihr Auftritt im gestreiften Blazer, dazu ein passender marineblauer Rock, der über den gebräunten muskulösen Waden einer Dame aus der zweiten Lebenshälfte endet, für die Bewegung nicht bloß ein Wort ist. Auch ihr strahlendes Lächeln ist ein Trainingsergebnis. Solche Erfolgsmenschen tauchen überall auf, wo sich im Pott die Struktur wandelt. Sie bekleidet eine Funktion im Rotary Club, und auch im Yachtclub Phönixsee hat sie längst eine Mitgliedsnummer. Natürlich segelt sie nicht. Kritischen Fragen weicht sie standhaft aus. Etwa der nach dem Sozialneid in Hörde.

«Wenn das hier fertich wird, gibt es zwei Hörde», nuschelt de Loche. «Ein armes und ein reiches.» Tatsächlich generiert der Sozialneid die wildesten Geschichten. Von einem Kassenhäuschen will de Loche erfahren haben, an dem Spaziergänger bezahlen müssen, bevor sie an der kurzen Seepromenade flanieren. «Stimmt nicht», widerspricht die Frau im Rock energisch. Der Frührentner ist wohl einem üblen Gerücht aufgesessen. «Ganz toll» soll hier alles werden, sagt die Dame, und dass «tausende Arbeitsplätze entstehen werden» und dass es «sehr viele Interessenten» gibt. Natürlich. Dann erwähnt sie noch das Stadterneuerungsprogramm für den trostlosen Hörder Ortskern. «Da werden auch Maßnahmen kommen.» Schließlich würden dann alle von dem neuen Wohnumfeld profitieren. So gesehen, auch Horst de Loche, der Skeptiker. Wahrscheinlich auch Würstchens Frauchen. Vorausgesetzt, die Verantwortlichen bei der Europäischen Union in Brüssel sehen ein, dass der Wandel in Hörde noch ein bisschen unterstützt werden muss. Mit ein paar Millionen Euro.

Aber erst mal soll es am Phönixsee vorangehen. Die Nase ahnt, woher die Altlasten kommen, die hier alles verzögern. Es riecht penetrant schwefelig und verbrannt aus der Erde. Zwischen den Erdhügeln tun sich kleine Krater wie Bombentrichter auf, die mit dreckigem Grundwasser gefüllt sind. Schlierige Grünalgen obendrauf. Das Wasser riecht verfault. Alte Fundamente, Ziegel, rostige Moniereisen zeigen scharfkantig in den Himmel. Ein unterirdisches Labyrinth aus Treppenaufgängen und geziegelten Kanälen. Spundwände sind in die Erde gerammt wie Palisadenzäune um ein Römerlager.

So ähnlich muss es hier nach einigen der 180 Bombenangriffe ausgesehen haben, die Dortmund bei der «Battle of the Ruhr» während des Zweiten Weltkrieges aushalten musste. Nach Plänen des britischen «air ministry» wollten die Alliierten die Waffenschmiede des

Deutschen Reiches lahmlegen und damit die Wehrmacht schwächen. Ein paar Straßen von Horst de Loches Wohnhaus entfernt tritt der 53-jährige Paul Stanislawski am frühen Donnerstagabend, den 4. Juli 1940, etwa so schleppend vor die Haustür wie der Frührentner heute Morgen mit seinem Hund. Dem Koksofenarbeiter steckt die jahrelange harte Arbeit in den Knochen. Diese Nachtschicht soll seine letzte sein. Stanislawski gehört zu den ersten Todesopfern der Luftangriffe auf Dortmund.

Gleich nach dem deutschen Angriff auf Frankreich im Mai hatte das britische Bomber Command mit den Attacken begonnen. Am Ende des Krieges dokumentierte die Fürsorgestelle für Kriegsgeschädigte und -hinterbliebene 6341 Todesfälle. Die tatsächliche Zahl dürfte wesentlich höher liegen. Beim Fliegeralarm im Juli will Stanislawski pflichtgemäß einen brennenden Ofen abdichten, damit kein Lichtschein herausdringt. Den britischen Fliegern der Royal Airforce soll er kein neues Ziel in der schwarzen Nacht über Dortmund bieten. Mit kleinen Verbänden greifen sie Orte im Westen und Nordwesten Deutschlands an. Plötzlich hört Stanislawski das Peitschen einer Maschinengewehrgarbe aus nächster Nähe, erschreckt sich und stürzt unglücklich in das Löschwagengleis, wo sein Malocherleben jäh im 1500 Grad heißen Flüssigstahl zu Ende geht.

Bei den Angriffen auf die kriegswichtige Schwerindustrie gehört auch das Phönixwerk, damals das Werk Hörde des Dortmund-Hörder Hütten Vereins, zu den regelmäßigen Zielen. Einmal wird der Ofen der Asphaltierungsanlage getroffen, auch die Gleisanlagen des Werkes. Nüchtern notiert der Kreispropagandaleiter der NSDAP am 27. Februar 1945: «Die Produktion geht weiter.» Das ist die Hauptsache in den letzten Kriegstagen.

Am schlimmsten aber traf es die Zwangsarbeiter, die zu Tausenden über Jahre in den Dortmunder Stahlwerken schuften mussten. Zumeist Polen, Russen und Ukrainer. Aber auch Franzosen. Dort, wo sich bald weiße Segel im Wind blähen sollen, stand ein Außenlager des KZ Buchenwald, das von der Gestapo kontrolliert wurde. Mutmaßlich politisch unliebsame Osteuropäer wurden hier interniert. 80 von ihnen sollen umgebracht worden sein. Andere wurden zu Bombenopfern, ebenso wie «120 ausländische Tote» in einem anderen Dortmunder Werk, die der NSDAP-Hauptgemeinschaftsleiter Tillmann nach dem 11. September 1944 lapidar in seiner Schadensmeldung auflistete.

Bei klarem Himmel und Sonnenschein hatten sich 250 US-amerikanische Bomber auf die Stadt gestürzt. «Die Verluste der ausländischen Arbeiter und Arbeiterinnen bei Hoesch sind zum größten Teil dadurch entstanden, dass kurz vor dem Angriff gerade 500 Polen neu eingetroffen waren, die sich in der Entlausungsanstalt der Barackenanlage befanden und darum nicht mehr die Zeit hatten, sich zum Aufsuchen des LS-Stollens (Anm.: Luftschutz, OS) rechtzeitig anzukleiden und in Sicherheit zu bringen.»

Das Ehepaar Durlik ist nicht dabei. Von Nazis verschleppt, arbeiten die beiden Polen in einer Farbenfabrik im Münsterland. Nach Dortmund kommen sie erst nach dem Krieg. Im Bergarbeiterstadtteil Eving werden sie in leer stehende Wohnungen der britischen Armee einquartiert, in deren Besatzungszone die Stadt liegt. Es entsteht eine polnische Siedlung auf deutschem Boden. Der Schmerz, den Deutschland ihnen angetan hat, wirkt nach. Nur schwer können sich die Durliks vorstellen, hier ihr Zuhause zu haben. Die Frau kommt aus Warschau, hat ihre Schwester im Aufstand gegen die Deutschen verloren. 250 000 Menschen sollen dort in den Wochen nach dem 1. August 1944 umgekommen sein. Aus Ärger über den Widerstand sprengten die Nationalsozialisten systematisch ganze Viertel der stolzen polnischen Hauptstadt. Sie töteten wahllos. Viele Warschauer verhungerten. Es ist bis heute das schlimmste polnische Trauma überhaupt. Und jetzt, gleich nach diesem deutschen Angriffskrieg, sollen sie als

Polen hier in Dortmund unter den Menschen leben, von denen viele Täter sind, Mitschuld tragen an den in Polen verübten Kriegsverbrechen? Oder dorthin zurück? In ein von den Sowjets besetztes Land, wo unter ihrer Knute ein Satellitenstaat nach Stalins Vorstellungen entsteht? Leben unter der Willkür eines zweiten ausländischen Diktators nach Adolf Hitler? Der Ausweg heißt Amerika.

«Aber dazu kam es nicht. Mein Vater wurde schwerkrank, als die Seekiste für Amerika schon gepackt war», sagt Siegfried Durlik. Er hat die Mitgliedsnummer 26 im Yachtclub Phönixsee. Die Kiste hat er noch im Keller stehen, hier in der Preußischen Straße, wo sich die Älteren noch auf Polnisch über den Gartenzaun unterhalten. Auch Durlik, wenn er mit denen spricht, die älter sind als er. Obwohl der kleine Siegfried in den Jahren des bundesdeutschen Wirtschaftswunders in einer Dortmunder Arbeitersiedlung aufwächst. Den Europapokalsieg seiner Borussia erlebt er als 13-Jähriger. Seine ältere Schwester sprach kein Wort Deutsch, als sie in die Schule kam. «Aber ich bin Deutscher, habe einen deutschen Pass. Ich kann nicht mal Polnisch lesen. Nur meine Frau kann das.» Auch die ist eine Tochter polnischer Zwangsarbeiter. Durliks Mutter lebt noch und geht mit der Familie immer mittwochs in die heilige Messe, die auf Polnisch gelesen wird. Dafür kommt der polnische Pastor extra in die Siedlung. Nach der Messe frühstücken alle zusammen. Für Familienangelegenheiten kann Durlik inzwischen mal schnell nach Polen fliegen. Dortmund Warschau Dortmund für den Preis einer Tankfüllung. Der Flughafen ist das wichtigste deutsche Drehkreuz für den sogenannten ethnischen Verkehr von und nach Osteuropa. Die Billigflieger bringen Kommunionsgäste nach Kattowitz und fliegen Pflegekräfte aus Stettin ein, die sich von morgens bis abends um die kranken Omas in den Reihenhäusern kümmern. Im Pott steht die polnische Luftbrücke.

Dagegen lebten die Eltern von der Heimat abgeschnitten, als der Eiserne Vorhang noch stand. Durliks Heimat ist Eving. Wo die Matka

auf einem schmalen Streifen Land im Garten Gurken und Zwiebeln zog, sitzt Siegfried Durlik heute zwischen dem gemauerten Grillkamin und seiner hölzernen Laube mit dem Bullauge in der Tür. «Selber gemacht.» Der Nachbarsgarten sieht immer noch so aus wie irgendwo in Masowien. Als Deutschland gegen Polen bei der Fußballweltmeisterschaft 2006 in seiner Heimatstadt antrat, im Stadion der verehrten Borussia, wehte in diesem Garten eine rot-weiße Fahne. Ansonsten zählt in Eving nur der BVB. Der ist wichtiger als Deutschland. Lars Ricken ist hier aufgewachsen, der es als ewiges Talent zum Millionär brachte, auch Michael Zorc, Idol der Südtribüne und Manager der Borussia. Durlik managt immerhin die örtliche Tippgemeinschaft. Tabelle und Spielplan liegen auf dem Tisch. «Der Michael hat sich ja damals die schöne Jola hier aus der Nachbarschaft gegriffen. Mit der ist er immer noch verheiratet.» Verheiratet mit einem schönen polnischen Mädchen.

---

**Immer Flagge zeigen: Für alles haben die Menschen im Pott einen Verein, besonders beliebt sind die der zahlreichen Kleingärtner.**

Jetzt ist es Zeit für den Schnupftabak, von dem sich der kräftige Mann ein winziges Häufchen auf den Rücken der linken Hand schüttet. Gletscherpriese. Tief durchgeatmet, die Augen zugekniffen, kommt er dann zum eigentlichen Thema. Dem Phönixsee. «Nachdem sie das Werk geschlossen hatten und die Idee mit dem See aufkam, da habe ich aus Jux immer gesagt: Ich werde da Hafenmeister.» Am 28. April 2001 war Schluss. «Um halb drei Uhr nachmittags haben wir den letzten Guss gemacht», erzählt Durlik, der letzte Tag nach 26 Jahren an der Pfanne war das damals. Durlik war der Pfannenmann auf Phönix. Er hantierte mit dem wuchtigen Ding, aus dem der Schrott bei fast 1600 Grad ins glühende flüssige Roheisen gekippt wurde. Wie das vonstattenging, lässt sich heute nur noch im Dortmunder Hoesch-Museum betrachten. Mit Helm und einer 3-D-Brille, unter der es sich ähnlich schwitzt wie damals auf Phönix. Dort heizte sich Durliks Arbeitsplatz an der Pfanne im Sommer auf gemütliche 60 Grad auf. Aber das war nicht wichtig. «Es war einfach eine schöne Zeit damals. Vor allem die Kameradschaft war gut.»

Die Kameradschaft schätzt Durlik auch unter Seglern. Sein Schwager hat ihn zum Segeln überredet, vor 25 Jahren, bei einem Segeltörn in Holland. Denn Wasser gibt es in Dortmund nicht. Nur im Kanal. Um darauf herumzudüsen, wollte er sich ursprünglich ein Motorboot kaufen. Aber dann nahm ihn der Schwager mit aufs Ijsselmeer. «Der hatte eine Leger 23 mit Kajüte. Wir sind mit dem Motor raus, tok, tok, tok. Dann haben wir Segel gesetzt, und er hat den Motor ausgemacht.» Auch Durlik macht jetzt eine kurze Pause. Er kann sich ganz genau erinnern. «Als das Schiff dann unter Wind abzog, hatte ich mich schon fürs Segeln entschieden.» Fortan ist der feine Sport sein kleines Malocherglück. An Ostern, zu Pfingsten, in den Sommerferien. Bei jeder Gelegenheit geht's ab nach Holland.

An der Wand seiner Laube hängen Fotos von dem Boot, das Durlik später übernommen hat. Von der Decke baumelt eine hölzerne Möwe.

Im Gartenteich, der nicht größer ist als eine Badewanne, plätschert Wasser aus einem Schlauch. Durlik hat jetzt ein bisschen mehr Zeit, sein Idyll zu genießen. Er macht Kurzarbeit bei Thyssen-Krupp-Steel in Duisburg. Noch ist das der größte Stahlstandort der Welt. Mehr Stahl produziert keiner als diese 18 000 Menschen, deren Zahl stetig weiter schrumpfen wird. Nachdem das Werk in Hörde geschlossen wurde, konnte Durlik dort anfangen. «Wo ich da die ersten Monate gearbeitet hab, kam ich mir vor wie so 15 Jahre zurückgeworfen.» Vieles dort erinnert ihn jetzt an die letzten Jahre auf Phönix. Die Jahre, als alles allmählich dem Ende zuging. Damals hatte sich Thyssen-Krupp, das Phönix von der Hoesch AG übernommen hatte, für Duisburg entschieden. Und gegen Dortmund. Die Fusion des Essener Kruppkonzerns mit der Duisburger Thyssen AG wurde Ende der 90er-Jahre durch heftige Arbeitskämpfe begleitet. Bereits die Übernahme von Hoesch durch Krupp hatte die Industrielandschaft im Ruhrgebiet umgekrempelt. Das Fernsehen sendet in diesen Jahren immer wieder Bilder von massiven Belegschaftsversammlungen tausender Stahlarbeiter aus dem Pott. Viele Köpfe mit Helm.

So wie am 15. Juni 1989, als 7000 Hoeschianer in Dortmund ausnahmsweise zu einem freudigen Ereignis zusammenkamen: dem Besuch des sowjetischen Staats- und Parteichefs Michail Gorbatschow, der die Welt in jenem Sommer für Perestroika und Glasnost begeisterte. Der damalige Oberbürgermeister Günter Samtlebe, die schwere Amtskette um den Hals gehängt, einen roten Teppich unter den Füßen, hatte den Kremlchef am kleinen Kirchderner Bahnhof von dessen ICE abgeholt. Der futuristisch anmutende weiße Zug war damals an sich schon eine Attraktion. In einer riesigen Werkshalle warteten die beiden sozialdemokratischen Altkanzler Willy Brandt und Helmut Schmidt in der ersten Reihe sitzend auf den Genossen Staats- und Parteichef. Schmidt nahm noch schnell ein Häufchen Gletscherprise auf, bevor Gorbatschow schließlich vor der Menge zu reden begann:

«Egal, wie schwer es uns ergehen wird, werden wir diesen Weg unbeirrt weitergehen.» Besonders freue er sich dabei über die Unterstützung der deutschen Arbeiterklasse, rief der Staatschef den Hoeschianern zu, die mit einem Begeisterungschor aus «Gorbi, Gorbi»-Rufen antworteten. Hoesch-Betriebsratschef Werner Nass schlug Gorbatschow gleich für den Friedensnobelpreis vor.

20 Jahre später erinnert Samtlebe sich im Fernsehen an diesen Tag: «Die waren glücklich, die Hoesch-Malocher. Diese große Freude spürte man. Es gab keine Vorklatscher oder Fähnchenschwenker, alles kam impulsiv – das ging mir genauso. Ich hab geklatscht, hab mich so gefreut und der Willy neben mir auch. Da hab ich ihm noch gesagt: Willy, jetzt trägt deine Arbeit Früchte.» So kam die Ostpolitik nach Dortmund. Elf Tage später schnitten die Außenminister aus Österreich und Ungarn eine symbolische Öffnung in den Eisernen Vorhang bei Sopron. Die Wende nahm ihren Lauf. Gorbi bekam den Nobelpreis im Jahr darauf. Durlik war damals nicht bei der Belegschaftsversammlung. «Ich hatte Urlaub.» Durlik war an diesem Tag in Holland – zum Segeln.

Seit einiger Zeit nun steckt er in einer Art Déjà-vu-Erlebnis. Alles schon mal da gewesen. «Ich hab schon meinen Kollegen gesacht, dat dat jetzt da in Duisburg auch losgeht. War ja hier in Hörde am Anfang auch so. Will mir aber keiner glauben.» Neulich haben sie erst einen Hochofen vorübergehend stillgelegt, weil die Aufträge eingebrochen waren. Die drei anderen Arbeitskollegen aus Hörde, mit denen er eine tägliche Fahrgemeinschaft nach Duisburg bildet, wussten auch, was da noch kommen wird.

Nur drei Wochen nach dem Laubengespräch wird aus Durliks Stahlarbeiterahnung eine Nachricht: Thyssen-Krupp-Steel will bis zu 2000 Stellen streichen, ein Großteil am Standort Duisburg, ohne betriebsbedingte Kündigungen. Die Zeitungen zitieren den Arbeitsdirektor, der vom «freiwilligen Ausscheiden gegen Abfindung» spricht, über die «Nutzung des internen Arbeitsmarktes» bis zum «sozialverträglichen Ausscheiden rentennaher Mitarbeiter». So oder so, wieder verschwinden Arbeitsplätze aus dem Pott. Und für Siegfried Durlik stellt sich die Frage, was eher kommt: der Phönixsee – oder sein vorgezogenes Rentenalter.

Er ist so etwas wie der Vorzeigemalocher unter den Seglern. «Wenn ich die Namen der Leute da im Club lese, sehe ich nur Doktoren, Doktoren, Doktoren – und mich dann als einzigen Hoeschianer. Aber dat stört mich nich.» Durlik meint, dass das im Stadion ja auch nicht anders ist. «Da sitzen auch viele auf der Tribüne, die sonst mit Schlips und Kragen unterwegs sind.» Man könnte meinen, eine Werbeagentur hätte ihn ins Drehbuch der Geschichte rund um den Phönixsee geschrieben: «Stahlarbeiter segelt über seinen langjährigen Arbeitsplatz.» Bestimmt kann Durlik gut anpacken. «Kla würde ich da an einem Wassersportzentrum ordentlich mit anpacken, meine Freizeit investieren, dat dat alles ganz schön wird.» Als Rentner könnte die Nr. 1 auf der Mitgliederliste des Yachtclubs Siegfried Durlik bestens gebrauchen.

Der Vorsitzende Svend Krumnacker ist so ziemlich das Gegenteil von einem Stahlarbeiter, der auf die IG Metall schwört. An diesem Tag, als in Duisburg 12 000 Metaller auf die Straße gehen, erzählt er von der einzigen Demonstration seines Lebens. «Damals ging es darum, dass sie eine Gesamtschule aus unserem Gymnasium machen wollten.» Krumnacker war dagegen. Heute trägt der Betriebswirt seine edel gelockten Haare ein bisschen angefeuchtet, dazu eine sportlich-elegante Brille. Er benutzt Worte wie «Klassenneid», macht aus seiner Sympathie für die CDU keinen Hehl. Warum auch? Längst bestimmen die Christdemokraten in Düsseldorf die Bildungspolitik und haben die Gesamtschulen zum Auslaufmodell erklärt. Svend Krumnacker steht vor seinem Cabrio und schaut, ob die Clubfahne, ein blauweißer Wimpel mit einem roten Phönix, auch richtig vor der

Vereinsgaststätte «Zum Treppchen» hängt. Als die Fackel noch loderte und die fetten Jahre längst noch nicht vorbei waren, diente dieses Restaurant vor den Toren des Stahlwerks als Treffpunkt für durchreisende Spesenritter und lokale Entscheider. Das soll es nun wieder werden. Der Phönixsee wird den Aufschwung bringen, auch für das «Treppchen». Der Biergarten soll zur Seeterrasse werden. Krumnacker kann sich das alles sehr gut ausmalen.

Der Mann kommt sympathisch rüber, lacht, als wäre er noch im Alter der Bildungsdemo. Er hat Visionen. Er segelt seit über dreißig Jahren. Auch auf seinem Cabrio klebt der Segelclubwimpel, als Sticker. «Davon fahren schon reichlich durch Dortmund.» Das macht ihn stolz. «Unsere Fahne wurde schon bei einem Segeltörn in der Karibik gehisst», sagt er mit Begeisterung. Darüber, dass viele in der Stadt den Mann für einen Spinner halten, der einen Segelclub ohne Wasser gegründet hat, kann er nur seine Locken schütteln. «Es geht ja darum, ganz früh dabei zu sein, wenn man auf alles, was hier entsteht, noch Einfluss nehmen kann.» Krumnacker lebt vom Segeln, von einem Internetportal für Segler, von seinen Kontakten. Er ist Vorsitzender von zwei Segelclubs, gleichzeitig am Möhnesee, der für das östliche Ruhrgebiet wichtigsten Talsperre. Seine Frau ist Architektin. Krumnacker würde gerne das Wassersportzentrum bauen. «Wir gehen schon davon aus, dass einer mehrere Millionen Euro dafür in die Hand nehmen sollte.» Die Stadt kann das nicht. Krumnacker sucht also nach einem Investor.

Irgendwie sucht hier jeder nach einem Investor. Auch die Nr. 193 auf der Mitgliederliste. Die Dame sucht jemanden, der sein Geld in die alte Burg steckt, die sich zwischen dem Brauereigelände und dem künftigen Südufer trotzig in den Hörder Grund stemmt. Ein Hotel sollte idealerweise darin entstehen, mit Balkonen zum See. Als sie anhebt, lautstark dafür zu werben, wächst in mir die Vorstellung, dass sie gleich noch die Wellnessangebote des virtuellen Hotels verkündet. Ich denke an Aromaöl-Verwöhn-Massagen und Cellulitebehand-lungen im Malocherstadtteil, der allmählich keiner mehr sein soll. An Bad Hörde, wo man morgens zwei Joggingrunden um den See dreht, der größer ist als die Hamburger Binnenalster.

Und immer wieder bringt sie die «Dienstleister» ins Spiel, die hier siedeln sollen. Von «Kreativwirtschaft» spricht auch Svend Krumna-cker, und wenn man ihn so reden hört, erinnert einiges an Media-spree, den «Ankerplatz der Zukunft», ein riesiges, ambitioniertes Investorenprojekt am Spreeufer in Berlin. Mit Büros für die Medien- und Kommunikationswirtschaft, Lofts und Hotels. Geht so etwas auch in Dortmund-Hörde? Zunächst einmal sieht er «Konfliktpoten-zial» in dem Grillverbot, das am Ufer herrschen soll. «Ich bin ge-spannt, wie man das durchsetzen möchte.» Auch das Baden in dem drei Meter tiefen See wird verboten sein. Angeblich sollen die Men-schen vor ihren eigenen Fäkalien geschützt werden. Dafür soll es eine Rettungsstation der DLRG (Deutsche Lebensrettungsgesell-schaft) geben, auch einen Platz für die Feuerwehr. Noch vor der Krea-tivwirtschaft wird also das Ehrenamt das Seegrundstück beziehen. Dann kann es auch gleich mit der Regatta losgehen, die Krumnacker unbedingt im Kalender der deutschen Segler etablieren will. Da soll es richtig um Wettkampfpunkte gehen. «Es soll sich lohnen, nach Dortmund zu kommen.» Am besten, um dort gleich ein Grundstück am See zu kaufen.

Siegfried Durlik jedenfalls träumt vor seiner hölzernen Kajüte im Garten von einem Liegeplatz auf dem Phönixsee. Das ist bereits ein ziemlich großer Traum. Denn mehr als 15 Boote werden den 300 Mit-gliedern wohl nicht genehmigt werden. Der See ist einfach zu klein. Schließlich ist die Hamburger Binnenalster nicht die Außenalster. Aber wer kennt in Dortmund schon den Unterschied? Wird Segel-clubmitglied Nr. 193 sich denken. Durlik jedenfalls wünscht sich ein Boot für die ganze Familie. Sein Sohn hat Mitgliedsnummer 27. Am meisten ärgert er sich darüber, nicht einstellig zu sein. «Ich hab das zu spät erfahren.» Natürlich ist auch der Schwager dabei. «Ich bin nur deshalb da im Club, damit ich mal nach Feierabend, so bei schönem Wetter und ein bisschen Wind, eben mal für zwei Stunden ein bisschen mit der Jolle segeln kann. Dat is wat für mich. Ich setz mich dann mit meinem Sohn oder meinem Schwager ins Boot, und los geht's.» Bei einem Törn auf der Ostsee, den einer aus dem Club organisiert, will Durlik nicht mit. «Da bin ich mit meiner Frau für drei Tage einen Tausender los. Dat is mir zu viel.»

Vor einem guten Jahrzehnt hatten sie auch hehre Pläne in Siegfried Durliks unmittelbarer Nachbarschaft, in Eving am anderen Ende der Stadt. Rund um die Zeche Minister Stein. Am 31. März 1987 wurde hier zum letzten Mal Kohle gefördert. Ein paar Jahre dauerte es, bis diese Industriebrache zu einem modernen Bürokomplex im Industrieambiente umgewandelt wurde. Rund um einen Platz, den sie auch noch die «Neue Mitte» tauften. Damals war auch schon viel von «Kreativwirtschaft» und «Dienstleistern» die Rede. Geblieben sind – bis auf ein paar Ausnahmen – die öffentlichen Unternehmen, die mit ihren Maßnahmen den zweiten Arbeitsmarkt bedienen. Einige Lokalpolitiker wehren sich dagegen, dass eine Spielhalle die Räume eines Textildiscounters bezieht, die der ein paar Jahre nach der Eröffnung eines Einkaufscenters schon wieder verlässt.

Eine Zeit lang wurde auf dem ehemaligen Zechengelände zumindest eine RTL-Krimiserie mit Lokalkolorit gedreht. Kommissar «Balko» hatte hier sein Präsidium. Am Medienstandort Dortmund. Aber wer erinnert sich schon noch daran. Höchstens vielleicht daran, dass Hauptdarsteller Bruno Eyron mehrfach wegen Kokain vor Gericht stand. Danach war es aus mit Balko. Eine Polizeistation gibt es noch, aber sonst sieht die «Neue Mitte» schon wieder ganz schön alt aus: Der Parkbank auf dem zentralen «Grünen Platz» fehlen die Sitzlatten. Das Unkraut wuchert, und das Pflaster ist mit Kronkorken übersät. An jeder Ecke stehen Grüppchen von Säufern. Wenigstens nuckeln sie Dortmunder Kronen-Pils aus ihren Flaschen. «Blauer Platz» wäre ein besserer Name für diesen trostlosen Ort. An eine Bürowand aus Sichtbeton hat jemand SS-Runen aus schwarzer Farbe gesprüht.

Über allem thront ein mächtiger Hammerkopfturm als imposante Landmarke, ein geschlossener Förderturm. Darunter holt sich die Natur nach und nach den Pott zurück. Unbekümmert stakst ein Fasan über die ungemähte Wiese. Zumindest stehen noch Kinder mit Fußbällen an der Straßenbahnhaltestelle «Minister Stein». Wo Deutschland doch die Straßenfußballer ausgehen, weil die Kinder Fußball heute lieber mit dem Joystick spielen als mit den Beinen. Von hier aus geht es mit der U41 quer durch die Stadt zurück nach Hörde. Durlik hat die Bahn früher oft genommen. Bald kann er mit ihr zum Segeln fahren. Auch bei den einzigen beiden, die in der U41 deutsch sprechen, dreht sich alles um eine Insel im blauen Meer: Mallorca. Zwei junge Männer im Trainingsanzug. Der eine in Schwarz, «Puma» mit goldig glitzernder Aufschrift, der andere in Rot, «Adidas».

Puma: «Alta, Schinkenstraße, Mann! Da 'ne Disco aufmachen. Das wär's doch. Oder zumindest 'ne Würstchenbude. Meine Würstchenbude in der Schinkenstraße, gleich beim Ballermann umme Ecke.»

Adidas: «Jau. Sach ma, wat macht eigentlich der Johnny? Der war doch auch 'ne Zeit auf Malle, als Diedschej?»

Puma: «Der is jetzt beim AWD, oben anne B1. Aber 3er BMW nach 'nem halben Jahr und die fette Kohle verdienen, das is nich mehr. War vielleicht vor fünf Jahren noch so!»

Adidas: «Weiß nich, ich war früher ja auch ma bei diesem Laden. Is alles nur Abzocke da. Bei mir hat's jedenfalls nicht funktioniert. War nichts für mich, diese Klinkenputzerei.»

Dann steigt der Puma aus, sagt «tüss», Adidas bleibt bis Hörde sitzen. 20 Minuten dauert die Fahrt.

Horst de Loche hockt wieder auf der Mauer an der Hermannstraße.

Er guckt den Baggern zu. «Ich finde das alles irgendwie Mist. Da hätten se lieber Kaufhäuser hinmachen sollen. So ein See bringt doch kein Geld.» Jetzt hör aber mal auf zu nörgeln, denke ich und sage: «Kaufhäuser? Wo Karstadt gerade eines nach dem anderen dichtmacht?» Womöglich hat er recht damit, dass der See kein Geld bringen wird. Das sehen sogar die Stadtväter inzwischen so. Alleine die unplanmäßigen Erdarbeiten kosten 20 Millionen Euro. Aber es gibt ja noch Brüssel, und in Hörde geht es schließlich darum, möglichst kunstvoll eine der klaffenden Wunden zu schließen, die der industrielle Niedergang hinterlassen hat. Schließlich hat keine Stadt so viel Geld von der EU erhalten wie Dortmund. Knapp 228 Millionen Euro hat Brüssel in den ersten Jahren des neuen Millenniums hierhergeschickt. Da kommt bestimmt noch mehr – für Hörde.

Wenn alles fertig ist, werde ich de Loche mal anrufen. Dann möchte ich seinen Film gerne ansehen. Und zwar nicht nur die Folge, in der die Fackel gesprengt wird. Vor allem der letzte Teil interessiert mich. Der, in dem sich die weißen Segel im Wind auf dem Phönixsee blähen und die erholt dreinblickenden Rentner beim Latte macchiato in den Ufercafés sitzen, den Spaziergängern mit ihren Hunden nachschauen, den Damen vom Segelclub mit ihren teuren Sonnenbrillen und den Mädchen auf ihren Inlineskates. Das wäre dann der ersehnte dritte Teil der Trilogie, der Schluss der Langzeitdokumentation unter dem Titel: «Das schöne Leben ohne Industrie».

«Alles Kokolores», sagt der ehemalige Hilfsarbeiter jetzt wieder. «Da sitzen dann nur die reichen Bonzen, für die auch die Bungalows gebaut werden. Die mit dem dicken Portemonnaie. Die werden sich hier schön breitmachen. Und dann hat Hörde nichts mehr zu sagen.» Hörde, das ist de Loche. Das sind die Kleingärtner vom Hörder Bach, die Jungs am Knobelbecher, das Frauchen von Würstchen und die türkischen Familien aus dem Tal der fliegenden Messer, die sich nach und nach mit den Investoren auseinandersetzen müssen. «Ich kann mich darüber jedenfalls nicht freuen.» Schade. Worüber können sich die Hörder denn freuen? «Die trinken lieber zuhause ein Fläschken Bier oder im Gatten. Is ja auch vernünftich. Mach ich ja auch. Ich trinke mir mein Dösken imma aufe Parkbank.» Auch gut. Dann komme ich irgendwann auf den dann neu angelegten Radwegen einfach mit einem Sixpack vorbei, wir setzen uns auf 'ne Bank und gucken uns den Film vom Phönixsee an.

Mit ein bisschen Glück wird de Loche bis dahin auch Siegfried Durlik gefilmt haben. Wie der mit seinem Sohn in einer Jolle über den Phönixsee segelt, mitten über die Stranggießanlage, seinen ehemaligen Arbeitsplatz. Oder über die Stelle, wo die Fackel stand und der Hilfsarbeiter de Loche als Schlepper zugange war. Damals, in der schönen Zeit. Durlik jedenfalls gefällt auch die Gegenwart. Auch ohne Doktortitel, BMW oder Penthousewohnung. Der Mann weiß, worauf es ankommt.

# Ruhrtalradweg

Als Nächstes geht es nach Bochum, dessen Stadtgrenze sich an den Dortmunder Westen schmiegt. Wie ein Stadtteil einer tatsächlichen Metropole. Ich verzichte auf den direkten Weg mit dem Auto über die B1 und auf die Fahrt mit dem Regionalexpress 1, der wichtigsten Zugverbindung in NRW. Der fährt zwischen Hamm und Aachen als tatsächlicher Pendelzug – und sammelt die Leute in den größten Städten des Ruhrgebiets ein. Stattdessen geht es mit dem Fahrrad an dem Fluss entlang, der dieser Region ihren Namen gab. Die Ruhr verbindet die Städte im Pott miteinander, wie ein blauer Saum an dessen unterem, südlichem Ende. Der Ruhrtalradweg beginnt an der Quelle bei Winterberg – im Sauerland. Die ersten Höhenzüge liegen, vom Dortmunder Fernsehturm aus gesehen, irgendwo hinter Hörde. Über 237,5 Kilometer erstreckt sich der Ruhrtalradweg. Hinter Bochum beginnt erst das letzte Drittel davon.

Der Zug nach Winterberg fährt um 14:48 Uhr vom Bahnhof Hörde ab. Da bleibt noch Zeit für ein Mittagessen bei Ute und Gerd. Das Wirtepaar in der Kneipe der Hörder «Kleingartenanlage 06» kenne ich seit vielen Jahren. Angeblich ist 06 der älteste Kleingartenverein in ganz NRW. Mag sein. Außerdem behaupten die Kleingärtner, ihre Anlage habe als einzige überhaupt einen eigenen U-Bahn-Anschluss. Tatsächlich weist ein Schild auf dem U-Bahn-Gleis an der Haltestelle «Karl-Liebknecht-Straße» auf die «Kleingartenanlage 06» hin. Natürlich flattern dort einige schwarz-gelbe BVB-Fahnen im Wind. Nimmt ihre Dichte zu, ist immer ein Kleingartenverein in der Nähe. Das gilt in anderen Teilen des Ruhrgebiets genauso für die blau-weißen Fahnen von Schalke 04.

Vor dem einfachen Flachbau der Kneipe stehen ein paar geordnete Gartenmöbel auf einer überdachten Terrasse. Geschützt von einer Balustrade, auf der blühende Geranien in Rot und Weiß den Gast empfangen. Im Schankraum schaue ich mich suchend um. «Wat suchen se?», fragt mich eine Frau mit einem dieser asymmetrischen Haarschnitte, die ich schon ziemlich unvorteilhaft fand, als sie noch modern waren. Die Haare sind getönt, Wildpflaume. «Machen Sie mir erst mal ein Bier. Ich sitze draußen.» – «Essen?» – «Auch!» Keine Spur von Ute und Gerd. Stattdessen sitzt draußen ein älteres Paar. Sie mit einem langen geblümten Kleid, er mit Hemd und Krawatte. Das Thema ihrer Unterhaltung sind – Rasenmäher. Das heißt, der Mann fachsimpelt über Rasenschnittlängen und Wattzahlen. Anderswo würde man das «dozieren» nennen. Die Frau hört zu. Ich bestelle Pfefferpotthast. Das habe ich mir von dem Rasenmäherexperten abgeguckt, auf dessen Teller er längst kalt geworden ist. Der Mann redet unaufhörlich – und vergisst darüber das Essen.

Dann kommt die Frau mit dem asymmetrischen Wildpflaumenhaar – und liest mir die Tagesgerichte von ihrem Spickzettel vor. Außer Pfefferpotthast gibt es noch Sauerbraten mit Salzkartoffeln oder Schnitzel mit Spargel. Es ist Mai. Deshalb kommen zu meinem Pfefferpotthast Kartoffeln und ein kleiner Salat auf einem Dessertteller. Im November hätte ich wohl eine Salzgurke und eingelegte Rote Beete dazu essen müssen. Genaueres erfahren Freunde der westfälischen Regionalküche im Kochbuchmuseum, das auch nicht weit von hier ist,

---

**Gerne mit Weste: Wohin man kommt im Pott – die Rentner sind schon da. Auf ihren Aluminiumfahrrädern kommen sie überall hin.**

gleich unter dem Fernsehturm. Erst nachdem ich gegessen habe, traue ich mich, nach Ute und Gerd zu fragen. «Kenn ich nich», sagt die Frau mit dem geschmacklosen Haarschnitt. Das ist alles. Als sie wieder in den Schankraum geht, mit meiner leeren Biertulpe in der Hand, fasst sich der Rasenmähermann an die Krawatte, beugt sich vor – und sagt: «Die beiden sind doch schon lange weg, da gab's wohl Probleme. Aber Genaues weiß ich nicht. Waren ganz nette Leute.»

Einen Tisch weiter sitzt eine Sechserkartenrunde, zwei Frauen, vier Männer. Vor den Biergläsern steht jeweils ein Schnapspinnchen. Die Frauen trinken «Piccolöhöchen», wie eine der beiden entzückt nach einer weiteren Kartenrunde ausruft: «Uschi, mach ma zwei Piccolöhöchen und vier Braune fettich, Manni zahlt.» Mumm in kleinen Flaschen. Hier geht es zu wie in der Sansibar auf Sylt, wo Dieter Bohlen und Rudi Assauer mit ihren jeweiligen Mädels ein ähnliches Stück aufführen wie diese Herrschaften. Nur in teuer. Ich notiere: Sansibar 06. Und dann sagt Manni zu der zweiten Frau: «Kommt doch am Wochenende mal mit, wir fahn wieda nach Witten, in Swingerclub.» Pause. Nach diesem Satz ist die Runde auf einmal ganz still. Die Angesprochene schiebt sich mit unsicheren Fingern eine Kippe zwischen die knallroten Lippen. Die sind geschürzt – und erwarten für einen Augenblick den Filter. Ein Bild wie bei einer Frau, die mit geschlossenen Augen darauf wartet, geküsst zu werden. Dann macht es «klick». Aus einem elektronischen Feuerzeug schießt eine kleine Flamme, die sie knapp neben der Zigarettenspitze vorbeiführt. Beim zweiten Versuch klappt es dann. Der Tabak knistert. Sie nimmt einen tiefen Zug, pustet den Rauch nach oben in Richtung Plexiglasdach, und sagt: «Ach, ich weiß nicht.» Dann nimmt sie den nächsten Schluck aus ihrem Metro-Sektglas, zieht erneut an der Zigarette und klingt schon wieder ganz anders: «Mal gucken, aber lass uns erst einmal um die nächste Runde spielen. Wenn du dieses Mal gewinnst, kommen wir mit.»

Ich will nicht wissen, wie dieses Spiel ausgeht. «Zahlen!», fordere ich Uschi auf, nachdem ich gemerkt habe, dass meine Fragerei nach Ute und Gerd hier zu gar nichts führt. Dann nehme ich Schwung in Richtung Bahnhof, um den Zug nach Winterberg nicht zu verpassen. Da stehe ich nun auf dem Gleis und muss lange überlegen, wo ich so einen heruntergekommenen trostlosen Bahnhof zuletzt gesehen habe. Müll überall, abgerissene Geländer, eingeschlagene Fensterscheiben, deren Scherben gemeinsam mit Plastiktüten und schlappen Kondomen auf dem Boden liegen. Hinter einer eingetretenen Bahnhofstür stapeln sich berstende Mülltüten. Wenige hundert Meter von dem Gelände entfernt, wo das Bauland 300 Euro pro Quadratmeter kostet. Die Menschen, die jene zigtausend Arbeitsplätze besetzen sollen, von denen man hier träumt, sollen also über dieses Gleis hier ankommen. Ein penetrantes Urinaroma liegt über dem Ort, der nur noch in meiner Erinnerung ein florierender Bahnhof ist. Hoffentlich kommt der Zug bald. War es in Sachsen-Anhalt? Vielleicht in Vorpommern, wo ich Ähnliches gesehen habe? Nein, dort steht höchstens mal ein verbrettertes Bahnhofsgebäude in der Gegend herum, vor dem ein paar Jugendliche mit Bierflaschen in der Hand ihre national befreite Zone verteidigen wollen. Jetzt fällt es mir aber wieder ein: in Ciudad Hidalgo, an der Grenze zwischen Mexiko und Guatemala. Dort schmeißen sich die hoffnungsvollen Wirtschaftsflüchtlinge auf die Güterzüge in Richtung Norden. An einem ähnlich schäbigen Abfahrtsort. Auf dem Bahnhof in Hörde ist das Ruhrgebiet Dritte Welt. Mit diesem Gedanken schiebe ich mein Fahrrad in den neuen Triebwagen der Deutschen Bahn und hoffe, dass von dem Gleisaroma nichts an mir hängen geblieben ist. Mit einer gewissen Erleichterung lese ich später in der Zeitung von den Plänen zur Umgestaltung dieses Bahnhofs. Jetzt geht die Panoramafahrt zur Ruhrquelle los.

Nach einer Stunde und 39 Minuten kommt der Zug in Winterberg an. In umgekehrter Richtung füllt er die wichtigen Ereignisse im östlichen Ruhrgebiet mit Menschen auf: die Heimspiele des BVB und den Dortmunder Weihnachtsmarkt. Der wirbt seit Jahren mit dem angeblich größten Weihnachtsbaum der Welt. Bis zur holländischen Grenze und ins Sauerland funktioniert diese Strategie ganz gut. «Bullshit», würden die Menschen in Kalifornien dazu sagen, wo im Sequoia-Nationalpark ein 81 Meter hoher Riesenbaum zum Christmastree geschmückt wird. Auch in Warschau, vor dem Kulturpalast, steht ein Riesenexemplar, das aus sehr vielen kleinen Nadelbäumen zusammengestapelt wird. Wie dem auch sei: Die Ruhrgebietsversion erfüllt ihren Zweck. An Bundesligaspieltagen und zur Vorweihnachtszeit jedenfalls ist dieser Zug immer proppenvoll. Vor allem, wenn der erste Schnee gefallen ist. Dann nämlich kommt der Hausberg des Ruhrgebiets immer prominent ins Fernsehen. Auf dem Kahlen Asten tummeln sich zu dieser Gelegenheit die Wetterreporter mit ihren ulkigen Mikrofonwindschützern, die aussehen wie kleine zottelige Hunde.

In Holland hat «Winterberg» einen ähnlichen Klang wie die «Schinkenstraße» auf Mallorca in den U-Bahnen des Ruhrgebiets. Zur Weihnachtszeit stehen die weißen Wohnmobile mit den gelben Nummernschildern nur einen kurzen Hundespaziergang von der Ruhrquelle auf 674 Meter Höhe entfernt. Vor ihren Kisten haben die Holländer dann eigene Weihnachtsbäume mit bunten Lichtern geschmückt. Abends singen sie mit dem Lied vom «Anton aus Tirol» gegen die Lautsprecher der Kneipen an. Bis die Lichter ausgehen. Dann heißt es «slaap lekker». Und am nächsten Tag geht es wieder auf die kurzen Pisten.

Jetzt, im Frühjahr, rollt das Fahrrad zügig bergab, in Richtung Westen. Durch kurvige Straßen im Hochsauerland. Viel Wald, wenig Licht, Häuser mit Schieferfassaden, Kaffee & Kuchen-Einladungen auf Stelltafeln, Lodengeschäfte, Kreissparkassenfilialen. Aus dem Rinnsal wird ein Bach. In Arnsberg ist er schon ein Fluss. Das Ruhrgebiet beginnt erst am anderen Morgen.

Über dem Schwerter Kirchturm geht die Sonne auf. Zwei Türken im taubenblauen Straßenanzug gehen am Flussufer spazieren, spielen auf Höhe der Kanutore mit ihren Gebetsketten. Von dem Wasser, das durch diese Slalomstrecke fließt, lebt der Pott. Und früher vor allem seine riesigen Industriebetriebe, für die ein aufwendiges Versorgungssystem errichtet wurde. Die «Rohrmeisterei Schwerte» war ein Teil davon. Sie liegt als eines der ersten Objekte der «Route Industriekultur» nicht weit vom Radweg entfernt. Ganz Schwerte ist nah an der Ruhr gebaut. Diese Orte der Industriekultur machen den Ruhrtalradweg zu einer einzigartigen Strecke durch die Natur. Entlang des Weges stehen Fördertürme, Hochöfen und Werksgebäude aus hart gebrannten Ziegeln in der Landschaft herum. Als stumme Zeugen der industriellen Vergangenheit. Die meisten verfallen allerdings nicht, sondern werden aufwendig als Museen oder Veranstaltungsorte genutzt. Die Rohrmeisterei etwa ist eine ehemalige Pumpstation aus Backstein, in der Konzerte und Theaterstücke aufgeführt werden. Solche Kulturstätten gehören zu den Besonderheiten der gewandelten Industrielandschaft Ruhrgebiet. Es gibt eine lange Liste, und jede Stadt im Pott ist bemüht, ihre Jahrhundert- (Bochum) oder Lohnhalle (Essen) anzupreisen. Mit gutem Recht.

Die Dichte der Radfahrer nimmt jetzt zu. Es heißt, dass dieser Weg an der Ruhr entlang der beliebteste in ganz Deutschland sei. Das stimmt insofern, als dass es ganz sicher keinen gibt, auf dem mehr Radler unterwegs sind. Dabei ist diese Strecke hier kein Urlaubsziel, vergleichbar mit dem Donauufer, den Rheinauen oder dem Elbtal. Der Ruhrtalradweg wird hauptsächlich von den Menschen genutzt, die in dieser Gegend wohnen – zur Naherholung. Außerdem fördert er die Identitätsbildung im Pott. Schon immer konnte man mit dem Rad an der Ruhr entlangfahren. Aber seitdem der Weg vor einigen Jahren ordentlich ausgebaut und obendrein aufwendig beworben wurde, vermittelt er zwischen Schwerte und Duisburg das Gefühl, durch eine zusammenhängende Region zu führen. Und dieses Angebot wird gut genutzt. Über den Ruhrtalradweg entdecken Wittener, die sich auf Mallorca besser auskennen als in Mülheim, auf einmal ihre Nachbarschaft.

Vereinzelt sind Familien mit kleinen Kindern unterwegs. Die stören kaum auf der Ü-50-Party, die sich hier an den Wochenenden abspielt. Quasi als Gegenstück zur Loveparade, bei der inzwischen Hunderttausende im Ruhrgebiet dem Jugendwahn huldigen. Man fragt sich aber, warum die mächtige Armee der Sozialplanfrührentner im Pott meistens nur am Wochenende ausrückt. Haben die unter der Woche etwa keine Zeit? An den schönsten Stellen des Ruhrgebiets sind sie immer in der Mehrheit – und tragen meistens Uniform: hellbraune Westen, in die mehr Taschen eingenäht sind, als auf den ersten Blick ersichtlich ist. Am liebsten würde ich einige dieser Partygäste anhalten und fragen, was in ihren Westentaschen steckt. Diese Frage wird mich noch bis Ruhrort beschäftigen, wo der Rhein die Ruhr einsammelt und mit nach Holland nimmt. Später sitze ich mit einigen fachkundigen Westenträgern in gemütlicher Runde und bekomme eine Antwort.

**Also, ganz wichtich sind ersma Taschentücher. Man weiß ja nie, wat unterwechs passiert, verstehse. Dann noch die erforderlichen Dokumente, Personalausweis, Führerschein, Impfbuch und so weita. Außerdem dat Händi, wir ham ja gezz alle eins. Is ja wichtich. Dann noch dat Taschenmesser und 'n Kalenda. Weil man inna Gruppe ja auch den nächsten Ausfluch planen muss. Aber am wichtigsten is, dasse mit der Weste die Nieren wärmst. Dat zieht ja wie Hechtsuppe aufm Fahrrad. Ja, dat is eigentlich alles. Und dann kanns auch schon losgehn.**

Weiter die Ruhr entlang erscheint bald der Hengsteysee, zwischen Hagen und Herdecke. Er ist einer in der Kette von Stauseen, durch die der Fluss sich zwängt. Harkortsee (Hagen, Herdecke, Wetter), Kemnader See (Witten, Bochum, Hattingen), Baldeneysee – und Kettwiger See (beide Essen) heißen die nächsten Gewässer, an deren Ufer sich der Radweg schmiegt. Am Hengsteysee ist es gewissermaßen eine Pflicht, am Eiswagen zu halten. Und hinter der Ruhrbrücke wurscheln sich die Radfahrer durch einen beliebten Motorradtreff. Eis löffelnd und auf einem Findling sitzend, wird man hier kostenlos mit solchen Sätzen unterhalten:

**Hömma, Alta, die Ölaugen treiben schon wida die Spritpreise nach oben, damit se ihren Blagen teure Autos zum Geburtstach schenken können oda einen Fußballvaein. Und ich weiß nich ma mehr, wie ich die Tankfüllung zahlen soll.**

Und dann hat einer der Motorradfahrer mich erkannt. Seine lederne Mopedhose quietscht, als Micha breitbeinig auf mich zukommt. In der linken Hand hält er eine schlanke Dose «Cola Zero», die rechte streckt er mir zum Gruß hin. So wie früher. Inzwischen umarmen sich auch die Menschen im Ruhrgebiet, sobald sie gegenseitig ihre Vornamen kennen. «Mensch, Alta, wat machs du denn hier? Wo warse so lange?» – «Och», sage ich, «inne Welt, und selbst?» – «Hab gebaut. Frau, Kind, Hund, allet unter Dach und Fach, dat ganze Programm eben. Und heute is einfach ma ein bissken cruisen angesacht. Und du? Bisse mit dem Fahrrad da? Na, dann fahr ma nich zu schnell, Alta.» Und tüss.

Die Strecke bis zum Kemnader See ist lieblich, schön grün, aber leider sehr stark befahren. Das schönste Stück des Ruhrtalradweges sind aber eh diese rund 80 Kilometer zwischen Schwerte und Essen-Kettwig. Der Rest ist für Leute, die diesen Weg auf ihrer inneren Erledigungsliste abhaken wollen. Sobald das Seeufer in Sicht kommt, tauchen die ersten Inlinefahrer auf. Das hier ist der Spielplatz für die Studenten der Ruhr-Universität Bochum, deren einheitliche Betonklötze reif für einen Science-Fiction-Film über dem See thronen. Einen Kontrast dazu bietet der Blick auf den steinalten Turm der Burg Blankenstein am Südufer. Davor dümpeln zwei weiße Schwäne. Ein Ruderachter gleitet zügig über das Wasser. Fast lautlos tauchen die Ruderblätter ein. See und Turm sieht man am besten vom Biergarten der «Alten Fähre» aus. Deren klassisch bürgerliches Ambiente unterscheidet sich wohltuend von zwanghaften Beach Bars, in denen man klebrige Biermixgetränke in lässigen Körperhaltungen aus Flaschen trinken muss. Dieser Trend hat sich auch im Ruhrgebiet durchgesetzt. In der «Alten Fähre» gibt es einen ausgezeichneten Kaffee – draußen natürlich nur im Kännchen. Aber jetzt muss ich mich sputen.

Zum Mittagessen in der Innenstadt bin ich mit einer Österreicherin verabredet, die sich im Pott zuhause fühlt. Und so eine «gnä Frau» lässt man schließlich nicht warten, erst recht nicht im «Livingroom». Dort treffen sich die wichtigen Menschen in Bochum zum Lunch. Der Schauspieler Peter Lohmeyer isst beispielsweise dort, wenn er in die Stadt kommt. Und das passiert erstaunlich oft. Wie andere ehemalige Schüler der Westfälischen Schauspielschule landet auch er immer mal wieder auf der Bühne des Schauspielhauses. Wenn der Pfarrerssohn ein bisschen Zeit zwischen den Proben findet, kommt er manchmal hier runter, in den dörflichen Stadtteil Stiepel, der hinter der «Alten Fähre» beginnt, um sich die 800-jährigen Malereien in der Dorfkirche anzusehen. Dazu bleibt mir leider keine Zeit. Ich will die Dame nicht verärgern und lasse die Kirche deshalb links liegen.

# Flaschenkinder

Im «Livingroom» führt der erste Weg in den Keller. Zum Frischmachen auf die Herrentoilette. Und schon auf der obersten Stufe höre ich Frank Goosens laute Bühnenstimme.

**In Kneipen wie dem Haus Wallburg gab es dann plötzlich Tapas und Rotwein statt Pils und Korn. Und da war dann auch dem Letzten klar: Wir sind Strukturwandel!**

Sitzt der Bochumer Kabarettist etwa auf dem Klo und probt dort sein aktuelles Programm? An ihm ist in dieser Stadt einfach kein Vorbeikommen. Als ich den gekachelten Raum betrete, klärt sich die Situation ganz einfach auf: Goosen dröhnt hier bloß über die Lautsprecher der Herrentoilette. Nach dem hintersinnigen Helge Schneider aus Mülheim und dem peinlichen Atze Schröder aus Essen ist Frank Goosen aus Bochum einer, dem es gelingt das gegensätzliche Publikum dieser beiden Ruhrpottkomiker miteinander zu versöhnen. Für Schneiders intellektuelle Fans ist Goosen ein volkstümlicher Unterhalter auf hohem Niveau. Dabei gelingt es dem studierten Romanautor («Liegen lernen») auch noch, Schröders Privatfernsehpublikum zum Lachen zu bringen, weil das seine Witze versteht. Goosen ist gewissermaßen der Johannes Rau des Ruhrgebietskabaretts. Statt zu spalten, versöhnt er in einer Weise, wie es ein Außenminister des

Ruhrgebiets könnte. Zumal er mit seinen Anekdoten ein Bild des Ruhris vermittelt, das der sich selbst an die Wand hängen würde. Das des ehrlichen Kumpels, der die komplizierten Dinge des Lebens auf seine sehr direkte Weise angeht. Goosen hat mir das mal so erklärt: «Die Identitätsbildung läuft nicht darüber, dass hier jetzt alles modern ist, sondern das läuft über Erinnerungen und natürlich über Klischees von früher.»

Und genau solche «Geschichten von hier», so heißt eines seiner Bühnenprogramme, das auf CDs gepresst wurde, erzählt Goosen als Dauerschleife auf dem Herrenklo des «Livingroom». Das ist wohl der richtige Ort, um über plötzlich schick gewordene Bierkneipen zu reden. Denn der Strukturwandel hat auch hinter den Toiletten im Keller des mondänen «Livingroom» eine Brache hinterlassen. Dort wartet eine Bundeskegelbahn vergeblich auf Gäste. Früher war Kegeln ein beliebtes Freizeitvergnügen der Menschen hier. Die Kegelclubs aus dem Pott kamen als regelmäßige Plage über Restdeutschland, zwischen Rüdesheim und Sylt. Heute ist Kegeln out. Und aus Fieges zünftigem Brauhaus wurde der szenige «Livingroom» mit Light Lunch und Easy-listening-Klangteppich. Goosen reflektiert den alltäglichen Strukturwandel aus Sicht des Kabarettisten. Inzwischen gehört er zu Bochum wie Fiege Pils und Herbert Grönemeyer. Jede Wette, dass den in der Kortumstraße, der unvermeidlichen Fußgängerzone, mehr Menschen erkennen als den rechten Verteidiger des VfL Bochum.

Zu «Tranchen vom Beizlachs» empfiehlt die Bedienung einen leichten Weißburgunder. Anja Fuchs nickt. Das Mineralwasser kommt in einem Flaschenkühler. Statt mit dem herzhaften Goosen wird der Speisesaal mit sanften Bossanova-Rhythmen bespielt. Nach dem Essen werde ich die Gelegenheit haben, Jürgen Fiege danach zu

**Dienstälteste am Tresen: Die Kneipe von Elfriede Fey in Bochum ist ein Erlebnis, das man unter Denkmalschutz stellen sollte.**

fragen, was er sich dabei gedacht hat, das Stammhaus seiner Familienbrauerei so zu verwandeln, dass es auch in Braunschweig oder Köln stehen könnte. Mit dem Ruhrgebiet hat das hier nichts mehr zu tun. Anja gefällt es. Sie ist vom Fach. Seit ihrer Ausbildung zur Hotelfachfrau in Düsseldorf tummelt sie sich in der hiesigen Gastronomie zwischen Sektfrühstück und Hallowachkaffee der übrig gebliebenen Partypeople. An manchen Tagen wechselt sie zweimal die Seiten zwischen Gast und Personal. Dabei wollten wir eigentlich darüber reden, wie es sich anfühlt, als Österreicherin aus Salzburg im Ruhrgebiet zu leben.

«Am ersten Tag stieg ich aus der U-Bahn, das kannte ich ja gar nicht, und stand in einer Fußgängerzone zwischen Europa Schuhe und Deichmann», erinnert sie sich vor dem Essen. «Da war ich richtig entsetzt. Für mich war ja nicht klar, dass es Städte gibt, die keine Altstadt haben, weil die ja vom Krieg zerstört wurde. Der Krieg wurde in unserer Geschichtsstunde in Österreich ausgespart.» Sie kam ins Ruhrgebiet, weil sie noch keine 18 Jahre alt war. Die Eltern hatten sich getrennt. Hinter der Fußgängerzone trafen sich die Junkies. «Damals war das ja ganz schlimm, da konntest du kaum durchlaufen. Da hatte ich richtig Panik. In derselben Woche habe ich dann ‹Wir Kinder vom Bahnhof Zoo› gesehen. Das gleiche Bild wie hier im Ruhrgebiet, und ich dachte mir: Mein Gott, hier musst du nun leben.»

Witzig fand sie dagegen die Punks auf der Treese-Plastik vor der Reinoldikirche in Dortmund: «Die habe ich gleich fotografiert, bis die Punks hinter mir herliefen und mich zur Rede stellten. Die kannten wohl keine Touristen. Da habe ich auf Österreichisch gesagt: I wollt doch nur a Foto mochn.» Bei diesem Satz wird sie verlegen, grinst wohl wie der Neuankömmling von einst und greift nach dem langen blonden Pferdeschwanz. Ein Jahr hat es gedauert, bis der schöne Dialekt verschwunden war. Jetzt spricht sie wie eine von hier. Dass sie keinen deutschen Pass hat, ahnt deshalb niemand. Außer die Frau

Mama ruft auf dem Handy an, und man sitzt zufällig daneben. Dann wird ihre Sprache ganz weich, ihr Mund füllt sich mit süßen Wörtern, wie mit einem dieser Germknödel, auf die sie sich das ganze Jahr freut. Auf dem Weihnachtsmarkt werden solche Dinger verkauft.

«Die Ösis sind immer ein bisschen amerikanisch, sofort gut drauf, sofort schmeichlerisch, machen fortwährend Komplimente.» Diese Beschreibung hört sich an wie der Gegenentwurf zu den Menschen im Pott. Und so ist es auch, findet Anja, die inzwischen beide Spielarten beherrscht. «Der Ruhri ist schon so ein eigener Schlag. Er ist ziemlich direkt, schleimt nicht rum. Anfangs ist er immer sehr skeptisch. Aber wenn du ihn für dich gewonnen hast, kannst du ihn für alles gebrauchen.» Der Beizlachs kommt. «Darf ich Wein nachschenken?» – «Ja, sicher, oder glaubst du, wir sind bloß zum Spaß hier?», denke ich. Und Anja sagt: «Das ist aber nett, ja bitte, vielen Dank dafür.» Der Kellner dreht ab, mich fragt sie dann: «Sag ma, vom Kemnader See kommse grad – war wohl schön Kolonnefahren angesacht, ne, so voll, wie das da immer is?»

Wie viele Menschen, die von außerhalb ins Ruhrgebiet kommen, ist es für sie eine Metropole «mit 1000 kulturellen Möglichkeiten». Die meisten Menschen, die hier aufgewachsen sind, sehen das nicht so. Für sie hört die eigene Stadt jeweils an der Grenze zu Bochum, Essen, Bottrop oder Gelsenkirchen auf. Sie sind Oberhausener oder Herner. Aber auch diese Sichtweise unterzieht sich einem Wandel. Es steckt eine gewisse Ironie darin, dass dieser Wandel eingesetzt hat, als es mit dem, was das Ruhrgebiet stets ausgemacht hat, zu Ende ging. Anja behauptet, dass die Menschen hier während dieser Zeit lässiger geworden sind. Damit hat sie wohl recht. Dem Pott tut es gut, dass irgendjemand auf die Idee gekommen ist, Anfang April Stühle und Tische nach draußen zu stellen – und dazu noch Kaffee zu servieren. «Was jetzt noch fehlt, ist ein bisschen Chic», sagt sie und beschränkt das nicht bloß auf die Form der Sonnenbrillen. «Manchmal möchte ich eben in diese Schickeria-Welt eintauchen, das geht hier nicht.» – «Zum Glück nicht!», sagt Frank Goosen vor meinem geistigen Ohr. Eine ziemlich große Sonnenbrille steckt in ihrem Haar; wahrscheinlich, um es zusammenzuhalten. Draußen ist es bedeckt. «Aber dafür fährt man eben nach Düsseldorf – und isst bei der Gelegenheit noch Spaghetti an Trüffeln im Riva am Medienhafen.»

Immerhin läuft auch im «Livingroom» der Espresso aus einer italienischen Edelmaschine und die studentische Aushilfe bringt ein angemessenes Gläschen Wasser dazu. Stundenlang könnte ich diesen Eindrücken einer Salzburgerin im Pott noch zuhören. Aber beim Blick über den wuchtig eleganten Tresen, den man hier nur noch «Bar» nennen darf, fällt mein Auge auf das Firmenschild «Privatbrauerei Moritz Fiege». Ich muss mich beeilen. Der Brauer wartet schon in seinem Kinderzimmer, um mir zu erzählen, wie das Familienunternehmen die Bierkrise überstanden hat.

Wie an jedem Tag sitzt Jürgen Fiege hier am Fenster und spielt mit Zahlen. «Da drüben stand das Bett von meinem Bruder Hugo», sagt der Mann mit der roten Krawatte und dem blau-weiß gestreiften Businesshemd. Hugo Fiege hat schon seit Jahren das Zimmer nebenan bezogen. Im Augenblick ist der Bruder gerade in der «Produktion». Das ist sein Bier. Jürgen Fiege muss verkaufen und dafür sorgen, dass die Zahlen stimmen. Um sich abzulenken, kann er in den Hof schauen. Dort steht der Schornstein, ein heimliches Wahrzeichen. Als Erster begrüßt dieser die Zugreisenden in Bochum. Das Brauereigelände liegt hinter den Gleisen am Hauptbahnhof. Von hier aus gelangt das Bier ins «Livingroom», ins «Tucholsky» – oder zu Elfriede Fey in die Hofsteder Straße. Die letzten beiden habe ich heute noch vor mir. Deshalb verzichte ich auf den Haustrunk – und bedanke mich für stilles Wasser. In der «Alten Fähre» kommt das Bier übrigens aus Dortmund. Davon abgesehen, fällt auf, dass die Herren Fiege die meisten wirklich atmosphärischen Läden in der Stadt unter Vertrag haben. Bochum hat zweifelsfrei die innovativste Kneipenszene im Ruhrgebiet. Damit ist die Überlebensgeschichte der Privatbrauerei wahrscheinlich schon in einem Satz erzählt. Vielleicht hatten sie auch einfach Glück mit einigen kreativen Gastronomen, die sich die Szenekneipen der Stadt untereinander aufteilen. Herzstück ist das berühmte Bermudadreieck, eine lebendige Kneipenmeile im Stadtzentrum. «Die besten Leute, mit denen wir zusammenarbeiten, haben ganz andere Dinge gelernt, Pädagogik studiert oder Ähnliches. Die sehen ihre Kneipe immer mit den Augen des Gastes», sagt Jürgen Fiege.

Neben Stauder in Essen ist Fiege die letzte Regionalbrauerei im Ruhrgebiet. Alle anderen wurden von den Großen geschluckt. Ende der 80er-Jahre kamen die Einschläge immer näher. Vor allem die Marktbereinigung nebenan in Dortmund ist den Fieges nahegegangen. Schließlich waren die Brauereidynastien aus dem Pott über lange Zeit schon gut miteinander bekannt. Fiege erinnert sich an einen Anruf eines Kollegen aus der Nachbarstadt an einem Sonntagmorgen um zehn Uhr: «Jürgen, ich habe gestern Abend verkauft.»

Seit 1878 existiert die Brauerei Fiege in Bochum. Damit sie trotz eines rückläufigen Marktes auch künftig noch als Familienunternehmen bestehen kann, haben sich die Brüder vor einigen Jahren den beliebten Trick mit dem Bügelverschluss abgeguckt. Der hat ja mit dem Flensburger Pilsener auch funktioniert. «Das flenst!», heißt es dort. In Bochum «fiegt» es seither. Plöpp! Die Brauer sagen, dass sie einen Millionenbetrag in die technische Umstellung gesteckt haben – und in Werbung. Das Bier ist das gleiche, nur dass es jetzt wesentlich teurer ist. Fieges Flaschenkinder sieht man inzwischen überall. Es sind nicht die Penner hinter dem Hauptbahnhof, die trinken «Paderborner» aus grauen Dosen. Mit den Bügelflaschen läuten in Bochum die Zweitsemester das Wochenende ein – in der U-Bahn. Für die älteren Biertrinker habe der Bügel etwas mit Nostalgie zu tun, die jüngeren fänden die Flasche einfach hip. Solche Sätze runden die Geschichte ab – fertig ist die Laube. Die Umstellung erfolgte an einem «Tag des Bieres», einer Branchenerfindung, mit der man prima in die Medien kommt. So wie der Tag des Baumes, der Tag des Butterbrotes – oder der jährlich wiederkehrende Welt-Aids-Tag.

Jürgen Fiege sieht schon aus wie einer, den man als Kind ein «pfiffiges Kerlchen» nannte. Wer sich an den ehemaligen CDU-Verkehrsminister Matthias Wissmann noch erinnern kann, der weiß, wie Fiege aussieht. Wissmann könnte in einer Familiensaga über die Dynastie Fiege glaubhaft als unehelicher dritter Bruder auftauchen, der nach dem Tod des Patriarchen in die Heimat kommt, um seinen Erbteil zu kassieren. Dieser wirre Gedanke trägt mich weg. Vielleicht täuscht auch nur die runde Brille aus braunem Horn. Mit Zahlen ist das bei Familienunternehmen so eine Sache. Darüber spricht man nicht, weil man nicht muss. In der Branche heißt es aber, das Unternehmen Fiege sei gesund.

Und das traditionelle Brauhaus in der Luisenstraße? «Daraus wurde ja nun eine Metropolengastronomie», schwärmt Jürgen Fiege über das «Livingroom». Er glaubt fest an die gemeinsame Identität einer Metropole im Pott. Zumindest ist das gut für sein Bier. Auf seinem Schreibtisch liegt ein Buch mit dem Titel «Das Lokal als Bühne». Das Buch «zeigt, wie Bistros und Restaurants durch gestalterische und dramaturgische Elemente ein Szenario bereitstellen können, das ihren Gästen die höchstmögliche Inszenierung ihres Auftritts erlaubt». Ständig besucht er mit seiner Frau neue Kneipen und Restaurants, in Köln, Berlin oder in München, wo beide Fieges studiert haben. «Da lassen wir uns schon gerne inspirieren.» Aber heute Abend geht es einfach nur ums Eck, zu Elfriede Fey. Die dienstälteste Wirtin der Stadt feiert ihr 40-jähriges Bühnenjubiläum. Dafür hat sie sich bestimmt einige dramaturgische Elemente einfallen lassen.

Schon die Lage ist wie aus einem Lehrbuch für Erlebnisgastronomen: Ruhrpottkulisse zwischen Bergbaumuseum, Bergbauschule und dem

Gleis, über das die Züge zum Güterbahnhof rollen. Dass sich der SPD-Ortsverein Schmechtingtal im «Haus Fey» trifft, steht schon auf einem Schild draußen an der Hauswand. Ist wohl eine Art Warnung für alle anderen. Und immer kurz vor den Wahlen trommelt die Partei in Friedchens Gesellschaftszimmer ein paar Senioren aus der Nachbarschaft zu Kaffee und Kuchen zusammen. Man könnte die Kneipe auch ein Traditionshaus nennen. «Wat willse?», krächzt eine heisere Frauenstimme vom Ende des Pflasterweges hinter dem verschlossenen Gartentor, vor dem ich auf dem Gehsteig der Hofsteder Straße stehe und denke: Das muss wohl diese liebevolle Wirtin sein, von der alle so schwärmen. «'n Pilsken wär nich schlecht», sage ich, um nicht weiter aufzufallen. Schließlich erkennt diese Frau ihre Stammgäste auf Anhieb. Da ist sie also, die anfängliche Skepsis der Ruhris, von der Anja vorhin geredet hat. Nach der Warmlaufphase (halbe Stunde) kommt dann allerdings der Rundgang für solche Gäste, die sie in die Stammkundschaft aufnehmen würde. Weil für gut befunden. «War 'ne schöne Feier, hat Spaß gemacht», erzählt sie nach einer Weile von ihrem Jahrestag. «Bier, Schnaps – und zu fressen vom 14-Meter-Büffet, alles für lau, da hamwas ma richtich krachen lassen. Und alle sind schöön satt geworden.» Und dann zeigt sie mir den Garten, in dem vier Kaninchen über den Rasen hoppeln. «Die fressen mir die Haare vom Kopp. Die Viecher kosten mir jedes Jahr einen Urlaub.» Eines nach dem anderen sei über den Zaun geworfen worden. Auf der anderen Seite ist ein Spielplatz. Einmal habe sie einen kleinen Jungen erwischt, der sich wegen schlechter Schulnoten von seinem Kaninchen trennen musste. «Ich hab ihm gesacht, wenn die Noten wieda besser werden, hole den Hasen wieda ab.» Er ist noch da. Neulich kam noch das Meerschweinchen Bruno hinzu. «Der kam inner Salatschüssel.»

Friedchens Liebling wiegt dicke zweieinhalb Zentner. Er wurde ihr vor acht Jahren als «japanisches Minischwein» verkauft. So stand es jedenfalls im «Stadtspiegel», in dem ein Händler aus Oberhausen inseriert hatte. Damals waren sie zu zweit, ein Geschwisterpaar, Maxi und Moritz. Die wuchsen – und wuchsen. «Zweima mussten wir den Stall vergrößan.» Als beide noch kleiner waren, kamen sie morgens immer in den Schankraum getrippelt. Dort standen sie dann vor dem Tresen – mit wedelnden Schwänzchen, wie kleine Hunde. «Ich hab ihnen dann jeweils ein halbes Duplo gegeben. Dat hamse sich dann unta die Gaumen geklemmt und sind wieda abgezogen.» Und sie fraßen und wuchsen. Bis Maxi, das Mädchen, eines Morgens nicht mehr aufstand. Von der Stelle im Stall, in der Friedchen und ich jetzt geduckt auf dem Stroh stehen. «Steh auf, mein Schatz, wir ham Besuch», sagt sie, als sie Moritz mit ihrer rosafarbenen Gummisandale in den fetten grauen Hintern tritt, dass es wabbelt. Man könnte meinen, hier schläft ein kleiner Elefant. Keine Reaktion. Noch ein Tritt. Nichts, nur ein leises Grunzen. «Die hatte sich an den Birnen im Gatten überfressen. Dahmverschlingung, dat war's dann.»

Nachdem ihr Mann starb, war der größte Verlust für Elfriede Fey der Tod von Schwein Maxi. «Moritz hat danach tagelang geheult. Dem sind richtig dicke Tränen gekommen.» Manchmal liegt er neben ihr im Garten, unter dem Birnbaum. «Dann fragen se mich schoma: Wer is hier eigentlich dat Schwein von euch beiden?» Friedchen lacht, ziemlich heiser. Too many cigarettes! Sie schlurft zurück zum ambulanten Tresen in dem gepflasterten Innenhof. Gleich wird es 18 Uhr. Sie zapft ein Bier an und erzählt die Geschichte aus dem vergangenen Sommer, als die Feuerwehr zu Gast war. Das Radio trällert «Year of the cat» von Al Stewart, «ErTeElll-Radioooh, die besten Hits aller Zeiten».

«Tiere in Not sind kostenlos», weiß Friedchen seit diesem Einsatz. Andere Leute haben ja auch schon mal eine Katze im Baum oder einen Papagei in der Dachrinne, um den sich die Jungs von der Feuerwehr dann kümmern müssen. Elfriede Fey hatte ein Schwein im Swimmingpool. Der steht immer noch mitten auf der Wiese. Eines dieser runden Plastikschwimmbecken aus dem Baumarkt. «Der Kerl hat sich immer so gerne den Rücken an der Plastikwand geschubbert, irgendwann brach die Wand dann ein, platsch, lag Moritz im Pool.» Weil er dort nicht mehr rauskam, musste Frau Fey also die Feuerwehr rufen. Als sie denen erzählt hat, dass sie ein Schwein im Pool hat, haben die gesagt: «Frau Fey, wennse uns veraschen wolln, dann wird dat richtich teua für Sie.» Sie kamen zu fünft – und haben Moritz hochgehievt, in einem Geschirr für Pferde. Nach dem Kraftakt hat sie den Jungs von der Feuerwehr dann 200 Euro gegeben. «Für die Kaffeekasse.» Ansonsten sind Tiere in Not ja kostenlos. «Nee, lass ma, die wan schon in Ordnung.»

Das zweite Bier ist angerichtet, steht auf einer Gummidecke vor mir auf dem Tisch. Könnte auch eine rutschfeste Duschmatte sein. Die Kohlensäure perlt gleichmäßig in Richtung Bierschaum. Das Glas beschlägt leicht. Gerade so, dass sich die tief stehende Sonne darin brechen kann. Friedchen raucht sich erst einmal eine – HB. Nach dem ersten Schluck fällt mir auf, dass der kniehohe Gartenzwerg neben mir seine blaue Hose runtergelassen hat – zum Pinkeln. Halb nackt steht er da, die rechte Hand im Schritt, und grinst mich an. Derweil schlurft Elfriede Fey für mich in die Küche an dem Flipper vorbei, um einen Strammen Max zu machen. Mit drei Eiern, Schinken, Tomatenschnitzen – und einem Kleks Kartoffelsalat in der Mitte. Den Strammen Max serviert sie mit Stolz in ihrem kleinen Paradies mitten in der Stadt. Hier stehen grüne Sonnenschirme von der Fiege-Brauerei und eine Pergola, auf der die Weinranken um die Wette klettern. «Manchmal sitzenwe bis um drei hier draußen. Den Letzten stell ich dann dat Bier aufm Tisch, geh im Bett – und die klettan dann üban Zaun, nachdem ich dat Gattentor abgeschlossen hab.» An besonders schönen Abenden macht Elfriede Fey ein Feuerchen im Hof. In einem Metallkorb stapelt sie dann Äste vom Birnbaum. «Dat knistat dann so schön, härrlich!» Die Nachbarn stört das alles nicht. Oft sitzen sie selbst mit um das Feuer.

Irgendwann werden die Leute solche Nachbarschaftskneipen sehr vermissen. Da bin ich mir sicher. Wenn der letzte Erlebniskick erreicht, die letzte Beach Bar geflutet und die letzte Bundeskegelbahn zur Erlebnisgastronomie gewandelt worden ist, werden sie merken, dass man Herzlichkeit nicht kaufen kann. Dann werden aus Kneipen Museen, so wie aus den Zechen, den Pumpstationen und Hochöfen. Die Flaschenkinder haben dann einen Uniabschluss und suchen mit einem Kulturführer in der Hand nach solch authentischen Orten. Die Rente mit 67 kann Friedchen schon längst nicht mehr erreichen. «Wenn ich ma aufhör, schreib ich 'n Buch», sagt sie. Der Sohn von Jürgen Fiege wird es dann auf dem Schreibtisch liegen haben und vergeblich nach Leuten suchen, die so drauf sind wie Elfriede Fey aus der Hofsteder Straße 17.

Wieder vergeht die Zeit sehr schnell. Der Pott ist ein kurzweiliger Ort. Dabei wollte ich eigentlich noch ins Café «Tucholsky», das in den Obergeschossen auch einige Zimmer vermietet. Der Laden ist ganz nah am Schauspielhaus. Darum soll es morgen gehen, um Theater und Literatur im Pott. Dafür muss man nach Bochum. Heute bleibe ich hier, in einem von Friedchens Gästebetten. Denn eigentlich heißt das «Haus Fey» nämlich «Hotel Fey». Friedchen hat auch zehn Betten zu vergeben, zumeist an allein reisende Klima- und Heizungsbauer oder andere Monteure. «Aba nich, date mir vom Ball der einsamen Herzen noch son Püppchen mit auf Zimma schlepps. Dann musse gleich 'n Doppelzimma nehm.» Tatsächlich finden in der Nähe Tanzveranstaltungen mit verdeckter Verkupplungsabsicht statt, die bei den Monteuren beliebt sind. Vielleicht gehe ich beim nächsten Besuch in Bochum dorthin.

Aber heute will ich noch in fröhlicher Runde bis in die Nacht im Biergarten sitzen, am offenen Feuer zwischen Pinkelzwerg, Elefantenschwein, rutschfester Tischdecke und Fiege Pils. Und im «Tucholsky» kann ich auch morgen noch einchecken.

# Volkstheater

Otto Sander kam die Treppe runter an die Bar und trug einen Ringelnatz vor. Und noch einen. Der Laden war längst leer, die Glastür abgeschlossen. An die Holztheke mit der bereits polierten Messingplatte klammerten sich nur noch die Mädels aus der Spätschicht. Groggy waren sie. Sie rauchten. Gauloises, die dem Zeitgeist entsprechen: An Malocherkippen wie Ernte 23 oder HB hat hier schon länger keiner mehr gezogen. An Marlboro nur dann, wenn die Automatenschächte leer waren, in denen sich die Päckchen der modernen, unabhängigen Zigarette mit eindeutig französischem Stil und einem Schuss Unverschämtheit stapeln. Ein Porträt von Otto Sander zierte vor einigen Jahren gar die Zigarettenschachteln der Marke NIL. Ihren Herstellern hätte dieses Setting jetzt ganz sicher gefallen. Schlieriger Dunst lag über diesem Moment der Ruhe. Und er legt sich auch heute noch manchmal über gewisse Augenblicke. Immer dann, wenn es besinnlich wird nach einer stressigen Kellnerschicht im «Tucholsky», wo in Bochum Hirn und Herz oft zusammenfinden.

So wird es gewesen sein, an den Abenden nach den Proben, wenn Otto noch mal runterkam an die Bar. Längst duzen ihn alle hier. Seine sonore Stimme wird gerne gehört. Vor allem, wenn er den Ringelnatz vorträgt.

«Guten Abend, schöne Unbekannte! Es ist nachts halb zehn. Würden Sie liebenswürdigerweise mit mir schlafen gehn?»

An dieser Stelle haben alle wohl laut gelacht, Anja auch.

**«Wart nur, ich erzähle dir schnurrige Sachen.**
**Ich weiß: Du wirst lachen.**
**Ich weiß: Dass sie dich auch traurig machen.»**

Während Otto Sander, der große deutsche Schauspieler, einige Verse
und Gläser später allein die Stufen hochtaperte und in sein Zimmer
ging, zogen die Mädels noch einmal los. Nach Feierabend in eine andere Bar, einen Club irgendwo hier im Bermudadreieck. Lautes Lachen, junge Frauen, die sich in den Armen liegen und ihre schönen
Zähne zeigen, sich rhythmisch und bewegungssicher, sehr sexy zur
Musik bewegen. Männer, denen das gefällt. Wummern in den Ohren.
Die Soundfetzen mischen sich im zunehmend benebelten Geist zu
einer durchgängigen Melodie unter dem Titel «Abfeiern».

Otto hatte sich längst schon die Schuhe ausgezogen. Vielleicht saß
der alte Mann jetzt schon auf der Bettkante von Zimmer 109. Zuvor
noch eine letzte Zigarette für den Tag. Am geöffneten Fenster, den
Blick gesenkt auf das Pflaster, von wo das Treiben jugendlicher Nacht-
schwärmer nach oben drang. Vom Bett aus dann schaute er wieder
einmal auf die Bewegungen von Heinz Rühmann. Drei Monate ging
das nun schon so, ein Vierteljahr Proben in Bochum. Jemand hatte
eigens einen Videorekorder auf sein Zimmer gebracht, damit er sich
die ausgeleierte Kassette wieder und wieder anschauen konnte. «Otto,
du bist mein legitimer Nachfolger», hatte der Volksschauspieler ihm
auf der Party zu seinem Neunzigsten gesagt. Und bald ist es so weit.
Demnächst gibt Otto den Hauptmann von Köpenick, nur ein paar
Schritte die Königsallee hinunter im Schauspielhaus, dem impo-

---

**Schöne Szene: Anja Fuchs kommt aus der Festspielstadt Salzburg,**
**findet aber, dass in Bochum jedermann ein Star sein kann.**

santen Klinkerbau mit hoher Glasfassade. Er überragt alles, als wäre er eine gothische Kathedrale inmitten sozialdemokratischer Nachkriegsarchitektur, in der zwischen den Bahngleisen Matratzendiscounter die Leerstände füllen.

All die plötzlichen Philharmonien, Arenen, Musicalhallen und soziokulturellen Zentren in liebevoll restaurierten Industriebrachen, die mittlerweile um die Gunst der zahlreichen Menschen werben, stehen im Schatten dieser Kathedrale. Es ist das tatsächliche Volkstheater im Pott, wo die Menschen eigentlich lieber zum Fußball gehen und Filme mit Untertiteln chancenlos sind. Die Kathedrale aber trotzt der Banalität und buhlt schon lange um die Gunst der Fußballfans. Und das schon seit einer Zeit, als der Fußball noch nicht feuilletontauglich war. Schon gar nicht im Pott, wo das Thema nicht bloß mit dem Adjektiv «proletarisch» besetzt war, sondern mit «prollig».

«Diese Theaterleute ham uns ers gar nich verstanden, und wir ham nich verstanden, was die übahaupt wollten», erinnert sich Ralf Wolf, den in Bochum alle nur Lobo nennen. Früher hatten alle einen Spitznamen. Das ist inzwischen ein bisschen aus der Mode gekommen. Seit 1964 geht er zum VfL, erst seit ein paar Jahren hat er einen Sitzplatz. Mit diesem ganzen VIP- (sprich: Fipp) Schnickschnack hat er nichts am Hut, der sich seit einigen Jahren in den Bundesligastadien breitmacht. Lobo ist einer, der auf Anhieb weiß, wie der letzte Fußballnationalspieler heißt, der aus Bochum kam: «Paul Freier», sagt er.

In der Spielzeit 1980/81 stand Lobo selbst auf einer Bühne. Im Schauspielhaus mit 25 Kumpeln von den «Bochumer Jungen», dem nach eigenen Angaben ältesten Fanclub Deutschlands. Als Statisten neben Diether Krebs sollten sie in dem Stück «Arnsberch» für Pottatmosphäre sorgen. Gegröle, Randale, Fußballgesänge. «Wir haben uns kaputtgelacht, weil die wollten, dass wir fußballmäßig Stimmung machen, indem wir immer schreien sollten: Bochum vor, noch ein Tor.»

Im Laufe der 34 Auftritte wurde die Distanz zwischen Fußball und Theater immer kleiner. «Wir gingen immer öfter ins Theater, schließlich kamen von den Schauspielern ja auch einige ins Stadion, der Hebbät ja auch.» Mit Herbert ist Grönemeyer gemeint. Der war damals der musikalische Leiter, trat aber auch schon mal als Schauspieler auf. So kam er zu seiner Rolle als Leutnant Werner in «Das Boot», dem vielleicht wichtigsten deutschen Film überhaupt. Otto Sander war damals auch mit im Boot, als abgedrehter Kapitänleutnant Thomsen. Und jetzt wohnt er vorübergehend im «Tucholsky». Zu den Proben kann er zu Fuß gehen. In seinem Zimmer hinter der Außenfassade in gefliestem Nachkriegscharme quartieren sie immer die Großen ein. Harald Schmidt, der vor Kurzem hier noch auf Godot gewartet hat. Oder Bruno Ganz, Thomas Thieme und Burghart Klaußner – Gesichter, die jede Kellnerin kennt. Gesichter, die auf den Leinwänden des riesigen Multiplexkinos zu sehen sind, dem UCI (United Cinemas International, sprich: Utzi), dem ersten dieser Art im Pott, draußen im Ruhrpark-Einkaufscenter an der A40.

Vielleicht sind ihnen nicht gleich die Namen hinter den Gesichtern präsent. Da ist dieser kauzige Schweizer, dieser stämmige Genussmensch oder dieser schmallippige ältere Herr mit den blauen Augen, der auf der Leinwand meistens eine Brille trägt. Aber die großen Filmtitel, die mit ihnen in Verbindung stehen, die kennt jeder. «Der Untergang», «Das Leben der Anderen», «Die fetten Jahre sind vorbei». Da werden Erinnerungen transportiert vom vielleicht besten Hitlerdarsteller aller Zeiten, den Bildern vom roten Teppich der Oscarverleihung in der «Gala», den listigen Dialogen mit dem jugendlichen Daniel Brühl und der aufblühenden Julia Jentsch, die das naive Entführerpaar geben. Woher kenne ich die noch gleich?

Hier sind sie dann Titus Andronicus, Danton oder der Regisseur von unserem Otto, der in seinem Heimspiel «Der Ignorant und der Wahnsinnige» einen saufenden Blinden gibt. Mit kleinen Alkoholikerschritten trippelt er herein, schnauft ein bisschen, zappelt nervös mit den Fingern und sucht unablässig nach Trinkbarem. Lange dauert es, bis er endlich seine schnarrend rostige Stimme hören lässt, schrieb eine Kritikerin.

Etwas später, nach der Vorstellung im «Tucholsky», lässt Sander die Frauen hinter der Theke nicht so lange warten. Wieder trägt er ein Gedicht vor. Und das geht so:

> **Zwischen Lipp und Kelchesrand**
> **Ein weibliches Rekördchen**
> **Hatte sich besoffen,**
> **Musste mal aufs Örtchen.**
> **Als es wieder rauskam,**
> **War's schon übertroffen.**

Ein Bier mit Otto hat Wolfgang, der Nachtportier im Schauspielhaus, bislang noch nicht getrunken, auch noch keinen Sekt. «Ich komme aus meiner Loge ja nicht weg. Aber wenn ich Zeit hätte, würde der bestimmt nicht Nein sagen», sagt Wolfgang, «der ist schwer in Ordnung, der Mann.» Genauso wie der Bruno Ganz. Harald Schmidt, na ja, der habe ihm nur einmal die Hand gegeben. Am liebsten von allen aber war ihm die Tana Schanzara. Ihr hat Wolfgang immer das Taxi gerufen. Immer derselbe Fahrer, der sie nach Hause brachte. Nach Hause nach Herne. Obwohl es schon damals seit Jahren eine durchgehende U-Bahn gab. Dafür hat sie ihm gelegentlich Kleingeld für Bier gegeben. Ihr selbst war der Rotwein lieb. Verabschieden von der Ruhrpott-Duse konnte Wolfgang sich aber nicht. Auf einmal war der Tag da, an dem das halbe Dutzend Rosen vor dem hohen Eingangsportal in der glänzenden Nässe des Dezemberregens lag. Drinnen lief an diesem Abend «A tribute to Johnny Cash» in tiefblauem Licht.

> I walk the line
> You've got a way to keep me on your side
> You give me cause for love that I can't hide
> For you I know I'd even try to turn the tide
> Because you're mine,
> I walk the line

Draußen auf den Stufen stand das Porträt einer reifen Dame, das gepuderte Kinn auf die Hand gestützt, mit sinnlichen Lippen, lebensschlauen Augen und mit sanftmütigem Blick, mit einem Barett auf dem Kopf, das einer Künstlerin gut zu Gesicht steht. Am Rahmen ein Trauerflor. Es ist das erste Bochumer Weihnachten ohne Tana Schanzara seit 1954. Damals, als das im Krieg zerstörte Schauspielhaus wieder eröffnet wurde, gehörte sie zu den Ersten, die durch dieses Portal schritten. «Tana, aufstehen» steht auf der Widmung bei den nassen Rosen. Mit dem Lied «Vatta, aufstehen» hatte diese Frau vor fast vierzig Jahren der hiesigen Mundart im ganzen Land Gehör verschafft. In «Arnsberch» stand sie mit den Bochumer Jungen und Diether Krebs auf der Bühne. Für das Selbstverständnis der Menschen im Pott war Tana Schanzara eine zentrale Figur. Ein paar Wochen später gaben sie dann auch ein Tribut an Tana Schanzara. Als nach der Abschiedsgala alle aufstanden im Applaus zu ihren Ehren, saß Wolfgang Welt ungerührt in seiner gläsernen Pförtnerloge und hatte noch ein paar Stunden Schicht vor der Brust.

Für viele Kritiker ist das Bochumer Schauspielhaus neben der Volksbühne in Berlin und dem Schauspielhaus Zürich das beste Theater im deutschsprachigen Raum. Der jeweilige Intendant scheint manchmal der wichtigste Mann der Stadt zu sein. Zumindest für jene, die Präsenz in den überregionalen Medien als Gradmesser für Bedeutung anlegen. Professor Dietrich Grönemeyer, «der populärste Mediziner Deutschlands» (Deutschlandradio) mit Bochumer Büroadresse und diesem wahnsinnig berühmten Bruder, rangiert auf dieser Skala außer Konkurrenz.

Aber selbst wenn ein Intendant Leander Haußmann heißt –, und seinem Regisseur schlagzeilenträchtig die Fresse poliert, wenn Sander den Berliner Hauptmann gibt, Schmidt in Bochum auf Godot wartet oder Oscar-Preisträger Philip Seymour Hoffman im «Othello» das Schauspielhaus belebt: In jedem Fall ist es für die meisten Feuilletonisten ein weiter Weg nach Bochum. Und das nicht nur der Anfahrt wegen. Die Premieren stehen dennoch in den Terminkalendern der vornehmen Redaktionen zwischen München und Hamburg. Auch wenn diese anschließend über eine «mittelmäßige Inszenierung» berichten, wie beim «Hauptmann von Köpenick» die «Frankfurter Rundschau». Wahrscheinlich liegt es auch an den hohen Erwartungen, die einer in sich trägt, der eigens hierherfährt.

Otto Sander selbst aber war für denselben Kritiker ein Erlebnis. «Er ist einfach da, dieser etwas gebeugte Herr mit zerfurchtem Gesicht und warm krächzender Stimme.» Trotz der Verrisse wurde der «Hauptmann von Köpenick» zu einem Publikumshit. Wegen des Volksschauspielers, vielleicht auch, weil dieses Haus ein tatsächliches Volkstheater ist und sein Publikum keine Avantgarde ohne Realitätsbezug. Menschen, die mehr über ihre «Arbeit» reden, weniger über ihre «Projekte». Der «Freundeskreis des Schauspielhauses» jedenfalls verlieh Otto gleich einen Ehrenpreis, weil der «durch seine Schauspielkunst dazu beigetragen hat, Bochums Ruf als Theaterstadt zu untermauern». Auch wenn es um die Außendarstellung geht, am liebsten haben sich die Menschen im Pott selbst. Einer, der von außen hinzustößt, liebenswert mit herbem Charme, und nicht gleich auf etepetete macht, weil er schon mal im «Hotel Atlantic Kempinski» übernachtet hat, der kann sich gegen den gut gemeinten Integrationswillen der Leute kaum noch wehren. Das ist in Hamburg anders. Von dort sind aus dem Kempinski wenige Geschichten überliefert von Groß-schauspielern, die ihrer Lieblingskellnerin unten an der Bar nach Feierabend noch einen Ringelnatz vortragen.

Als der Morgen schon dämmerte, zankten sich noch einige Spatzen hastig um einzelne verschmähte Pommes auf dem Pflaster der Fuß-gängerzone, um sie vor dem kreiselnden Schrubber der Kehrmaschine in Sicherheit zu bringen. Den Wohnungsschlüssel in der müden Hand, meldete sich in Anjas Geiste noch einmal Ottos Ringelnatz mit einem Vers aus dem Gedicht «Ich habe dich so lieb»

> **«Die Zeit entstellt**
> **alle Lebewesen.**
> **Ein Hund bellt.**
> **Er kann nicht lesen.**
> **Er kann nicht schreiben.**
> **Wir können nicht bleiben.»**

Mittags dann ein Aspirin, mit Vitamin C. Soll ja gesund sein. Dazu ein paar Dehnübungen, den geraden Rücken gebeugt, streckte sie ihre Fingerspitzen bis auf den hölzernen Lamellenboden des Balkons. Mehr Yoga hatte sie sich vorgenommen. Aber erst mal eine Gauloises anstecken. Den blinzelnden Blick gen Süden gerichtet, auf die Probs-teikirche. Es muss ja nicht gleich Notre-Dame sein. Liberté Toujours! Den ersten Latte macchiato des Tages trank sie zwar nicht in einem Café des Quartier Latin, aber auch in Bochum gibt es Orte für ein ro-manisches Lebensgefühl. Gleich am anderen Ende der Fußgänger-zone, ohne die sich in Bochum – wie in den übrigen Städten dieser Region – die meisten Menschen ihre Freizeit nicht vorstellen können. Im «Café Zentral». Solange die Sonne hoch am Himmel steht, ist für manche hier der Gang ins «Zentral» immer noch Pflicht. Auf einen Latte, Espresso, Prosecco oder ein San Pellegrino.

An diesen hölzernen Stehtischen hinter dem Schaufenster zur Straße balzen auch die Fußballer des VfL. Hier präsentieren sich die tuckigen Lokomotivendarsteller mit ihren schlanken und dennoch kräftigen Körpern aus Deutschlands erfolgreichstem Musical, dem Starlight Express. Anwälte aus den Nebenstraßen hängen mit windigen Finanzoptimierern ab und genießen die bloße Präsenz von den heißesten Bräuten der Stadt. Zum Beispiel bei «Sam», dem Griechen, der seit gefühlten hundert Jahren auf der anderen Straßenseite eine Clubdisco betreibt. Vielleicht nur, damit er sich die Knackigste von denen aussuchen kann, die bei ihm anheuern. Im Augenblick ist es eine Tussi, die ständig mit einem winzigen Hündchen auf dem Arm durchs Bermudadreieck stakst und dabei die Blicke auf sich zieht.

«Nich meine Welt», sagt Wolfgang knapp. Dann atmet er wieder schwer und greift zum Glas. Diese Woche hat er frei. Die Nachtschicht im Schauspielhaus macht ein anderer. Mit dem Niedergang der Schwerindustrie ging auch das Zeitalter der fest angestellten Pförtner zu Ende. Früher nahmen sie oft Kriegsversehrte oder welche, die nicht mehr richtig körperlich arbeiten konnten. Etwa zu dieser Zeit begann Wolfgang mit diesem Job, für eine private Sicherheitsfirma. Zunächst in der Ruhrlandhalle neben dem Ruhrstadion, das heute auch einen dieser albernen Namen trägt, die Marketingleute sich ausdenken. Schon lange verbringt er die meisten seiner Nachtschichten im Schauspielhaus. Und dort hat er viel Zeit. Viel Zeit für Gedanken und viel Zeit zum Schreiben.

Als Wolfgang die Tür seiner Wohnung öffnet, begegnen wir uns zum ersten Mal, doch ich habe das Gefühl, ihn längst zu kennen. Ich habe ja seine autobiografischen Romane gelesen, in denen er auch ausführlich über seine Psychose schreibt.

Während ich Wolfgang also die Hand drücke, ihm in die wässrigen Augen schaue, kramt meine Nase in eigenen Kindheitserinnerungen. Hängolin, Tranquilizer, Antidepressiva, ein Cocktail. Das ganze Zeug, mit dem Nervenkranke ruhig gestellt werden, die sich anschließend bewegen wie die Zombies in der «Nacht der lebenden Toten» von Kultregisseur George A. Romero. Umgeben von diesem sauer-klinischen Körperdunst, einer Mischung aus Gegorenem, Schweiß und einem Schuss Sagrotan. Das erkennt jeder, der neben einer psychiatrischen Klinik aufgewachsen ist. Mir geht das Wort «Ballerburg» durch den Kopf. «Klapsmühle», sagt Wolfgang, ich sage «Ballerburg». So wie die anderen Kinder auf dem Bolzplatz im Urlaub am Dümmer See bei Osnabrück vor dreißig Jahren, die auf Anhieb wussten, dass es so eine Einrichtung in meiner Nachbarschaft gibt. Alle, die wie ich von dort kamen, waren für die Dauer der Campingferien stigmatisiert. Als wären wir auch plemplem, angesteckt von den «Doofen», wie die Patienten damals genannt wurden.

Wolfgang freut sich jedenfalls. «Tach, komm rein.» Ich fühle mich wie bei einem Krankenbesuch, nur dass ich keine Blumen mitgebracht habe, auch kein Fußballmagazin oder eine Tüte Bonbons. Das Gefühl bleibt bis zum Schluss. Schon um es zu verdrängen, werde ich ihn morgen noch einmal treffen. So viel steht fest. Im Garten hängt schlapp eine schwarz-gelbe BVB-Fahne am Mast. Wir sind in Langendreer, das ist fast Dortmund. Auf der Verlängerung der Provinzialstraße, die auch «Woll-Grenze» heißt. «Woll» sagen sie nur östlich dieser Linie, um eine bereits getroffene Aussage zu verstärken. Wolfgang sagt, die Fahne gehöre den Nachbarn. Er selber sei Schalker, die Fronten sind also schnell geklärt. Ist hier wichtig. Er: «Mineralwasser oder Kaffee?» Ich hatte auf ein Bier gehofft. Schließlich gilt Wolfgang Welt als eine Art Charles Bukowsky des Ruhrgebiets. Wolfgang: «Davon hatte ich gestern reichlich. War mit meinem Bruder im «Tucholsky» einen trinken.» Also nehme ich ein Wasser, einen Sprudel. Als ich, nunmehr auf einem Küchenstuhl an dem runden Couchtisch sitzend, das Glas ansetze und über den Rand das weiß furnierte Bücherregal sichte, kippt Wolfgang langsam zur Seite um. Ich denke:

Der fällt wie 'ne Bahnschranke, nehme aber gleichzeitig Philip Roth, Günter Grass – und einen halben Meter Peter Handke wahr.

Dann höre ich ein dumpfes Geräusch. Der schwere aufgedunsene Körper ist auf das billige weiche Polster der dreiteiligen Couch aufgeschlagen, zerknautscht tief das schäbige Muster. Es ist eines dieser Muster, wie es die rosigen Frührentner am Strand von Pattaya auf ihren gespannten Freizeithemden vor dem Bauch spazieren tragen. Typen, die aussehen wie Wolfgang, mit genauso einer Wampe, die er nach einem kurzen Wälzer in Richtung Zimmerdecke streckt. Ein kurzes Stöhnen, dann verharrt er ruhig in der Stellung eines auf dem

---

**Hinter der Bühne: Wolfgang Welt ist Nachtportier des Bochumer Schauspielhauses, außerdem schreibt er Romane – in eruptiver Arbeitsweise.**

Rücken liegenden Maikäfers. Er röchelt etwas und klingt deshalb unverständlich: «Ich bin kaputt, habe wegen der Medikamente jetzt schon ein paar Wochen nicht mehr richtig geschlafen.» Schlafentzug macht einen komisch kaputt, nicht wohlig müde. Wolfgang ist gereizt, meine Anwesenheit strengt ihn an wie ein heller auf ihn gerichteter Lichtstrahl. Er muss sich fühlen wie bei einem Verhör.

Das Interview kann beginnen. Wolfgang erzählt, wie das alles anfing mit dem Schreiben. Früher mal gelegentliche Musikkritiken im Stadtmagazin «Marabo», über Punk, später über Wave. Dann kommen die Bücher über die Zeit, als der Ich-Erzähler über Punk und Wave geschrieben hat. Allesamt handeln sie von seinem eigenen erbärmlichen Leben in Bochum, mit Abstechern nach Dortmund, zur Arbeit, als Bierfahrerassistent bei der Ritterbrauerei – und als Verkäufer in einem Plattenladen am Bahnhof. «Bochum habe ich aber nie verlassen», sagt Wolfgang, «nur mal für sechs Wochen, da war ich in England.» Auch nach Pattaya hat ihn nichts gezogen, nicht mal die Mädchen. Gefickt wird in seinen Büchern öfter mal, permanent wird darüber nachgedacht. Als Ziel allen kulturellen Schaffens, den Mädels zu imponieren, um sie leichter ins Bett zu kriegen. Erotisch ist das nicht. Aber Wolfgang ist eine ehrliche Haut. Er lässt seinen Leser nicht in dem Glauben, dass dies wirklich funktioniert hat. Zumindest Peter Handke hat an ihm Gefallen gefunden.

Nach der zufälligen Lektüre von Wolfgangs autobiografischer Milieubeschreibung aus dem Pott der 8oer-Jahre empfahl Handke ihn seinem Lektor. Seither druckt der große Literaturverlag Suhrkamp Wolfgangs Bücher, auf denen er mit seinen weit auseinanderstehenden Augen von den Covern guckt. Jetzt ist er offiziell Popkultur. Einer dieser Feuilletonisten mit der weiten Anreise kam neulich sogar eigens seinetwegen ins Schauspielhaus. Nicht wegen Otto Sander, nicht wegen irgendeiner Premiere. Sondern um mit ihm eine Nachtschicht abzusitzen. In dieser Woche nun hat Wolfgang Urlaub genommen.

«Weil ich ja morgen meinen Auftritt hab», sagt er. Unten, im Keller des Schauspielhauses. «Wolfgang Welt liest im Theater unter Tage», wird morgen auf einer riesigen Fahne vor der hohen Glasfront der Kathedrale stehen. Seine Mutter wäre stolz gewesen. Aber die lebt nur noch in seinen Büchern – und auf einem hübschen Foto in dem weißen Furnierregal.

Ein großer Moment, der in Ruhe vorbereitet sein will. Da stört die Nachtarbeit nur. Vor ein paar Wochen ist sein neues Buch erschienen, «Doris hilft», in dem es um das Gleiche geht wie immer. Doris ist eine Kellnerin aus der Bochumer Vorortkneipe Rotthaus, «auf die ich ein Auge geworfen hatte, mit der es aber zu mehr als einem Flirt über den Tresen noch nicht gekommen war», schrieb Wolfgang bereits vor Jahren in einem anderen Werk. Schließlich geht es immer um dasselbe: um «Welts Leben als Autor, Biertrinker, Dauersohn und Nachtwächter», fasst der Text auf dem Buchdeckel von «Doris hilft» trefflich zusammen. Leben zu der Zeit, als Heinz Rudolf Kunze mit einer deutschen Coverversion der «Lola» von den «Kinks» die Menschen im Pott begeisterte und sich über einen Verriss von Wolfgang noch aufregte. Der redet über Kunze seither als seinen «Erzfeind.» Dabei ist Kunzes «Lola» eine Hymne an die Nachbarschaft.

**Lola**
**Ich traf sie in 'nem Imbiss in Dortmund-Nord**
**es roch stark nach Schaschlik und 'n bisschen nach Abort**
**und sie hieß Lola**
**L.O.L.A. Lola**
**Ich sagte: Darf ich bitten oder woll'n wir erst tanzen?**
**Sie wurde rot und rührte wie ertappte Emanzen**
**in ihrer Cola**
**C.O.L.A. Cola lalalala Lola**

Sämtliche Weltstars traten damals in Wolfgangs Nachbarschaft auf. Die Dortmunder «Westfalenhalle» liegt fast in Hörweite, die mit Abstand größte und damals konkurrenzlose Konzerthalle im Land. Dort beginnen die 8oer mit Bob Marley und klingen aus, als Pink Floyd hier ihre Mauer aus Pappmaschee einreißen. Im Laufe dieser Jahre hat Wolfgang mehr «Benson & Hedges» gequalmt, als er mit seinem heutigen Körpergewicht aufwiegen könnte. Das war damals die angemessene Zigarette für den führenden Rockjournalisten des Ruhrgebiets (Wolfgang über den Ich-Erzähler). Der Dortmunder Peter Illmann moderiert «Formel Eins», Alan Bangs den «Rockpalast», die «Zeche» in Bochum war der angesagte Zappelschuppen mit Konzerteinlagen. Und Wolfgang Welt durfte zu allem seinen Senf dazugeben. Vor allem durfte er umsonst in jedes Konzert und bekam einen Haufen kostenloser Schallplatten. Mittlerweile aber habe er die Lust an der Musik verloren, sagt Wolfgang. Er sagt: «Daran ist die Psychose schuld.»

Dennoch hat er sich heute Morgen zum Kaffee mit dem Manager von Doro Pesch getroffen, um über alte Zeiten zu quatschen. Wo? Wieder im «Tucholsky» natürlich, wo er abends schon um halb zehn abgehauen war. Bloß nicht versumpfen vor der wichtigen Lesung. Menschen, die sich mit Wolfgang an die 8oer erinnern, denken bei Doro Pesch vor allem an die Heavy-Metal-Band «Warlock». Nach der Jahrtausendwende wurde sie dann erneut einem Millionenpublikum vorgeführt. Beim RTL-Promi-Boxen gegen Ex-Pornostar Gina Wild (Metal Queen vs. Wild Thing), als Ersatz für Samantha Fox. Inzwischen ist «Doro» wieder mit ihrer Musik auf Tour, und erstaunlich viele Leute erinnern sich an sie und an die 8oer-Jahre.

Der Weg zurück zum Theater führt über Bruno Ganz. Wolfgang: «Dem habe ich auch mein Buch gegeben, weil der ein Freund von Peter Handke ist.» Und übrigens auch von Otto Sander. Die drei kommen am nächsten Tag zwar nicht zur Lesung ins «Theater unter Tage» im betonierten Walfischbauch des Schauspielhauses, dennoch ist die Bude rappelvoll. Mit Leuten, die sich gerne an die eigene Jugend erinnern. Das ist sein Publikum, für sie hat er 100 Stunden an dem Buch geschrieben, aus dem er bei dieser Gelegenheit vorliest. Wolfgang: «Dafür hatte ich mir extra Urlaub genommen.» Das ist nun einenhalb Jahre her. Seitdem schreibt er nicht mehr. «Keine Lust», sagt Wolfgang.

Für den WDR-Hörfunk hat er neulich mal wieder eine Ausnahme gemacht. Die wollten seine Meinung zur Krise bei Opel hören, die in diesen Tagen im Pott die Schlagzeilen bestimmt. Von seinem Fenster guckt er normalerweise auf eine Opel-Werkshalle, direkt gegenüber seiner Zechensiedlung. Heute verstellt der Sperrmüll ein wenig den Blick. Ein alter Sessel, ein alter Schrank. Obendrauf ein abgewetzter Lederfußball. Eine Pocke. Zu seiner Zeit hätte die dort nicht lange gelegen. Klar, dass Wolfgang früher auch gepöhlt hat. Und es erklärt sich von selbst, dass sein Vater «auf Zeche» gearbeitet hat, wenn auch bloß in der Buchhaltung. Klar auch, dass Wolfgang ein paar Jahre lang in der SPD war. Wegen Willy Brandt und so. Ein bisschen politisch ist er immer noch. Wenngleich sich im Laufe der Jahre einiges relativiert hat.

**Was aus Bochum ohne OPEL würde, weiß ich nicht. Schlimmer wäre, wenn die Uni dichtmachte oder das Bermudadreieck mit seinen fuffzig Kneipen in die Luft flöge. Der Bergbau hat im Laufe der Jahre ein paar hunderttausend Stellen verloren, ohne dass jemand verhungert wäre. In Dortmund ist fast die ganze Brauwirtschaft den Bach runter. Seit der Wende, sind wir uns alle einig, dass wir den Kapitalismus haben wollen. Da muss man auch mit seinen Auswüchsen fertig werden, wer immer den Mist gebaut hat. Die Opelaner haben jahrzehntelang gut gelebt, warum sollen sie jetzt nicht mal ein bisschen leiden. Vielleicht kann man ihnen**

**als Trost einen der zahlreichen Wagen schenken, die auf Halde stehen.**

Selbst hat Wolfgang nie einen Führerschein gemacht. Am nächsten Tag sitzt er, mit Lesebrille auf der Nase, das graue Haar gekämmt, auf einem Stuhl. Hinter sich über der Lehne hängt ein zerschlissenes braunes Sakko. Seine Hände halten das grüne Taschenbuch, auf dem er mit verschränkten Armen in einer roten Portiersuniform zu sehen ist, die Ellenbogen auf einen kleinen Tisch gestützt. Es ist ein schönes Bild von ihm, das man aus der ersten Reihe im Schein seiner Leselampe gut erkennen kann.

Der Ich-Erzähler steht gerade in der Händelstraße 37. Dort wohnt Alan Bangs, eine Etage darüber wohnt Hebbät. Wolfgang muss dreimal ansetzen. Das Lesen fällt ihm schwer.

> **Über Bangs hing ein Türschild von Grönemeyer ...**
> **Der wohnte also da. Dass der schon lange nicht mehr in Bochum wohnte, war mir klar. Aber er machte Reklame für die Stadt und mit ihr für sich.**

Als Rockstar wurde der Schauspieler Grönemeyer 1984 mit seiner Platte «4630 Bochum» bundesweit bekannt.

> **Es machte eine Frau auf, ich nahm an, es war Anna Henkel** (Anm.: Grönemeyers damalige Lebensgefährtin und spätere Ehefrau, die 1998 gestorben ist, OS). **Ich sagte, dass ich zum Herbert wollte, er kenne mich aus Bochum. Als sie das Wort Bochum hörte, schien sie schon genug zu haben.**

Lacher aus dem Publikum – im Dunkel des Walfischbauchs, wohl von denen, die das Lied «Bochum» auch nicht mehr hören können.

Eine spöttische Stimme flüstert: «Grönemeyer? Der ist doch Xavier Naidoo für Rentner.» Andere denken jetzt wohl darüber nach, ob sie sich der Gänsehaut schämen sollen, die immer dann kommt, wenn sie die Anschläge hören, denen die erst drei Worte des Songs folgen: «Tief im Wee-steen.» Als Dortmunder bin ich neidisch, auch auf das Theater, mit dem die Stadt in der Champions-League spielt. Der Pott hat seine Kompetenzen gut verteilt. Nur bei den Schriftstellern spielt hier kaum einer in der ersten Liga, findet Wolfgang.

**Ich fragte mich dauernd, wieso überhaupt so wenige Ruhrgebiets-autoren Aufsehen erregen,**

schreibt er dazu.

**An irgendwas muss es ja liegen, dass im Ruhrgebiet so wenig gute Literatur entsteht, obwohl hier die Stoffe genauso auf der Straße liegen wie in Frankfurt, Berlin oder München.**

Dieser Frage hänge ich noch den ganzen Abend nach. Denn tatsächlich hat sich das Ruhrgebiet nicht nachhaltig in die deutsche Literaturgeschichte eingeschrieben. Da ist nicht viel mehr als Max von der Grün, der in seinen Werken das Leben der Bergleute seziert hat. Oder Ralf Rothmann, der eindrucksvoll aus der Sicht eines Bergmanns-sohnes über die Jugend im Pott geschrieben hat. Bottrop hatte er vor langer Zeit den Rücken gekehrt, um sich zu einem der besten deutschen Erzähler zu entwickeln. Ob ihm das im Pott auch gelungen wäre?

In einem Band über Popkultur im Ruhrgebiet habe ich gestern Abend, im Zimmer 109 des «Hotel Tucholsky», folgende Zeilen gelesen: «Wir haben eine Eigentumswohnung im Essener Süden, ganz in der Nähe von Jens Lehmanns Elternhaus, samstags filmen wir mit der

Digitalkamera Amateurpornos auf dem Cordsofa unter der Dachschräge. Meine Frau liest Taschenbücher, die auch an Autobahnraststätten verkauft werden, ich lese gar nicht, in Multiplexkinos schauen wir uns deutsche Komödien an.» Der Autor beschreibt ein Alternativleben, vor dem ihm gruselt, aber das er womöglich führen würde, wenn er den Pott nicht verlassen hätte. Weil er als Schriftsteller ein Abweichler dieser Norm ist, der aus seiner Sicht im Ruhrgebiet gängigen Lebensform. Es gibt auch andere hier, denke ich. Dann behauptet er noch, keinen Landstrich in Deutschland zu kennen, in dem so wenige Schriftsteller leben wie hier. Dabei muss ich schmunzeln. Ein befreundeter Maler, der für einige Monate seine Depression stationär therapieren ließ, hatte mir neulich noch erzählt, dass er nirgends so viele Künstler getroffen habe wie in der psychiatrischen Klinik, neben der ich aufgewachsen bin. Ich schließe daraus: Wer nicht abhaut, wird bekloppt.

Darüber werde ich mit Wolfgang bei nächster Gelegenheit sprechen. Bis dahin werden 20 Rezensionen von «Doris hilft» veröffentlicht. In all den Blättern, die sich ansonsten nur den Menschen widmen, die dem Pförtner des Bochumer Schauspielhauses gelegentlich die feuchte Hand drücken. Von seiner «eruptiven Arbeitsweise» ist da die Rede, und natürlich lädt der Autor zu Wortspielen mit dem Begriff «Weltliteratur» ein. Und so hat ihm Doris tatsächlich geholfen – nämlich über die Anerkennung seine Lust am Schreiben wiederzufinden. Sein nächstes Buch geht über Fußball. Zum Glück nicht über Schalke, sondern über den SuS Wilhelmshöhe aus Langendreer in der Saison 1976/77. Nach der Lesung von «Doris hilft» spaziere ich durch leere Bochumer Straßen, schaue auf die Dächer der Mehrfamilienhäuser und habe die Cordsofas im Kopf. Darauf sitzt die Dame aus der Kartenrunde der «Kleingartenanlage 06», bekleidet nur mit einem Negligé von Tchibo im reizvollen Leopardenprint (27,95 Euro). Zwischen ihr und der Frau vom dicken Manni, die prall in einer schwarzen Netzcorsage steckt, sitzt der schwitzende Manni und lässt es sich von den beiden besorgen. Er trägt außer einem schwarzen T-Shirt mit einem Konterfei der jungen Kim Wilde nichts. Sein Kumpel Klaus, der eigentlich zu dem Leopardenprint gehört, filmt die ganze Chose. Nackt. Mit im Bild: eine Flasche Rotkäppchen-Sekt, die auf dem gekachelten Couchtisch steht, und eine aufgerissene Packung Salzstangen, die sich morgen die ganze Welt im Internet ansehen kann. Aber die Nachbarn dürfen nichts mitkriegen. Deshalb hat Manni vorher eine CD des Schlagersängers Olaf Henning eingelegt, ohne daran zu denken, dass die dem Internetamateurpornogucker auf die Nerven gehen könnte. Aber vielleicht gefällt ihm diese Filmmusik? Denn wenn Jürgen Drews der König von Mallorca ist, heißt der Kaiser im Ruhrgebiet Olaf Henning. Er residiert in Gelsenkirchen, mitten in der Schlagerzone.

Der Sommer kündigt sich an. Das Bermudadreieck steht voller Stühle, ein paar auch auf dem Gehsteig vor dem «Tucholsky». Wolfgang, sein Bruder und der Lektor aus Frankfurt tauchen etwas später auf. Es ist wahrscheinlich, dass der hier auch ein Zimmer gemietet hat. Ich werde ihn wohl beim Frühstück wiedertreffen. Ein kluger Beobachter nannte das Milieu rund um das Theater schon mal eine minibohemistische Szene. Mir gefällt der Ausdruck. Passt ja auch. Der Intendant kommt zum Mittagessen, Sebastian Koch zieht die Blicke der Kellnerinnen auf sich, Ben Becker besucht seinen Papa bei den Proben und frühstückt mit Sonnenbrille, und Ralf Richter unterhält mit seinem kodderigen Hals den ganzen Laden.

Seit einiger Zeit arbeitet Anja nicht mehr im «Tucholsky». Sie hat mit dem Rauchen aufgehört, arbeitet nur noch tagsüber. Das ist alles viel gesünder. Heute Morgen ist sie nach Palma geflogen und schickt am späten Abend eine SMS zu mir ins «Tucholsky»: «Grüß Gott – von Malle in den Pott.»

# Pornohauptstadt

Dann tapere ich die Stufen hoch in mein Zimmer, schließe das Fenster, weil mir nicht nach Party ist, sondern nach Besinnung, und schiebe eine DVD in meinen Unterwegsrechner. Da sitze ich nun wie der Gast Otto Sander auf der Bettkante und warte, dass der Film anfängt. Nicht der «Hauptmann von Köpenick», auch kein Amateurporno vom Cordsofa nebenan. Ich lehne mich mit dem Rücken an die Wand. Plöpp! Ein lokales Flaschenbier dazu – und Film ab: Während der urheberrechtlichen Belehrung lasse ich den Blick in dem wohltuend leeren Raum wandern. Bis zu dem großformatigen Bild geradeaus. Das «Tucholsky» nennt sich «Art-Hotel», weil hier in jedem Zimmer Bilder des Bochumer Malers Detlef Vordenbäumen hängen. So gesehen, ist das «Haus Fey» ein Lebensart-Hotel. «Seine Arbeiten verbindet eine detailreiche Formenwelt, der Automatismus als schöpferisches Instrument sowie kompositorische Ausgewogenheit im Spannungsfeld von Chaos und Ordnung», lerne ich noch, während Ralf Richter schon lautstark durch das Zimmer brüllt. Mein Auge bleibt an der detailreichen Formenwelt hängen. Ich habe ein paar Minuten Zeit bis zu meiner Lieblingsszene. Bis dahin lasse ich Ralle Richter noch ein bisschen schreien und genieße die Kunst.

Dann ist es so weit: Kommt ein ziemlich abgehalfterter Endzwanziger, den alle nur «Keek» nennen, in die Vorstadtvideothek und fragt die kleine Blonde hinter der Spanholzplatte auf dem Tresen, was sie denn so Neues haben. Als diese gerade den Cheech-&-Chong-Film registrieren will, den Keek sich ausgesucht hat, kommt ihr Chef die Kellertreppe hoch (im Keller betreibt er ein eigenes Studio, wo er Pornofilme produziert) und stürzt durch den teilbaren Vorhang aus bunten Plastikstreifen hinter den Tresen. Dann überreicht er Keek stolz grinsend eine schwarze Videohülle.

> **Franky: «Hier, Alter: ‹Eingelocht!›»**
> **Keek: «Wat denn? Fickereien wieder?»**
> **Franky: «Aber diesmal vom Feinsten, neunzig Minuten Hardcore. Echte Gefühle.»**

Der Film, den Keek sich anschauen soll, ist Teil der Serie «Frankys Fickparade», der in «Bang Boom Bang» eine Schlüsselrolle zukommt. «Bang Boom Bang» ist der wichtigste Ruhrgebietsfilm der vergangenen 20 Jahre. Die Handlung ist banal, aber Charaktere, Sprache und Ausstattung sind 100 Prozent Ruhrgebiet. Zudem zeigt er Diether Krebs in seiner letzten Kinorolle. Auf der Rückseite des DVD-Covers wird die Geschichte kurz zusammengefasst:

«Der etwas übermäßig gemütliche Cannabisfreund Keek (Oliver Korittke) lebt ziemlich gut von der Beute eines früheren Bankraubs im beschaulichen Unna, was ein ziemliches Problem ist, weil das Geld schon zum Großteil verjubelt ist und im Knast sich schon Miträuber Kalle (Ralf Richter) auf seinen Anteil freut, immerhin 90 Prozent. Geld muss also her, möglichst schnell. Und da Keek eine ganze Reihe halbseidener Gestalten zu seinem Freundeskreis zählt, mit schönen Namen wie Schlucke, Ratte oder auch nur Andy, wird das schon irgendwie klappen. Auch wenn Kalle viel früher als geplant vor der Tür

---

**Dirty Harry S. Morgan: vom bürgerlichen Essen-Werden zum berühmtesten Pornoregisseur Deutschlands**

steht, nachdem er im Gefängnis den Porno «Eingelocht» gesehen hat, in dem seine Frau Manuela einen eindrucksvollen Gastauftritt hinlegt, was ihn zum überstürzten Ausbruch bewogen hat.»

Auf jeden Fall wartet der Film auf einen würdigen Nachfolger. Dabei passieren hier doch genügend drehbuchtaugliche Dinge. Auch «Bang Boom Bang» wurde maßgeblich vom wirklichen Leben beeinflusst. Der Vater von Regisseur und Drehbuchautor Peter Thorwart hat den Sohn angeblich durch Anekdoten aus seinem Alltag als Polizeikommissar in Dortmund inspiriert. Nachdem ich das gelesen habe, wusste ich gleich, wer das Vorbild von Franky war, der sich mit Manuela (Sabine Kaack) auf dem Billardtisch vor der Kamera lebensecht inszeniert hatte – nämlich Porno-Ralle! Mit halb geöffneten Augenlidern schaffe ich es, den Film zu Ende zu schauen. Draußen tobt ohnehin der Bermudadreieckmob, und in der Wand aus Glasbausteinen, die mit zum Konzept des Kunsthotels gehört, reflektieren die Lichter der nächtlichen Partymeile.

Am nächsten Tag führt der erste Gang in den Sexshop. Das Hotelfrühstück mit dem fremden Lektor muss ausfallen. Jetzt bin ich auf der Suche nach Filmen von Porno-Ralle: dem Sonnenbankproleten mit ordentlich Muckis und Strähnchen im Haar, der mit seinen billigen Ruhrgebietspornos in Mundart seit vielen Jahren eine Nische besetzt. Und zwar in sämtlichen Funktionen: als Produzent, Regisseur, gelegentlich eben auch als Hauptdarsteller. Aber auch Pornohengste werden älter. Dieser hier ist längst in der zweiten Lebenshälfte angekommen, auch wenn er deshalb nicht zum Sozialplanrentner mit praktischer Weste wird.

«Guten Morgen, haben Sie was von einem Filmemacher, der seine Pornos gelegentlich in Dortmund produziert?» – Der Mann hinter dem Tresen schaut mich abschätzig an, scannt mich von oben bis unten und sagt erst mal gar nichts. Wahrscheinlich bin ich nicht der Erste, den er noch nie gesehen hat und der zuletzt solche Fragen gestellt hat. Denn seit einiger Zeit läuft am Landgericht ein Prozess um zwei Raubüberfälle auf einen Pornofilm-Produzenten aus Dortmund und einen Schrotthändler aus Kamen. Die Lokalzeitung berichtet von drei polnischen Angeklagten. Dem überfallenen Pornofilm-Produzenten wurde mit einem Hammer auf den Fuß, dann mit einer Axt ins Bein geschlagen. Noch schlimmer erging es dem Schrotthändler, dem fast alle Knochen im Gesicht gebrochen wurden. Außerdem steckte ein langer Nagel bis zum Anschlag in der Ferse des Mannes. Sollte Peter Thorwart mal das Geld ausgehen (was ich nicht hoffe), und er dreht einen «Bang Boom Bang II» (was viele hoffen), dann sollte er sich für sein Drehbuch auf jeden Fall diese Gerichtsakte besorgen.

Schließlich sagt der mutmaßliche Sexshop-Besitzer: «Guck ma da hinten in der Ecke, neben dem Regal mit den extremen Sachen, kann sein, dat da noch son Film aus Doatmund dabei is. Neulich hatte ich ers einen bei mir im Kino laufen. Mensch, wie hieß denn der noch?» Vielleicht «Scharfer Sex in Anatolien»? Nach ein paar Minuten in der Schmuddelecke halte ich den Beweis dafür in den Händen, dass «türkische Mädels genauso scharf auf Sexabenteuer sind wie andere» (Produktwerbung), Regie: Ralf Dormann alias Porno-Ralle. «Nee, dat wa ein andara, eina, in dem der selba mitspielt.» Und dann erzählt der Sexshopbesitzer, dass der Ralf schon lange nicht mehr da gewesen sei. «Aber sonst kauft er hier imma dat ganze Zeug, dat se in den Filmen brauchen, Dildos und son Kram.» Ralf Dormann ist so etwas wie ein C-Prominenter. Die Anzahl seiner Filme ist groß. Ein Pornofilm ist schnell produziert. Aufwendige Produktionen kommen mit fünf Drehtagen aus. Bei der billigen Variante reicht meist einer.

Durch Geschichten wie diese hier bringt Porno-Ralle sich gelegentlich auch außerhalb der Sexshops ins Gespräch: Auf einer Erotikmesse erleidet Porno-Ralle Verbrennungen zweiten Grades. Bei einem Männlichkeitswettbewerb ließ er sich mit einem Flammenwerfer malträtieren. Der Messeveranstalter war ein befreundeter Porno-Produzent aus dem Pott. Der gab nach dem Unfall zu Protokoll: «Der Mann, der es am längsten im Feuer aushielt, sollte sich anschließend mit einer hübschen Frau vergnügen dürfen. Die Verlierer hätten sich dagegen mit einer Transe oder einer Omi zufriedengeben geben müssen. Doch nach dem Wettbewerb ging eh nichts mehr.»

Ein anderes Mal legte Dormann sich mit Stefan Raab an. Der Fernsehmoderator hatte sich in seiner Sendung «TV Total» über den damaligen Formel-1-Rennfahrer Ralf Schumacher und dessen Frau Cora lustig gemacht. Der Einstieg von Schumacher in eine Firma, die zur Hälfte dem Erotikunternehmen Beate Uhse Österreich gehört, veranlasste Raab, das Ehepaar Schumacher als «Hard-Cora» und «Porno-Ralle» zu verhöhnen. Der geschäftstüchtige Raab ließ gleich T-Shirts mit den beiden Namen drucken und verkaufte die unter seinem großen Fanvolk. Prompt meldete sich der echte Porno-Ralle via BILD-Zeitung zu Wort: «Als ich gesehen habe, dass Raab mit meinem Namen T-Shirts vertreibt, dachte ich mir, dann kann ich auch einen Porno mit einem Raab-Double drehen.»

«Hard-Cora vs. Stefan Staab» heißt das Teil und spielt auf die Promi-Boxkämpfe an, für die Raab eine Zeitlang berühmt war. Mit diesen Zeilen wirbt der Film für sich: Stefan Staab (ein Pornofilmdouble von Stefan Raab) wird von Hard-Cora im Boxring verprügelt. Man einigt sich auf eine zweite Runde – mit Vollkörperkontakt. Doch auch diesmal macht Staab – oder besser gesagt: sein Stäbchen – schlapp. Hard-Cora höhnt: «Du kannst nicht boxen, du kannst nicht f..., nur 'ne große Fresse hast du!» und gibt sich dem potenteren Porno-Ralle hin.

Ich bleibe der einzige Kunde im «Shop-Intim» und verlasse ihn ohne Film. Später werde ich mir auf Youtube unter «Pornodialoge» ein paar deftige Ruhrgebietsgeschichten anschauen. Es gibt tatsächlich Menschen, die sich die Mühe machen, die Dialoge aus diesen Filme zu isolieren, um sie dann ins Internet zu stellen. Horst Baron, ein Darsteller aus dem Pott, gehört zu den beliebtesten Protagonisten dieses zeitgemäßen interaktiven Genres, in dem er beispielsweise als Hausmeister Achim Schwuttke einer jungen Frau aus der Bredoullie helfen soll.

> **Frau: Da sind Sie ja endlich.**
> **Schwuttke: Ich kann nich überall sein, *verstehnse*?**
> **Frau: Verstehe ich, aber Sie müssten mal mit in meine Wohnung kommen, da gibt es ein Problem im Bad.**
> **Schwuttke: Mensch, hab ich endlich ma Feierabend, oder watt? Ja, komm, ich hab ja mein Wärkzeuch dabei, komm, gehnwa hoch.**
> **Frau: Ich mach Ihnen erst mal einen Kaffee. Aber ich renoviere gerade, alle Zimmer sind mit Plane abgedeckt. Nur noch das Schlafzimmer ist frei, ich hoffe, das macht Ihnen nichts aus. Gehen Sie doch schon mal vor.**
> **Schwuttke: Ins Schlafzimma au noch. Dat wird ja imma doller hier!**

In einem anderen Dialog stilisiert Horst Baron sich mit einem anderen Ruhrgebietsmimen und zwei jungen Frauen zu einer Malocherfamilie aus dem Pott. Nur dass der Wohnzimmerdreh in Tschechien stattfindet. Da kommen die Frauen her und auch das Dosenbier aus der Requisite. Hausmeister Schwuttke steigt ebenfalls die Treppen zu einer Wohnung im Nachbarland hoch. Nur noch selten wird im Ruhrgebiet gedreht, auch die Frauen in diesen kommerziellen Produktionen kommen nicht aus dem Pott, zumindest die meisten nicht. Die Pornobranche steckt insgesamt tief in der Krise, bestätigt eine, die es wissen muss. «Das Internet ist schuld. Die Leute finden es wahnsinnig toll, sich beim Sex zu filmen und die Aufnahmen kostenlos ins Netz zu stellen. Das ist für uns eine Katastrophe», sagte Katja-Nora Baumberger, die als Pornodarstellerin Dolly Buster bekannt wurde, in einem Interview mit der «Süddeutschen Zeitung».

Die Digitalisierung hat auch im Pott einen Kollateralschaden hinterlassen. Dabei galt die Pornoindustrie nach dem Ende des Industriezeitalters als Hoffnungsträger in dieser Gegend. Es ist noch gar nicht so lange her, dass die bekannte Pornodarstellerin Kelly Trump aus Bottrop in ihrer Biografie Essen als die heimliche Pornohauptstadt Deutschlands beschrieben hat. Das liegt auch an den beiden großen Firmen Magma und Videorama, die lange Zeit den deutschen Markt dominiert haben und immer noch zu den bekanntesten Verlagen gehören. Auch Harry S. Morgan, der prominenteste deutsche Pornofilmregisseur, arbeitet für Videorama in Essen.

Auf dem Weg zu ihm gelange ich über den Ruhrtalradweg zunächst nach Hattingen, über den Leinpfad, der sich dort mit einem schmalen Campingplatz das Ufer teilt. Zwei Männer sitzen vor einem Wohnmobil unter ihren Falthüten auf Klappstühlen und hören dem Rauschen des Wassers zu. Das läuft an dieser Stelle über ein Wehr. Am anderen Ufer ragt der älteste noch erhaltene Hochofen des Ruhrgebiets in den wolkigen Himmel. Die stillgelegte Henrichshütte nennt sich inzwischen das «Museum für Kohle und Stahl». Im ganzen Pott gibt es keinen Ort, an dem 150 Jahre Stahlgeschichte besser nachzuvollziehen sind, als diesen. Es ist das Gegenstück zu dem berühmten Bergbaumuseum in Bochum. Als ich dort mit der Schulklasse durchgeführt wurde, floss in der Henrichshütte noch das flüssige Eisen, wurde dann gegossen, gewalzt und geschmiedet. 10 000 Menschen arbeiteten hier, bis auch in Hattingen 1987 der letzte Hochofen ausgeblasen wurde. Heute fährt ein gläserner Aufzug die 55 Meter am Ofen hoch. Auch der kurvige Leinpfad, auf dem ich an Hattingen vorbeirolle, ist Teil dieser Geschichte. Bis die Eisenbahnstrecke ins Ruhrtal gebaut wurde, gelangte die Kohle über den Fluss hierher. Der Leinpfad ist der ehemalige Treidelpfad: Die Lastkähne wurden von mehreren Kaltblutpferden über diesen Weg geführt. An Leinen hat man sie gegen die Strömung gezogen.

Am Baldeneysee führt der Weg mitten durch den zweiten beliebten Motorradtreff an der Ruhr. Über Essen-Werden und -Kettwig fahre ich in die Stadt. Hier, im tiefen bürgerlichen Süden, ist Harry S. Morgan aufgewachsen. Hier hat er Abitur gemacht, an einem musischen Gymnasium, und an der Folkwangschule die Fotografie erlernt. An der Kunsthochschule des Ruhrgebiets. Wahrscheinlich gibt es keinen Ort im Pott, an dem Kultur größer geschrieben wird, als in der barocken Benediktiner-Abtei in Werden. Bald schon sollen die Fotografen auf dem Gelände der stillgelegten Zeche Zollverein im Norden der Stadt lernen, wo man sich darum bemüht, ein weiteres Kreativzentrum der Region mit Leben zu füllen. Morgan trieb es damals zunächst zur Zeitung. Schließlich ist Essen der wichtigste Zeitungsstandort im Pott. Hier sitzt die WAZ-Mediengruppe, immerhin das bedeutendste Zeitungshaus Deutschlands – nach dem Axel-Springer-Verlag. Dessen Druckzentrum ist übrigens in Kettwig, auch die Redaktion der BILD-Ruhrgebiet sitzt in Essen. Dort heuerte Morgan irgendwann an, als Bildreporter. Er reist um die Welt, und der ebenfalls aus Essen stammende Fußballtrainer Otto Rehhagel fragte Harry, ob er nicht seine Hochzeit fotografieren wolle. Irgendwann stand dann eines der ersten deutschen Playmates vor seiner Kamera («An den Namen erinnere ich mich nicht. Ich weiß nur noch, dass die aus Wuppertal kam»). Bevor er schließlich zum Regisseur von Gina Wild wurde, tummelte er sich schon in der lokalen Swingerszene. Die keimte dort, wo heute der Ruhrtalradweg vorbeiführt. «Einer der ersten Swingerclubs war unterhalb der Kettwiger Brücke. Den gibt es nicht mehr. Der war privat. Das war die Villa des größten Frittenherstellers des Ruhrgebiets. Gemeinsam mit seiner Frau lud der sich immer einen Kreis von Gleichgesinnten ein. Da waren auch berühmte Leute mit dabei.»

Ich treffe Harry S. Morgan in dem grauen Verlagsgebäude mit dem Firmenschild «E.A.T. Medien GmbH». Auch Videorama gehört mit zu der Gruppe in einem Gewerbegebiet am Rande der Innenstadt. Nichts ist hier Porno. Das Ambiente ist so aufregend wie beim Finanzamt. Weiße Flure, blaue Türrahmen, funktionelle Büromöbel. Der «Stern» liegt für Besucher im Foyer. Das ist anders als beim Finanzamt. Dann kommt Harry um die Ecke, «Hallooo». Ein hagerer dunkelhaariger Mann, dem eine Brille an einem Band vor der Brust baumelt. Dass er seit Jahren in Düsseldorf lebt, sieht man ihm ein bisschen an. Sportlicher Chic an Hemd und Hose, während andere in dem Alter schon längst die Uniformweste tragen. Seine Füße stecken in hochmodernen schwarzen Schuhen. Auch sein Essener Dialekt ist rheinisch eingefärbt, durch ein kehliges «R». Erst nach dem Gespräch fängt er an zu duzen. Enger Kontakt ist Harrys Sache nicht, so viel ist klar. Er ist ein freundlicher, weltgewandter Typ, der am liebsten über alles Mögliche redet, über Pferde, alte Autos, Politik, die Balearen. Aber damit kennen sich eben auch andere Leute im Pott aus.

Der Regisseur Harry S. Morgen wird mit verschiedenen Produkten verbunden. Er selbst spricht von 600 Filmen, die er bislang gedreht hat. Etwa mit Gina Wild, mit der er vor Jahren zusammengearbeitet hat. Seine neue Gina heißt Vivian Schmitt, eine Darstellerin, die aus dem polnischen Bydgoszcz stammt. Einer ihrer Filme heißt übrigens «Eingelocht» – wie bei «Bang Boom Bang». Harry ist sich sicher, dass erst der originelle Künstlername diese Darstellerin bekannt gemacht hat. Vivian ist Hollywood, Schmitt ist Wanne-Eickel. Und genau dort sitzen diejenigen, die Harrys Filme kaufen. Das sei wie beim Fußball, der auch im Pott beliebter sei als anderswo. Weil die Fans hier offen und engagiert seien. «Diese Fans schauen sich auch gerne mal einen Porno an, in einer Truppe von Jungs mit einem Kasten Bier.» Harry meint, das Pornopublikum im Ruhrgebiet sei geselliger als anderswo. Die Leute hier hätten eine andere Einstellung dazu. Sie würden Pornos offener und bereitwilliger anschauen.

Vor allem seine «Jungen Debütantinnen» seien in solchen Kreisen sehr beliebt. In dieser Serie stellt Harry junge Frauen vor, die häufig zum ersten Mal in einem Pornofilm mitspielen. Meistens werden diese Filme in Prag produziert, und die Darstellerinnen kommen aus Tschechien oder Ungarn. Harry taucht dann häufig selbst in den Filmen auf – indem er die Mädchen anfangs onkelhaft ausfragt, auf der Bettkante. Sein Markenzeichen in diesen Filmen ist, dass er immer irgendeine Mütze trägt. Dieses Mal eine schwarze Schiebermütze. Zum weißen Hemd und Jeans. Neben ihm sitzt eine grinsende junge Frau mit langen blonden Haaren in einem knappen roten Oberteil und gelben Minirock auf der Matratze.

> **Harry: Lilli, wie alt bist du?**
> **Lilli: Warum?**
> **Harry: Na, ich möchte das eben wissen.**
> **Lilli: Das ist Privatsache, das sage ich nicht.**
> **Harry: Dann sag mir doch mal, wie viel zweimal zwölf ist.**
> **Lilli: 24!**
> **Harry: Lilli, was hast du denn für Hobbys?**
> **Lilli: Die Männer!**
> **Harry: Hast du denn einen Kerl, oder bist du solo?**
> **Lilli: Ich bin solo, und du?**
> **Harry: Äh, ich bin mit meinem Job verheiratet.**

Das stimmt tatsächlich. Bei den Namen der Debütantinnen verhält es sich meistens anders. Lilli heißt vielleicht Vera, Ewa oder Bara. Harry arbeitet seit Jahren mit einer Prager Agentur zusammen, von der die jungen Damen zuvor ausgesucht werden. Vor einigen Jahren stellte Harry Kim als Debütantin aus Mannheim vor. Tatsächlich heißt sie Sibel Kekilli und sollte später durch ihren starken Auftritt in dem weltweiten Kinoerfolg «Gegen die Wand» berühmt werden. Die aus Heilbronn stammende Kekilli war zuvor ins Ruhrgebiet gezogen, nach Essen, und hat – nach eigenen Angaben – als «Erotikdarstellerin» und «Nachtclub-Geschäftsführerin» gearbeitet. Morgan sagt, er sei damals ihr erster Regisseur gewesen. «Die war ja gerade erst 18 Jahre alt – und hat halt gerne gebumst.» Der Mann erzählt in einem ziemlich lapidaren Ton von Dingen, die selbst im pornographischen Digitalzeitalter noch skandalträchtig sind. Morgan redet darüber wie ein Steuerberater über die Umsatzsteuervoranmeldung. Für die Rolle der Sibel Güner in «Gegen die Wand» erhielt Kekilli jedenfalls zahlreiche renommierte Auszeichnungen. Wegen ihrer Vergangenheit als Pornodarstellerin regte sie die Redaktion der BILD-Zeitung zu einer Kampagne an, die in einen längeren Rechtsstreit mündete. Ein Urteil des Berliner Kammergerichts fasste der «Tagesspiegel» so zusammen:

«Das Kammergericht Berlin hat der Bild-Zeitung die Veröffentlichung und Verbreitung eines Nacktfotos der Schauspielerin Sibel Kekilli untersagt. Bei Zuwiderhandlung drohen 250 000 Euro Ordnungsgeld, ersatzweise Ordnungshaft. Mit dem Foto und der Bildzeile ‹Eindringliche Darstellung› hatte das Blatt im November einen Artikel illustriert, in dem die Verleihung des ‹Bambi›-Preises an Kekilli gemeldet wurde. Die Jury hatte ihre Entscheidung mit Kekillis ‹eindringlicher› Darstellung im Film ‹Gegen die Wand› begründet. ‹Bild› nutzte diese Begründung als Bildzeile für ein Foto aus einem von Kekillis früheren Pornos. Es zeigt sie beim Geschlechtsverkehr von hinten.»

Die Zusammenarbeit mit Harry hat Sibel Kekilli somit reichlich Ärger gebracht; ihrer Karriere als Schauspielerin im ernsten Fach hat das aber nicht geschadet. Harry meint, das liege daran, dass sie in seinem Business recht unbekannt gewesen sei. «Sie war sehr fröhlich, natürlich und lecker anzusehen, als ich mit ihr das erste Interview für ‹Junge Debütantinnen› gemacht habe, danach habe ich sie dann aus den Augen verloren.» Bei Gina Wild ist es eher andersherum. Die war zu der Zeit, als Harry sieben Filme mit ihr gedreht hat, die Nummer eins in Deutschland. Ihre Versuche, ins Seriöse zu wechseln, endeten meistens als Leiche oder Nutte.

Seine dritte Serie nennt sich Happy-Video-Privat. Dabei besucht Harry Paare und filmt sie zuhause. 1000 Paare hat er auf diese Weise schon «interviewt» – wenn es sein musste, auch auf dem Cordsofa. Dabei hat er festgestellt, dass es «nicht unbedingt eine Frage der Schönheit ist, ob die Sexualität gut ist». Harry meint, für die Zuschauer solcher Filme mache den besonderen Reiz aus, dass man diese Leute möglicherweise kennt. «Und vielleicht sehe ich die mal persönlich, weil die ja hier aus Oer-Erkenschwick kommen.» Für kommerziell geführte Swingerclubs hat er nichts übrig. Längst führen wir ein Gespräch unter Kollegen, und Harry gerät immer wieder in den Sarkasmus, wie er unter Journalisten üblich ist. Vielleicht ist das auch in der Pornobranche eine weitverbreitete Haltung, um mit dem Erlebten fertig zu werden. Harry kennt jedenfalls viele solcher Etablissements – von Berufs wegen. Gefallen müssen ihm die Veranstaltungen, die dort ablaufen, deshalb nicht. «Das ist für mich der Kegelclub in Unterhose.» Da würden dann Menschen nackt zusammenhocken, weil gerade Freitagabend ist. In seinem Privatleben ist er kein Swinger. Auch als Kartenspieler bei Pils und braunem Schnaps in der Kleingartenanlage 06 kann ich ihn mir nicht vorstellen. Schließlich erlaubt er sich noch einen Seitenhieb gegen die Heimat: Swingerclubs gebe es vor allem dort, wo die Dichte der Kleinbürger hoch ist, wie etwa im Rhein-Main-Gebiet – oder eben im Ruhrgebiet.

Der Begriff der Pornohauptstadt Essen gefällt Harry nicht mehr so sehr. Das liegt daran, dass er selbst häufig in Prag dreht, gelegentlich auch in Berlin. Vor allem aber, weil es keine große Pornoszene mehr in Deutschland gebe. Sexshops und Videotheken würden allmählich aussterben. In Essen hätten sich viele Firmen im Umfeld der ersten großen angesiedelt, die es dort gab. Das war der Verlag Silwa, der auch Teil der Gruppe ist, die hier mit im Gebäude sitzt. «Es ist ja alles vorbei. Die Pornoindustrie ist ja sowieso kaputt.» Über den Ausweg aus der Krise kann Harry nur mutmaßen: Richtige Spielfilme mit ordentlichen Drehbüchern und guten Schauspielern, das wäre so ein Ansatz. Zwischendurch dann eine gelegentliche Erotikszene. Mir fällt da spontan eine Essener Variante von «Bang Boom Bang II» ein, mit Vivian Schmitt, Ralf Dormann und Harry S. Morgan in der einst von Diether Krebs besetzten Rolle des schmierigen Spediteurs Werner Kampmann. Stellt sich noch die Frage, wer den Part von Oliver Korittke übernimmt. Ralf Richter könnte man zumindest fragen, ob er nicht auch diesmal Lust hat mitzumachen. Harry meint, dass außer den Pornospielfilmen jene Clips das Geschäft wiederbeleben könnten, die speziell für das Abspielen auf Handydisplays produziert werden. Das könnte ein Renner werden. Schließlich seien die meisten Menschen heute ständig unterwegs. Aussagekräftige Zahlen über die Sexfilmbranche im Ruhrgebiet liegen nicht vor. Harry S. Morgan geht davon aus, dass heute noch etwa 100 Menschen im Pott von dieser Branche leben, ihn eingeschlossen. Ob er sich denn selbst abends auf dem Sofa zur Entspannung einen Pornofilm anguckt? «Nein, auf keinen Fall, davon habe ich dann genug. Da verbringe ich meine Zeit lieber mit meinen Pferden.» Einst steckte Morgan schließlich in einem einträglichen Geschäft. Und wenn er dennoch den Fernseher einschaltet, was selten passiert, dann nur, um Tatort, Fußball oder Tagesschau zu sehen. Ach ja, «Zimmer frei», die originelle Talkshow, bei der Christine Westermann und Götz Alsmann einzelnen bekannten Gästen auf den Zahn fühlen, sieht er noch ganz gerne. Ich denke spontan, dass Harry auch ein interessanter Gast für diese Sendung wäre.

# Ruhrstadt

Hinter Kettwig verdient der Ruhrtalradweg seinen Namen nur noch bedingt. Dort ist er nur noch ein Feldweg, zu dem ich über die Brücke gelange, auf der mir wieder der Pommesfabrikant einfällt – mitsamt seinen privaten Partys unter mutmaßlicher Teilnahme von Fernsehmoderatoren. Es ist Samstagnachmittag, und ich blicke während der gemütlichen Fahrt neidvoll auf zwei junge Männer, die gemeinsam einen Kasten Bier über den Gehsteig schleppen. Ich frage: «Wohin?» – «Guck ma auffe Uhr, Kollege, is gleich Fussek.» Sie treffen sich also zum gemeinschaftlichen Fußballgucken. Das ist die Sorte Fans, von der Harry meint, dass sie sich auch in der Sommerpause treffen oder zu anderen Gelegenheiten, wenn der Ball im Fernsehen nicht rollt: um sich dann ein paar «Junge Debütantinnen» reinzuziehen – oder um Vivian Schmitt aus Bydgoszcz bei der Arbeit zuzusehen.

Um genau 15:38 Uhr fahre ich unter der Autobahnbrücke der A52 auf Mülheim zu. Da kommt mir ein älterer Radler (ohne Weste) entgegen, der ein gelbes, augenscheinlich batteriebetriebenes Transistorradio an der Lenkstange spazieren fährt, um von dem inzwischen laufenden Bundesligaspieltag nichts zu verpassen. Die ARD-Hörfunkreportage aus den Stadien wird auch auf dem Ruhrtalradweg übertragen. Eine gute halbe Stunde später kommt er mir wieder entgegen. Es muss hier auch eine Rundstrecke geben. Ich habe die Abkürzung verpasst. Mit ein bisschen Schwung habe ich in einer Stunde mein Ziel

Duisburg-Ruhrort erreicht. Dort werde ich mir eine Kneipe suchen, mir die Bundesligazusammenfassung anschauen und mich wie ein König fühlen.

Von wegen: «Zum Hübi», eine Kneipe mit spektakulärem Blick auf die «Rhein Orange» in Ruhrort, ist heute für einen Geburtstag geschlossen. Kein Fußball. Dafür wird mein König Pilsener aber draußen serviert – mit Blick auf die «Orange» im Licht des frühen Abends. Das Kunstwerk steht mitten im Wasser, eine orangefarbene große Stahlsteele. Und zwar an der Stelle, an der die Ruhr in den Rhein mündet. Ab nach Holland! Natürlich konnte der Künstler für sein Werk keine andere Farbe wählen. Vor dem Bier bin ich noch schnell ein paar Meter rheinabwärts geradelt, bis zur Mühlenweide, wo es den besten Blick auf den Rhein gibt. Windig war es dort und fühlte sich tatsächlich nach Küste an. Unter mir, im Wasser, wühlte sich das Containerschiff «Formentera» rheinaufwärts, unter der Friedrich-Ebert-Brücke hindurch. Hinter dem Heck des Schiffes schäumten die braunen Fluten über der Schiffsschraube. Mein Fahrradführer empfiehlt, an dieser Brücke in den Rheinradweg einzusteigen. Von hier aus geht es weiter nach Xanten am Niederrhein. Ich verzichte auf das Angebot. Dabei hatte mich neulich erst eine Dame versucht als Tourist für Xanten anzuwerben – am Stand des Ruhrgebiets auf der ITB (Internationalen Tourismusbörse).

Aber Xanten liegt nicht nur nicht an der Ruhr. Auch die zweite Achse – die das nördliche Ruhrgebiet in Ost-West-Fließrichtung verbindet – hat mit der «Römer- und Siegfriedstadt» am Niederrhein nichts zu tun. Die Emscher fließt bei Dinslaken – also etwas nördlich von Duisburg – in den Rhein. Bis dahin hat sie rund 83 Kilometer hinter sich, von der Emscherquelle in Holzwickede läuft sie am Rande des

---

**Alles außer Xanten: Wer weiß schon so genau, was alles zum Ruhrgebiet gehört. Bei Thyssen-Krupp in Duisburg besteht kein Zweifel.**

Phönixsees in Dortmund entlang, über Recklinghausen, Herne, Gelsenkirchen, Essen, Bottrop, Oberhausen und Duisburg. Das Emschertal gibt zusätzlich dem Rhein-Herne-Kanal die Richtung vor und schenkt den Menschen im Pott als Emscherlinie bis heute Orientierung und Identität. Es gibt Emscherstadien, den Emscherschnellweg (A42), das berühmte Improvisationstheater Emscherblut. Sie gilt aber auch – im Gegensatz zur Ruhr – als Symbol für Dreck und Maloche. Lange Zeit schleppte die Emscher das Abwasser durch den Pott. Sie stank und verbreitete ihr Aroma in den angrenzenden Ortschaften. Die Emscher war eine Kloake, noch dazu floss sie zumeist durch das stärker industrialisierte nördliche Ruhrgebiet. Dagegen gilt das Ruhrtal als vornehm. Die Ruhr liefert Trinkwasser, das aus dem wohlhabenden Süden der Region kommt. Erst nach dem Niedergang von Kohle und Stahl, in der Zeit des anhaltenden Strukturwandels, wurde die Emscher allmählich renaturiert. An den Ufern der einstigen Kloake entstand eine lebendige Auenlandschaft. Der zweite Teil meiner Reise wird entlang dieser Emscherlinie gehen. Und zwar mit dem Zug von Duisburg aus zurück nach Dortmund. Zunächst aber unternehme ich einen Ausflug gen Süden, um morgen jemanden bei Rheinkilometer 648 zu fragen, ob Xanten denn tatsächlich noch zum Ruhrgebiet gehört.

Immer wenn Wolfgang Clement aus Bochum morgens in Bad Godesberg über die Rheinpromenade läuft, zählt er die Kilometersteine. So acht schafft er meistens, bis er dann wieder zurück in seine Sackgasse läuft, durch das eiserne Törchen, die flachen Stufen des Bungalows hoch. Dann steht er vor derselben Tür wie ich jetzt. Karin Clement öffnet die Tür, sagt freundlich – aber nicht aufgesetzt –: «Guten Morgen», und nachdem ich die Jacke abgelegt habe: «Wollen Sie ein Bütterken, mein Mann telefoniert noch?» Diese geschäftige Frau mit den schulterlangen dunklen Haaren hatte auf das Ruhrgebiet einige Jahre lang wahrscheinlich so viel Einfluss wie Beate Rehhagel, die Gattin des Fußballtrainers, auf die Aufstellung der griechischen Fußballnationalmannschaft. Es heißt, dass beide Ehemänner höchsten Wert auf das Urteil ihrer Frauen legen. Vielleicht ist das im Ruhrgebiet stärker verbreitet als anderswo. Auch Clement ist ein Ruhri, aus Bochum. Als sie noch die Gattin eines Politikers war, hat sie sich von einem Staubsaugerhersteller für einen guten Zweck den Titel «Familien-Managerin» verleihen lassen. Nach kurzer Zeit im Hause Clement wird mir klar, dass Werbung nicht immer lügt. Sie erklärt die Reparaturarbeiten an der Terrasse, bespricht die Vor- und Nachteile der drei im Haushalt abonnierten Zeitungen und schnibbelt dabei Möhren, die als Fingerfood unsere Bütterken begleiten.

Der ehemalige Ministerpräsident von Nordrhein-Westfalen sitzt nun auf seinem Sofastammplatz und sieht aus wie ein Mann, der nach einem sehr langen Arbeitstag endlich den Anzug ausziehen durfte: entspannt.

Und es ist ja auch so. Dieser Mann hat sein politisches Arbeitsleben hinter sich. Als einer der einflussreichsten Politiker hat er die SPD bis zum Ende der Ära Schröder mitgeprägt. Vor allem hat er das Ruhrgebiet geprägt – in seiner Zeit als Ministerpräsident, auch anschließend als Bundesminister für Wirtschaft und Arbeit im Kabinett von Gerhard Schröder. Nach seiner Kritik an der damaligen hessischen SPD-Landeschefin Andrea Ypsilanti kündigte die NRW-SPD den Rauswurf des gebürtigen Bochumers an. Clement hatte die Energiepolitik der SPD-Spitzenkandidatin während des laufenden Landtagswahlkampfes via Zeitungskommentar heftig kritisiert und zielte vor allem auch auf ihre Annäherung in Richtung Linkspartei. Es folgte ein unwürdiges öffentliches Gezerre, mit dem die SPD sich vor allem selbst geschadet hat. Clement gab schließlich seinen Parteiaustritt bekannt, war beleidigt. Große Teile der SPD warfen ihm Hochmut vor. Er habe seinen Stolz vor das Wohl der Partei gestellt.

Seit 1970 war er Mitglied im Ortsverein Bochum-Weitmar-Mitte.

Fortan ist er ein Sozialdemokrat ohne Parteibuch. So einfach ist das. Wolfgang Clement ist nur noch sich selbst verpflichtet, keiner Partei, keinen Wählern mehr.

Deshalb bin ich hier, um offen mit einem über das Ruhrgebiet zu sprechen, der sich auskennt. Selbst habe ich Clement nie gewählt. Das ging gar nicht. Als er sich 2002 zur Landtagswahl stellen musste, war ich längst nicht mehr da. Vielleicht hat er mich als Grundschüler beeinflusst. Zu der Zeit war Clement Politikredakteur bei meiner Heimatzeitung, der «Westfälischen Rundschau». Aber soweit ich mich erinnern kann, habe ich damals nur den Sportteil gelesen. Clement zog von Bochum nach Godesberg, als er von der Zeitung wegging und Pressesprecher des Parteivorsitzenden Willy Brandt wurde. Dort begann seine politische Karriere, die mit dem Parteiaustritt endete. Bereits als Student hatte er seine Heimatstadt zwangsläufig für einige Jahre verlassen – um zu studieren. Er machte in dem Jahr sein juristisches Staatsexamen in Münster, als die Ruhr-Universität Bochum mit einem Festakt im Schauspielhaus eröffnet wurde. Sie war die erste Uni im Pott.

«Xanten ist mit Sicherheit nicht das Ruhrgebiet», sagt Clement in dieser für ihn charakteristischen brummigen Stimmlage, auch wenn die offizielle Sprachregelung eine andere ist. «Es fängt am Rhein an und geht bis nach Hamm, Unna, Schwerte.» Also den Weg, den ich gekommen bin. Nach diesem Satz schiebt er die Unterlippe ein bisschen nach vorne. Das sieht immer aus, als würde er schmollen. Dabei ist das wohl die Clement'sche Denkermimik. Er denkt viel nach. Für Clement ist das Ruhrgebiet eine Metropolenlandschaft. Er ist überzeugt, dass es mit der Rheinschiene zusammenwirken muss, um im Wettbewerb der Städte mithalten zu können. «Das betrifft 10 Millionen Menschen, und diese Region, insbesondere das Ruhrgebiet für sich, hat nur eine Chance in dieser Konzentration.» Andere Denker reden von «Ruhrstadt», davon, dass der Pott sich zunächst selbst zu einer erkennbaren Einheit zusammenraufen solle. Clement geht noch einen Schritt weiter als der ehemalige NRW-Bauminister Christoph Zöpel, der seit Jahren mit der These von der «Weltstadt Ruhr» durch die Region reist. Alles wäre dann eins, der Nahverkehr wäre einheitlich, die Verwaltung, die wichtige Wirtschaftsförderung. So ähnlich wie in den Stadtstaaten Hamburg und Berlin. Oberhausen und Gelsenkirchen wären dann die Bezirke dieser riesigen Stadt mit zunächst 5,3 Millionen Menschen. Düsseldorf und der Kreis Mettmann kämen auch noch hinzu, würden die Einwohnerzahl der «Ruhr» noch weiter vergrößern. Diese Metropole könne kulturelle Weltgeltung erlangen. In dem Buch «Weltstadt Ruhr» schreibt Zöpel, dass die Ruhr nach London und Paris die drittgrößte Stadt der EU wäre «und damit die größte, die nicht Hauptstadt ist».

Was danach käme, kann sich jeder denken. Auf jeden Fall müsste ich schon wieder umziehen. Clement jedenfalls unterstützt die Idee der Metropole Ruhr, die bislang allerdings nur wenige Anhänger in den Rathäusern des Ruhrgebiets hat. Die Idee wabert auf dem Spannungsfeld zwischen Lokalpatriotismus und der Angst vor dem Bedeutungsverlust der eigenen Stadt. Außerdem bräuchte die Ruhr ja nur noch einen einzigen gemeinsamen Oberbürgermeister. Wohl auch deshalb verlautete es aus dem Rathaus in Dortmund stets: «Das wäre ja, als wenn man Schalke 04 und Borussia Dortmund zu einem Verein zusammenlegen würde.» Wolfgang Clement wäre das zumindest herzlich egal. Er ist Anhänger des VfL Bochum. Er hält es für ratsam, dass sich gar die Millionenstadt Köln mit dem Ruhrgebiet zusammentut, wenn auch nur punktuell. Etwa bei sportlichen Großereignissen wie Olympischen Spielen oder beim Verkehr. «Hier von Köln, Bonn ist ja auch nur ein Vorort davon, von Köln bis nach Dortmund, das ist das eigentliche Zentrum. Aber das Elende ist, dass nicht einmal das Ruhrgebiet richtig zueinanderzubringen ist.» Auch die Verbindung mit der Rheinschiene sei problematisch. Schuld daran sei Düsseldorf. «Die Kölner sind sehr viel näher am Ruhrgebiet, auch emotional, als die Düsseldorfer. Die nehmen da immer eine sehr elitäre Rolle ein.»

Dann bringt er mich zurück zur Bushaltestelle, und wir reden noch ein bisschen über den mangelnden Nahverkehr im Ruhrgebiet und über die Deutsche Bahn. Plötzlich hebt Wolfgang Clement die Hand, zeigt auf einen Garten, und lacht: «Gucken Sie mal, selbst hier im bürgerlichen Godesberg ist ein bisschen Ruhrgebiet.» Er zeigt auf eine Wäscheleine, die voll behangen in einem Garten in der Nachbarschaft hängt. «Nicht ganz», sage ich, «diese Wäsche hier hängt geordnet auf der Leine, Hosen neben Hosen und Hemden neben Hemden – und das auch noch der Größe nach.»

Dann sind wir wieder bei der Bahn: Wenn er gelegentlich noch nach Bochum fährt, um seinen Bruder zu besuchen, oder nach Essen, wo er im Aufsichtsrat des Energieriesen RWE sitzt, dann ärgert er sich. «Das Ruhrgebiet ist wesentlich größer als Berlin. Aber dort erreichen Sie jeden Punkt zu jeder Zeit – für zwei Euro soundso viel. Da brauchen Sie gar kein Auto und nichts.» Ins Bochumer Theater jedoch sei es jedes Mal eine wahre Unternehmung, und das würde den Duisburgern auch schon so gehen. Das ist wohl auch ein Grund dafür, dass er nicht mehr regelmäßig zum Fußball nach Bochum fährt. Nur noch selten. Fußball schaut er sich meist im Fernsehen an, sonst nur die Tagesschau und mit seiner Frau gelegentlich einen Tatort.

Vom historischen Bonner Bahnhof aus geht es dann über den aufwendig sanierten Kölner Bahnhof über Düsseldorf zurück in den Pott: Dort liegt meine nächste Station in Duisburg, in dessen Norden der Stadtteil Marxloh seinen ganz eigenen Wandel durchlebt.

# Marxloh

Nie wieder wird Gitti Schwantes Hakenkreuzfahnen sehen, wenn sie durch ihre Wohnzimmerfenster auf das freie Grundstück an der War-bruckstraße blickt. Die Zeiten, in denen dieses Gelände seiner verfallenen leerstehenden Zechenhäuser wegen als Drehort für Kriegsfilme genutzt wurde, sind vorbei. Auf der großen Wiese wuchert Unkraut. Die Ruinen wurden abgerissen. Vorher wurden hier noch Szenen für das «Wunder von Bern» gedreht. Der berühmte Heimatfilm über die Fußballweltmeisterschaft 1954 fand auch in Marxloh statt, weil sich die Nachkriegszeit in diesem Duisburger Stadtteil bis ins nächste Jahrtausend schleppte.

«Mann! War das eine Stagnation», sagt Gitti, die hier alle so nennen dürfen. Dazu schüttelt sie ihren Kopf mit der schlohweißen Kurz-haarfrisur. Die hochgewachsene Frau sitzt an ihrem schweren hölzernen Wohnzimmertisch und blättert durch das Fotoalbum mit den Bildern, auf denen die Ziegelhäuser traurig aus den hohlen Fensteröffnungen blicken. Auf der Nase trägt Gitti eine moderne Lesebrille. Sie spricht mit leiser Stimme: «Tja, so sah das hier ewig aus.» Anfang der 8oer-Jahre hat sie eine Hälfte der alten Villa gekauft, in der wir den verregneten Nachmittag verbringen. Zwischen hohen Decken und knarrenden Holzdielen. Hier hat der Obersteiger gewohnt, im Stile eines Gutsherrn. Als die Lehrerin das Haus mit Mitte 30 kaufte, war der Steiger schon tot. Er ging vor dem Zechensterben. Überlebt hat hier einzig der Geist studierter Menschen. Zu Gelegenheiten, wenn andere Bier trinken, genießen die Bewohner der rot gestrichenen Villa ein Glas Wein. Und die Regale sind mit Büchern vollgestopft: etwa mit denen von Hatice Akyün («Einmal Hans mit scharfer Sauce», «Ali zum Dessert») oder Asli Sevindim («Candlelight Döner»), die beide aus Duisburg kommen. Sevindim wuchs in Gittis Nachbarschaft auf und schaut heute gelegentlich als Moderatorin des Regionalfernsehens im Wohnzimmer der Obersteigervilla vorbei. Akyün lebt inzwischen in Hamburg. Auch sie hat Gitti neulich im Fernsehen gesehen: als Gast der Talkshow «Zimmer frei!». Wahrscheinlich saß Harry S. Morgan bei dieser Gelegenheit auch vor dem Fernseher, ganz entspannt – nach Feierabend.

Ihre Bücher beschäftigen sich humorvoll kokettierend mit dem Türkendasein in Deutschland. Sie kommen mit der Flut von Geschichten, Comedyprogrammen, Fernsehshows und Theaterstücken aus der angesagten Ethnoecke. Der Markt nimmt sie begeistert auf. Die Autorinnen gehören zu den Vertretern eines Genres, das immer noch keinen geeigneten Namen hat, aber sehr erfolgreich ist. Da ist von «Tante Semra im Leberkäseland» (Lale Akgün) die Rede, auch im «Moslem-TÜV» (Fatih Çevikollu) wird die eigene «Familiengeschichte aus der Parallelgesellschaft» anekdotenhaft präsentiert. «Gutes Wedding, schlechtes Wedding» heißt eine kurzweilige Berliner Theater-Sitcom aus der Welt der Döner-Philosophen (Tagesspiegel) im gleichnamigen Problemkiez. All diese Protagonisten tragen den Kampf der Kulturen satirisch aus, ohne dass es Sieger oder Opfer gibt.

Zu den Pionieren muss man wohl die Comedy-Künstler Kaya Yanar und Django Asül zählen, wie die Duisburgerinnen Sevindim und Akyün Kinder türkischer Gastarbeiter in der zweiten Generation, die

**Die türkische Braut: Esra trägt die Hoffnung von Duisburg-Marxloh zur Schau – auf der längsten Einkaufsmeile für Brautpaare in Europa.**

in den frühen 70ern geboren wurden. Neben dem ziemlich kommerziellen Unterhaltungswert erbringen sie eine Sozialleistung für die Mehrheitsgesellschaft, auf die sie sich als Sprachrohre ihrer Herkunftskultur richten. Schließlich vermitteln sie eine Ahnung vom Leben der Menschen, die Deutschland seit einem halben Jahrhundert bereichern. Dabei kommen die lustigen Türken beim Sat.1-Publikum ebenso an wie bei jenen, die lieber ein Buch zur Hand nehmen.

Beim nächsten Besuch des Freitagsgebets in der Merkez-Moschee werde ich über einen geeigneten Namen für dieses Genre nachdenken. Etwas ohne «Migration» oder «Integration», so viel ist sicher. Culture-Clash-Satire nennt es die Unterhaltungsindustrie; hat ihm

**Schrecklich nette Nachbarn: So zufrieden können Menschen schauen, die wie Gudrun Alt (links) und Gitti Schwantes neben einer Moschee wohnen.**

damit zugleich einen global lesbaren Stempel aufgedrückt. Wahrscheinlich ist an diesem fürchterlichen Titel nicht mehr zu rütteln. Die Moschee in der Warbruckstraße, gleich neben Gittis Obersteigervilla, ist jedenfalls ein idealer Ort zum Sinnieren. Als Nichtmoslem hat man dort auch die Zeit dazu, denn man hat nichts anderes zu tun. Die Gläubigen sind unterdessen damit beschäftigt, auf dem edlen roten Teppich ihren Gott zu preisen. Ein Merkmal dieser Satire ist ganz sicher die Selbstironie, mit der sie bei den Menschen im Pott näher dran sind als bei den üblichen Deutschen. Es ist ja weltweit bekannt, dass die Deutschländer lieber über andere lachen als über sich selbst. Anders im Ruhrgebiet: Hier funktioniert beides. Schließlich hatte man unter den Fördertürmen etwas länger Zeit, von anderen zu lernen. Von Zuwanderern aus polnischen Regionen beispielsweise sowie aus Schlesien und Masuren, von wo Tausende ins Revier kamen, lange bevor die Bundesrepublik sogenannte Anwerbeabkommen mit anderen europäischen Staaten schloss.

Als dann das Wirtschaftswunder den deutschen Arbeitsalltag prägte und fast Vollbeschäftigung herrschte, wurden dringend Arbeitskräfte benötigt. Seit Mitte der 50er-Jahre hielten Gastarbeiter aus Italien, Spanien, Griechenland und dem damaligen Jugoslawien den Betrieb im Pott am Laufen, unter Tage, in den Stahlwerken, vor allem in den Jobs, die auf Neudeutsch zum Niedriglohnsektor gehören. Kurzum: Die Gäste besetzten Arbeitsplätze, bei denen Deutsche es sich leisten konnten, Nein zu sagen. Bei der Müllabfuhr, in Putzkolonnen, als Hilfsarbeiter auf dem Bau und als ungelernte Kräfte auf den Zechen. Drecksarbeit. Dafür wurden Leute im Ausland von privaten Vermittlern rekrutiert. Der Bedarf nach preiswerten Arbeitern stieg weiter: Nach 1960 kamen Gastarbeiter aus Portugal, vor allem aus der Türkei hinzu. Besonders im Ruhrgebiet landeten viele, wegen der zahllosen Industriebetriebe. Mit der zeitlich verzögerten Familienzusammenführung stieg die Zahl der Ausländer, besonders in den

Vierteln nahe den großen Industriebetrieben. Wie in Marxloh, das damals zwischen Thyssen und Schachtanlagen lag. Nun sind die Zechen dicht. Aber immer noch gehen jeden Tag viele ohne deutsche Namen durch das Werkstor des inzwischen fusionierten Thyssen-Krupp-Steel. Zum «Tor 30» ist es bloß eine Viertelstunde in der Straßenbahn 901 aus Marxloh. Und die rumpelt tatsächlich immer noch.

18000 Menschen leben hier, fast zwei Drittel davon mit einem «migrantischen Hintergrund», wie es mittlerweile heißt. Menschen aus 42 Nationen, die Mehrheit türkischstämmig, rund 7000 sind es. Sie gehören zum Pott wie der Fußball. Ohnehin sind die wenigsten Namen auf den Listen der Nachwuchsmannschaften deutsch. Aber viele der Menschen, die hinter den Namen stehen, sind es. So wie in den Auswahlmannschaften des DFB, bei der Jugend angefangen. Eine Beschäftigung mit dem Ruhrgebiet muss auch eine mit dem Thema Integration sein. Denn der große Anteil an Menschen, die nicht deutschstämmig sind, bedeutet automatisch eine Verstärkung bestimmter sozialer Probleme. Dazu genügt ein Blick in den Bericht «Integration in Deutschland», der jährlich von der Bundesregierung veröffentlicht wird. So auch in dieser Woche meines Besuchs in Marxloh. Drei Tage nach wichtigen Wahlen. Wollte man doch mit diesen Zahlen rechtspopulistischen Demagogen kein Werkzeug überlassen, das sie im Werben um ihre fremdenfeindliche Klientel der kleinbürgerlichen Neider ansetzen könnten. Also wurde der Bericht unmittelbar nach den Wahlen präsentiert und damit möglichst weit weg von den nächsten. Alleine dieser Umstand zeigt, dass Menschen anderer Nationen oft nicht mit der gleichen Selbstverständlichkeit in Deutschland leben können wie andere, die Müller oder Schmidt heißen.

In Marxloh hat jeder fünfte Erwerbstätige keine angemeldete Arbeit. Das entspricht ziemlich genau der generellen Arbeitslosenquote unter der ausländischen Bevölkerung in Deutschland. Sie liegt doppelt so hoch wie in der Gesamtbevölkerung. Der Bericht weist außerdem ein Armutsrisiko aus, das mit 26,8 Prozent bei Menschen mit Migrationshintergrund etwa doppelt so hoch liegt wie allgemein. Gleiches gilt für die Zahl der Empfänger sogenannter staatlicher Transferleistungen – sowie für die Kriminalitätsquote. Überall das Doppelte. Deutschland hat ein großes Integrationsproblem. An Orten wie Marxloh konzentriert sich das ganz besonders. Der nächste Kinofilm, der hier gedreht wird, könnte sich damit beschäftigen. Besser noch mit Ideen, wie sich dieses Problem lösen ließe. Von denen kann man in Marxloh auch einige beobachten. Wie erfolgreich sie sind, wird man erst in vielen Jahren sehen. Vielleicht lässt sich der international bedeutendste deutsche Filmemacher, Fatih Akin, irgendwann davon inspirieren. Schade, dass der Sohn türkischer Einwanderer aus Hamburg kommt und nicht aus Duisburg. Immerhin hat er den wunderbaren Film «Solino» gedreht – über die erste Pizzeria im Ruhrgebiet: eine Familiengeschichte, die im Gastarbeitermilieu der 60er-Jahre ihren Anfang nimmt.

Ein schönes Filmmotiv wäre auch die deutsche Angst vor der kulturellen Deutungshoheit der Marxloher, die eine andere Herkunftskultur haben. Man sieht sie beispielsweise bei den vier Polizisten, die sich ihre Lederhandschuhe überstreifen, sobald sie aus ihrem grün-weißen Ford-Transit steigen, und dabei Rücken und Schultern durchdrücken, um anschließend ein paar Jugendliche zurechtzuweisen. Diese Beamten verbreiten eine aggressive Aura von angstgetriebenem Adrenalin, wie es sich bei jungen Soldaten zeigt, die am anderen Ende der Welt den heimischen Frieden verteidigen sollen. Aus Angst sehen sie in jedem Fremdländer einen Feind. Der Integrationsbericht weist auch darauf hin, dass «Personen mit Migrationshintergrund» im öffentlichen Dienst unterrepräsentiert sind. In Marxloh wären türkischstämmige Polizisten bestimmt eine Hilfe.

Der Eingang zu meinem deutschen Hotel ist gesichert wie eine Methadonausgabestelle. Über der Tür hängt eine Videokamera. Geöffnet wird nur demjenigen, der bereits erwartet wird. Am nächsten Morgen frühstücke ich in einer Festung. Draußen hängt Marxloh immer noch an nassen Fäden. Beim Spaziergang zur nahen Weseler Straße, die sich wie Mainstreet USA durch den Stadtteil zieht, fällt mein Blick nach oben – auf eine einsame deutsche Fahne, die trotzig über dem höchsten Punkt dieser Straße im Regen hängt. Wie ein bewusstes Zeichen: Seht her, wir sind auch noch da.

Zum ersten Mal fuhr ich im frühen Weltmeistersommer 1990 über diese Straße, mit dem Fahrrad. Aus Holland kommend (Niederlande haben sie damals nur in der Tagesschau gesagt), war ich durch die niederrheinische Tiefebene geradelt, mit ihren sauber gefurchten Spargelfeldern und gut organisierten Gewächshäusern, vorbei am rot verklinkerten Wesel, auf der Bundesstraße 8 in Richtung Ruhrgebiet. Dessen Schornsteine und Industrieanlagen wiesen mir am Horizont den Weg Richtung Heimat. Und dann war ich in Marxloh. Hier, auf der Weseler Straße, wohnte der Verfall. Zu einer Zeit, als Deutschland in Richtung nationales Delirium steuerte, alle auf einmal das Volk sein wollten und niemand einen besinnlichen Moment erübrigen konnte, um über die tiefe Krise nachzudenken, in der das Ruhrgebiet gerade steckte.

Noch nicht einmal Norbert Blüm durfte sich solche Gedanken damals leisten. Obwohl er die katholische Soziallehre als Anhänger von Borussia Dortmund auslebte. Er war in der IG Metall und er war der einzige Prominente, der je mit unserer Schülerzeitung sprach. Der fleischgewordene Arbeitsminister musste im Bundestagswahlkampf schließlich mit dafür sorgen, dass Helmut Kohl mit dem politischen Gewicht der deutschen Einheit aufgewogen wurde. Was schließlich gelang. Kohl gewann die ersten wirklich freien gesamtdeutschen Parlamentswahlen seit 1932 deutlich, einige Wochen nach der vollzogenen Wiedervereinigung. In dieser Zeit war bedingungsloser Optimismus angesagt, vor allem auch in NRW, dem wählerreichsten Bundesland. Bedenkenträger wie der damalige SPD-Kanzlerkandidat Oskar Lafontaine, der über die Finanzierung der Einheit grübelte, wurden überhört. Der Jubel war lauter. Schließlich erlebte Deutschland gerade den emotionalen Höhepunkt seiner Geschichte. Und vor allem waren wir Weltmeister.

Dieses Gefühl lag noch einige Wochen vor mir, als ich von Arnheim kommend in Richtung Pott fuhr. Erst zwei Jahre zuvor musste ich den Sieg der Holländer über Lothar-Matthäus-Deutschland im Halbfinale der vorangegangenen Fußballeuropameisterschaft erleben, auf einem Campingplatz am Ijsselmeer. Das schadenfreudige Gejohle in der schummrigen Jugenddisco, in der das Spiel übertragen wurde, habe ich heute noch im Ohr: Als Ronald Koeman sich nach dem Abpfiff demonstrativ den Hintern mit dem Trikot von Olaf Thon abwischte, überschlug es sich. Der bedauernswerte Eike Immel, ehemals Borussia Dortmund, stand damals für Deutschland im Tor. Aber mein Mitleid für ihn hielt sich in Grenzen. Schließlich konnte er sich mit dem schönsten Mädchen aus unserer Nachbarschaft trösten und fuhr als jüngster Nationaltorhüter aller Zeiten teure Autos kaputt. Holland wurde also Europameister, Immel hat sich später von Stephanie scheiden lassen und wurde ein selbst verschuldeter Sozialfall für das RTL-II-Dschungelcamp, wo er sich gemeinsam mit Michaela Schaffrath (Gina Wild) etwas hinzuverdienen konnte. Den beiden ehemaligen Nummer Einsen – in ihrem jeweiligen Geschäft – wurde gleich eine Affäre angedichtet.

Aus der Hollandklatsche jedenfalls wäre fast noch ein Trauma geworden. Das war in diesem Moment noch wahrscheinlich. Zumal auch die Mannschaft von Leo Beenhakker den Deutschen im Jahr 1990 fußballerisch ziemlich überlegen war. Aber Andy Brehme sollte am 24. Juni das zweitwichtigste Tor seiner Karriere schießen. Im

WM-Achtelfinale zum 2:1 über Holland (das wichtigste schoss er ein paar Tage später im Finale, vom Elfmeterpunkt). Das war die nahe Zukunft. Hinter mir lag nun die Grenze. Den ganzen Tag hatte ich orange gesehen. In Hamminkeln dann das erste Deutschlandtrikot. Ein aktuelles mit diesem komisch gezackten schwarz-rot-goldenen Muster, das sich auf weißem Grund über die Brust der Nationalspieler zog. «Nationalspieler» war damals ein extrem wichtiges Wort. Die Leute gingen hier tatsächlich in so einem Trikot zum Einkaufen, mit dem hässlichsten, das Adidas je für die Nationalmannschaft gestalten ließ. «Der arme Frank Mill» war so ein Gedanke, der mir bei der rasanten Fahrt durch den Kopf ging. «Der Mann muss in so einem hässlichen Ding Fußball spielen, und Millionen gucken dabei zu…», dachte ich. Von wegen. Frank Mill, der in Essen aufgewachsene Straßenfußballer und Stürmer des BVB, fuhr zwar mit zur WM nach Italien, musste sich dort aber nicht auf dem Rasen in so einem hässlichen Trikot blamieren. Er kam gar nicht zum Einsatz. Für ihn ließ Teamchef Franz Beckenbauer Rudi Völler spielen, dessen Hemd seinem Gegenspieler auch nicht gefiel. Kein Wunder, dass Frank Rijkaard ihn schließlich im Achtelfinale Deutschland gegen Holland angespuckt hat.

In den Jahren danach haben sich Holländer und Deutsche wieder angenähert. Der Pott diente dabei als quasi entmilitarisierte Zone. Tausende Holländer pilgern inzwischen zum Fußball in die Arena auf Schalke, zum Skifahren in das Alpincenter auf einer Halde in Bottrop, zum Einkaufen ins Centro nach Oberhausen oder zum Dortmunder Weihnachtsmarkt. Die «2 Brüder von Venlo», eine holländische Supermarktfamilie aus der Grenzregion, wirbt sogar großflächig auf Schalke neben dem Tor von Manuel Neuer. Busladungen geriatrischer Einkaufstouristen aus Recklinghausen-Hochlarmark und Bochum-Gerthe werden vor den Märkten der Brüder abgekippt, um beim Kaffee zu sparen, oder eitrig fließendes Flipje Vla für die Enkel zu bunkern. Flüssiger Vanillepudding. Selbst Elfriede Fey aus Bochum kocht in ihrer unfreiwilligen Erlebnisgastronomie Kaffee aus Holland. Und weil der selbst ihren türkischen Stammgästen schmeckt, weiß sie, dass er gut ist («Mit Kaffee kennen die Türken sich ja aus, ne»). Und seit der Einführung des Dosenpfands in Deutschland ist der Verkaufsschlager in der holländischen Grenzregion: deutsches Dosenbier, pfandfrei. Als Reimport gelangt es über die grüne Grenze zurück in zahllose Buden (Kioske) im Pott, wo es steuerfrei verkauft wird. Einen ähnlichen Weg nehmen Tonnen von Marihuana, mit denen die Studenten der universitären Massenbetriebe an der Ruhr versorgt werden. Außerdem die Kreativwirtschaft, auf der alle Hoffnung ruht. Was früher dem Bergmann sein Pils war, ist heute dem Grafiker sein Joint. Andere Trends sind: Rollrasen aus Holland für die Kleingärten im Pott, schließlich kam der Rasen in den deutschen WM-Stadien Dortmund und Gelsenkirchen auch daher. Dann kann er also nicht so schlecht sein. Außerdem Schrankwände aus dunklem Holz, also Gelsenkirchener Barock aus Arnheim. Eigenartigerweise führen die Möbelhäuser im Pott diese Stilrichtung nicht mehr.

Solche Zusammenhänge sind wichtig bei der Verortung jener Verbindungswege zwischen Holland und dem Ruhrgebiet. Zu denen gehört eben auch die B8, die in Marxloh Weseler Straße heißt. Während Restdeutschland also im Sommer 1990 mit patriotischer Energie geladen ist, stehen hier die Rotznasen am Straßenrand, als würden sie eine Ausbildung zum staatlich geprüften Eckensteher absolvieren. Ihre Väter haben keine Arbeit mehr, sie sind nicht das Volk, das alle anderen beschreien. Marxloh ist nicht Deutschland. Die kommende WM ist ihnen sowieso scheißegal. Die Türkei hatte sich nicht qualifiziert, der Libanon auch wieder nicht. Hier fand das Leben in Zeitlupe statt, während Deutschland vor Energie und Stolz dermaßen aus den Nähten platzte, dass Franzosen und Polen schon wieder um ihre Grenzen bangten. Das alles nur ein Jahr nach dem beschriebenen Besuch von Michail Gorbatschow in meiner Heimatstadt. Doch diesen Jungs hier

war das egal. Ihnen schien alles egal. Keine Arbeit, Häuser kaputt, Geschäfte leer, das Internet hat sich noch nicht durchgesetzt, das Computer-Ballerspiel «Counter-Strike» ist noch nicht erfunden, Langeweile.

Als Wolfgang Clement bei meinem Besuch auf diese Zeit zurückblickte, stellte er fest: «Das Ruhrgebiet ist einer der Wendeverlierer.» Zu einer Zeit, als die Industrie hier den Bach runterging, wandte sich die Aufmerksamkeit der Deutschen Einheit zu und damit in Richtung Osten. Noch heute fürchtet Clement, dass der Pott im Wettbewerb der Städte, der großen urbanen Zentren und Regionen Europas große Probleme bekommt. «Das Ruhrgebiet wird massiv Menschen verlieren, und wenn nicht eine eigene Attraktivität fürs Ruhrgebiet entsteht, gehört es zu den Verlierern. Auf Dauer.» Clement plädiert beispielsweise dafür, dass der Solidarbeitrag nicht mehr bloß nach

**Wandel der Generationen: In Marxloh gibt es mehr junge Leute als in vielen anderen Gegenden im Ruhrgebiet.**

Osten fließt. «Das Ruhrgebiet braucht dringend Unterstützung.» Vor allem im Norden. «Darüber wurde immer geredet, aber nie ist etwas konsequent gemacht worden», sagt der ehemalige Politiker.

Ob Erkan in Marxloh bleibt, ist noch ungewiss. Schon einmal hätte er den Pott fast verlassen – zur Wendezeit. «Damals dachte meine Familie lange darüber nach, wieder ganz in die Türkei zu gehen. Hier ging ja alles den Bach runter.» Zurück in die Provinz Zonguldak. Aus dem türkischen Kohlerevier am Schwarzen Meer stammen viele Familien, die im Pott eine neue Heimat fanden. Erkan wurde im deutschen Weltmeistersommer eingeschult. Er studiert schon längst. Vielleicht stand er auch an einer der Straßenecken, als ich auf meinem stahlblauen Zehngangrad vorbeibrauste – und zusah, nicht in die Straßenbahnschienen zu geraten. Der verträumte Gedanke an Frank Mill wechselte auf Anhieb in ein reelles «Boah, was ist hier denn los?». Aus Dortmund war ich schon einiges gewohnt, was den wirtschaftlichen Zusammenbruch anging. Aber hier war ein anderes Land. Und zwar nicht wegen der Menschen, die woanders herkamen als ich, sondern weil Stillstand herrschte. Ich raste im siebten Gang in Marxloh ein, und die Jungs hier standen im Leerlauf und blinzelten in die Sonne. Heute komme ich aus dem Regen, um mir die Geschichte einer erfolgreichen Integration anzuhören. Der süße Tee wärmt. Erkan will Anwalt werden. Er weiß, dass seine Leute einem deutschen Anwalt nicht trauen. «Ich würde meinen Handyvertrag auch niemals bei einem Deutschen abschließen.» Ich kenne viele Deutsche, die das niemals bei einem türkischen Handyverkäufer täten. Ist das jetzt fremdenfeindlich? Erkan lacht.

Nun ist es vorbei mit dem Leerlauf. Seit einiger Zeit kommen ständig Kamerateams in die Warbruckstraße und stellen den Gehweg vor dem Haus des Obersteigers zu. Sie wollen also die Geschichte darüber erzählen, wie toll in Marxloh Integration funktioniert. Schließlich

gibt es dafür seit einiger Zeit ein Symbol, und das Fernsehen lebt von Bildern. Die Merkez-Moschee ist tatsächlich ein Bild von einem Bauwerk. Noch dazu erfüllt sie den vorläufigen Superlativ, die größte in Deutschland zu sein. Noch. Denn Moscheebau liegt im Trend. Die Merkez-Moschee zog eine Zeit lang mehr überregionales Medieninteresse auf sich als das schmucke Stadion des MSV Duisburg. Nachdem ich gehört habe, dass es Probleme gibt mit den laufenden Kosten, kommt mir der Gedanke, den Namen der Moschee auf Zeit zu verkaufen. Etwa als «Uludağ»-Moschee, um für die beliebte türkische Brause zu werben, oder als «Haribo»-Moschee, schließlich gibt es schon längst spezielle Gummibärchen für Moslems, weil die strenggläubigen keine Gelatine essen dürfen, die aus dem Mark von Schweineknochen gewonnen wird. Mit diesem Einfall könnte die Moschee bestimmt ein paar hunderttausend Euro verdienen. Ähnlich der

**Immer wieder freitags: Am wichtigsten Tag der Woche belebt die Marxloher Merkez-Moschee den einst abgeschriebenen Stadtteil.**

«Veltins Arena» in Gelsenkirchen oder dem «Signal Iduna Park» in Dortmund. Dann fällt mir noch rechtzeitig ein, wie schlimm ich das schon bei den Stadien finde – und behalte meine Idee für mich. Ich will ja hier auch niemanden beleidigen.

Etwa acht Millionen Euro hat der Bau gekostet. Es hat lange Streitigkeiten um den Ruf des Muezzins gegeben, auf den die Moschee vorerst verzichtet hat. Um die Höhe des Minaretts hat man sich auch gestritten, das hat ein türkischer Unternehmer gestiftet. Überall im Ruhrgebiet gibt es aus den gleichen Gründen Ärger, fürchten sich einige Deutsche vor der starken islamischen Symbolik – oder wollen sie schlicht für den Vortrieb der eigenen ideologischen Anliegen missbrauchen. In Duisburg-Marxloh ebenso wie in Essen-Altendorf oder Dortmund-Eving. Überall dort versucht die fremdenfeindliche NPD den Konflikt künstlich anzuheizen. In Flugblättern und mit kleinen Aufmärschen hetzt sie die Bevölkerung auf. Weil sie weiß, dass die Vorbehalte gegen den zunehmenden Einfluss des Islam im Ruhrgebiet größer sind als die allgemeine Zustimmung zu ihrer Partei. Die NPD möchte von diesen Vorbehalten profitieren und erreicht, dass deshalb auch einige Demokraten dieses Reizthema besetzen. Wissenschaftlich gesehen, bringt diese Auseinandersetzung das Ruhrgebiet wohl voran: «Integration durch Konflikt – so lautet die schwierige Botschaft der Soziologie, für die interkulturelle Konflikte Normalität sind. Und schließlich bringt jeder friedlich ausgetragene und glücklich ausgestandene Konflikt die Gesellschaft weiter», stellt der Politikwissenschaftler Claus Leggewie in zwei klugen Sätzen fest.

Der tiefe flauschige rote Teppich im Gebetsraum der Moschee ist ein Geschenk der türkischen Partnerstadt Gaziantep. Unter der großen zentralen Kuppel hängt in der Mitte des Gebetsaals ein goldener Leuchter. Die gewölbten Decken sind mit handgemalten fein ziselierten türkischen Kaligraphien in Rot und Blau verziert, an denen fünf Leute ein halbes Jahr lang gemalt haben, von morgens bis abends.

Im Kopf entsteht das Bild von Charlton Heston als Michelangelo bei der Arbeit an den Fresken in der Sixtinischen Kapelle. Eine der Kaligraphie-Künstlerinnen ist gleich in Marxloh geblieben. Die Moschee ist ein Gewinn, in vielerlei Hinsicht. Die 3,5 Millionen Euro, die vom Land NRW in den Bau flossen, sind eine Investition in einen hilfsbedürftigen Stadtteil, der sich auch selber regt. Natürlich achten alle Beteiligten darauf, stets zu erwähnen, dass dieses Geld der Steuerzahler nur in das Besucherzentrum geflossen ist. Früher stand an dieser Stelle eine Zechenkantine. Im Keller hatte jemand einen Raum für das Gebet der moslemischen Kumpel ausgefegt. Das war alles. In diesem Keller ist wohl der Stolz gewachsen, der die Marxloher begleitet, wenn sie über ihre Moschee sprechen.

Bis sie kam, war der einzige Superlativ in Marxloh der einst größte Media-Markt Deutschlands, der sein digitales Spielzeug in einem ehe-

**Gläubige unter sich: Die Merkez-Moschee ist stets gut besucht, anders als die Duisburger Kirchen. Das erzeugt Neid.**

maligen Horten-Kaufhaus ausstellt. Seit die Merkez-Moschee da ist, sind ständig prominente Politiker zu Gast, vor allem vor Wahlen. Dann kommt auch die Presse. Die Marxloher lassen sich das gerne gefallen. Die neue Aufmerksamkeit ist ein schönes Gefühl. Der Bundesvorsitzende der Grünen durfte im Garten der Obersteigervilla frühstücken. Im Haus von Gitti Schwantes wohnt auch die Sozialarbeiterin Gudrun Alt, eine Parteikollegin des Grünen. Die meisten Mitglieder ihrer Ortsgruppe sind türkischstämmig. Sie selbst kam aus Stuttgart nach Marxloh. Nun sitzt sie gemeinsam mit Gitti im Beirat der Begegnungsstätte, die aus der Moschee einen öffentlichen Ort macht. Sie sorgt für die Zusammenführung der verschiedenen Kulturen. Sie weiß, wovon sie redet, schließlich hat sie als Schwäbin in Marxloh anfangs auch gefremdelt. So gesehen, leben hier 43 Nationen. Die Sprache hat ihr sehr zu schaffen gemacht. «Die ist hier so direkt, dass man vieles als Beleidigung verstehen konnte.» Mit den Ohren einer Schwäbin. «Es hat schon eine Zeit lang gedauert, bis ich gelernt habe, nicht alles persönlich zu nehmen.» Das konnte ich mir schon beim Eintritt in die Villa vorstellen, als sie mich fragte, ob ich mein Wasser mit «Bizzl» wolle oder ohne. Irgendwann wollen Gitti und Gudrun Alt ihr Wasser, ihren Kaffee und Wein gemeinsam mit anderen in einem Marxloher Café trinken. Sich dabei über Gesellschaftliches unterhalten, über Politik oder Literatur. «Bis dahin wird es wohl noch dauern», sagt Gitti Schwantes. Vielleicht sind sie ja die Vorhut einer Marxloher Bohème. In Kreuzberg hat ja auch irgendjemand damit angefangen.

Wer nicht über die Ausfahrt Duisburg-Fahrn der A59 auf die Warbruckstraße rollt oder mit dem Fahrrad über die Weseler Straße nach Marxloh kommt, wird von einem Riesenklotz der Citibank in Duisburg begrüßt. Der steht gleich neben dem Gleis am Hauptbahnhof. Die Bahnhöfe im Pott sind ziemlich unerträglich. «Wer da ohne Depressionen aus dem Zug steigt, der muss ja ein ganz starker Charakter sein», sagte Wolfgang Clement vor meiner Fahrt nach Duisburg. Ich habe es mir abgewöhnt, mich über die Bahnhöfe im Pott zu ärgern. Ihr Zustand ist schlicht traurig. Er ist eine Zumutung. Man könnte meinen, die Bahn denkt, dass die Fahrgäste hier niemals andere, schöne oder schlicht funktionierende Bahnhöfe gesehen haben. Bei Wolfgang Clement ist das nicht der Fall. Er hat nie einen Führerschein gemacht. Und nun, in den Zeiten ohne Dienstwagen, ist er meistens mit der Bahn unterwegs. Bei diesem Thema hat er sich aufgeregt wie bei keinem zweiten. «Keine Region in Deutschland wurde so von der Deutschen Bahn AG beschissen wie das Ruhrgebiet, keine einzige.» Besonders ärgert er sich über die Bahnhöfe, deren unzeitgemäße Hässlichkeit ihresgleichen sucht. Noch dazu sind die meisten Bahnhöfe hier völlig überfordert bei der Bewältigung der Menschenmassen, die täglich durch das Ruhrgebiet geschleust werden. Auf den wichtigsten Ruhrgebietsbahnhöfen gehen an Bundesligaspieltagen schon mittags die Schließfächer aus. Vor den spärlichen Fahrscheinautomaten bilden sich regelmäßig Schlangen, die sich langsamer auflösen als der fürchterliche Stau auf der A40 zwischen Dortmund-Kley und Essen-Frillendorf.

«Am Bahnhof in Essen wird jetzt ein bisschen herumgefummelt. Aber das sind ja auch nur Nachreparaturen. Schauen Sie mal nach Frankfurt, Leipzig, Stuttgart, Hannover, Hamburg. Jede andere Stadt in einer halbwegs vergleichbaren Größenordnung wie Dortmund, Essen oder Duisburg hat einen vernünftigen Bahnhof. Im Ruhrgebiet gibt es keinen. Das ist eine Schweinerei», hatte Clement gesagt. Natürlich wissen das auch die bedauernswerten Leute, die für die Deutsche Bahn im Ruhrgebiet arbeiten. Schließlich werden sie ständig mit dem Missmut der Reisenden konfrontiert. «Hörnse auf», hat mir neulich ein freundlicher Kundenberater im Reisezentrum der Bahn in Dortmund gesagt. «Eine Verbesserung hatten sie uns schon vor der Fußballweltmeisterschaft versprochen, aber das ist ja nun schon ein paar Jahre her. Ich rechne erst einmal mit nix mehr.» Die ersten hochtrabenden Pläne für die Umgestaltung des Dortmunder Bahnhofs datieren aus den 90er-Jahren. Ganze Zeitungsbände haben sich seither mit der grotesken Debatte um ein architektonisches UFO gefüllt, das auf dem Bahnhofsdach landen sollte, um Platz für ein Einkaufszentrum und ein Hotel zu bieten – von einem «Multi-Themencenter» war die Rede. Seither ist es einzig gelungen, ein Drehkreuz vor die jämmerliche Bahnhofstoilette zu schrauben, um dort die Fahrgäste kontrolliert abzukassieren. Von dem Multi-Thema Bahnhof haben viele inzwischen die Nase voll.

Nix geht auch am hässlichen Duisburger Bahnhof, der zu den unübersichtlichsten Orten gehört, die der Schienenverkehr in Deutschland zu bieten hat. Wer beispielsweise aus einem ICE steigt und in die Straßenbahn nach Marxloh steigen will, hat eine Odyssee vor sich, die zu beschreiben eine langweilige Aufzählung von Stufen und grauen Gängen wäre. Wahrscheinlich haben sich die Planer gedacht, dass hier ohnehin nicht viele Fahrgäste aus dem ICE steigen, um nach Obermarxloh zu fahren, nach Ruhrort oder zu Thyssen-Krupp-Steel. Und wenn, dann nehmen sie von hier aus ein Taxi.

Die Leute, die im Dienstleistungscenter der Citibank in Duisburg arbeiten, in der selbst ernannten «Denkfabrik des Unternehmens», können ihre Karrierechancen gleich nach dem Ausstieg aus dem Zug verfolgen. Das klobige graue Hochhaus der Bank reckt sich neben den Gleisen in den bewölkten Himmel über dem kriselnden Stahlstandort. Der Bau dominiert an dieser Stelle die Stadtkulisse. Das ist Macht. Aber auch ein Stückchen Emanzipation von der reichen Landeshauptstadt Düsseldorf, wo die meisten großen Firmen sitzen. «Dort steht der Schreibtisch von NRW» ist so ein geflügeltes Wort, über das sich viele im Pott ärgern. Es war also ein sehr werbewirksamer Akt, als der Personalvorstand der Citibank, die ihren Hauptsitz übrigens auch in der Landeshauptstadt hat, vor einigen Jahren an dieser Fassade die «aktuell größte Stellenanzeige Deutschlands» hat anbringen lassen. 200 Leute wollte man damit akquirieren, «allein 45 am Standort Duisburg». Damals war noch der Bahnreisende Superminister Clement im Amt, für den die Anzeige vielleicht ein Grund zur Freude war, beim Blick aus dem Zugfenster auf den tristen Duisburger Bahnhof. Das Unternehmen kündigte an, «Bankdienstleistungen emotionaler» zu machen. Ich bin mir sicher, dass im Pott reichlich Menschen ganz spezielle Gefühle haben, wenn sie bei der Citibank überschuldet sind. Bei der Verbraucherzentrale gilt die Bank jedenfalls als gnadenloser Abkassierer – regelmäßig wird sie dort wegen ihrer Geschäftsmethoden kritisiert. In der Kreditvergabe steht sie bei ihren Kunden für weniger hohe Hürden als andere Banken. Deshalb hat sie vor allem auch im nördlichen Ruhrgebiet viele Kunden, in sozial schwachen Gegenden und solchen mit hohem Ausländeranteil. Die Mahnbriefe der Bank füllen in dieser Gegend an manchen Tagen ganze Plastikkörbe einzelner Briefträger. Die Eigenwerbung der Bank dürfte bei Menschen, die diese Briefe nicht bekommen, eine Emotion wecken, die sich wahlweise in Entsetzen oder Sich-Kaputtlachen entlädt:

**Aus Duisburg heraus ist es der Citibank als erster Bank gelungen, bewährte Prozesse aus der Fertigungsindustrie in der Finanzdienstleistungs-Branche umzusetzen. Alle administrativen Tätigkeiten werden am Standort Duisburg gebündelt und aus den Filialen ausgelagert – die Filialen können sich auf ihre eigentliche Arbeit konzentrieren, die Kundenberatung.**

So heißt es in einer Pressemitteilung der Bank. Mit der Industrialisierung schaffe man Arbeitsplätze und ganz neue Karrierechancen im Back-Office. Unterdessen wurden Filialen geschlossen, etwa in Marxloh. Während ich auf dem langen Weg zur Straßenbahn darüber nachdenke, wie sich Pressereferenten beim Drechseln solcher Heucheleien fühlen müssen, versammeln sich am anderen Ende vom Pott Mitglieder der «Interessengemeinschaft Lehman-Geschädigter». Wo? Vor einer Filiale der Citibank im östlichen Dortmunder Stadtteil Brackel. Die Geschädigten haben ermittelt, dass die Bank 75 Prozent der in Deutschland verkauften Zertifikate vertrieben hat. Sie werfen ihr vor, den Anlegern das Risiko eines Totalverlustes nicht genügend offen gelegt zu haben.

Der Pott war schon immer ein Ort der Kapitalismuskritik. Inzwischen sitze ich in einer Straßenbahn der Linie 901. Als sie aus dem Dunkel des U-Bahn-Schachts auftaucht, fällt der Blick gleich auf das Wasser, das den größten Binnenhafen Europas umgibt. Dieses Gewässer verleiht Duisburg schon jetzt etwas von weltläufigem Charme, der sich irgendwann in Wertschöpfung wandeln wird, etwa in den lichtdurchfluteten Ateliers innovativer Architekten. Bislang dominiert hier ausschließlich der Warenumschlag, das Geschäft des Duisport in Ruhrort. Die Bahn hält kurz an der Haltestelle Vinckeweg. Ein bisschen unterhalb von hier, links die Straße runter, liegt die Kneipe «Zum Hübi», wo ich kürzlich erst in der Abenddämmerung ein Bier genossen habe. Dabei hatte ich auch über das schlummernde Potenzial dieses Stadtteils am Hafen nachgedacht: In Ruhrort versteckt sich eine gewisse urbane Qualität. Bislang fehlen hier einzig die Menschen, die das auch so sehen.

In dieser Gegend hat Kommissar Horst Schimanski seine ganz persönliche Kapitalismuskritik auf ziemlich lebensnahe Weise geäußert. Was ihn von anderen Tatort-Kommissaren unterschied, war, dass er stets als Mensch gehandelt hat, nie als Erfüllungsgehilfe einer zeitgemäßen politischen Korrektheit. Insofern passte diese Figur besser ins Ruhrgebiet als in jeden anderen Tatort. Natürlich hat der Berliner Götz George diesen Schimanski in einer Art verkörpert, die sich als Denkmal ins kollektive Bewusstsein der Ruhris gemeißelt hat. Vor allem aber haben seine Drehbuchautoren genau hingeschaut, auch

wenn sie dann – dramaturgisch bedingt – stark überzeichnet haben. Schließlich sollte Schimanski vor allem unterhalten. Aber solche Typen gibt es hier wirklich, wenn auch nicht gerade bei der Polizei. Das haben die Schimi-Macher erkannt und ihren Fehler später korrigiert: Schimanski flog raus, fortan war er als Ex-Bulle unterwegs. Bis heute ist er der beliebteste unter den Tatort-Kommissaren. Mit diesem Votum haben die Fernsehzuschauer gleichsam ein Sympathiebekenntnis zur Ruhrgebietsmentalität abgegeben.

Auf dem Weg nach Marxloh komme ich noch an der wuchtigen König-Brauerei vorbei, später an den Stahlanlagen von Thyssen-Krupp-Steel, die einen ganzen Stadtteil einnehmen. Ich denke an die Worte des Stahlarbeiters Siegfried Durlik, der sich hier um 15 Jahre zurückversetzt sah. Im Vergleich mit unserer gemeinsamen Heimat-

---

**Made in Marxloh: Diese jungen Männer gehören zum Ruhrgebiet wie die Merkez-Moschee oder die Peter-und-Paul-Kirche in ihrer Nachbarschaft.**

stadt. Tatsächlich ist die Fahrt mit der 901 eine Art Zeitreise zu einem frühen Stand des industriellen Wandels. In Marxloh dann spielt sich das Leben im Wesentlichen zwischen dem Willy-Brandt-Ring und den Schallschutzwänden der A59 ab. Die Autobahn führt vom Duisburger Süden in nördliche Richtung und mündet bei Dinslaken in die B8. Überall im Pott begleiten die sozialdemokratischen Heroen den Verkehrsteilnehmer. Bebel-, Liebknecht-, Ebert-, Schumacher-, Brandt-Straßen, -Plätze, -Ringe. Müntefering ist dafür wohl ein bisschen spät dran, Schmidt würde es gar nicht wollen, Schröder kriegt bestimmt eine Seitenstraße der dekadenten Rubljovka in Moskau. Und Clement wird von der SPD im Ruhrgebiet nicht mehr gefragt. Nach und nach tauchen Johannes-Rau-Straßen auf. Mit dem sind die meisten im Pott versöhnt.

Tatsächlich ist Marxloh immer noch eine Hochburg der SPD, legt man die relativen Zahlen zu Grunde. Sie ist hier die mit Abstand stärkste Partei. Bei der Wahlbeteiligung allerdings liegt Marxloh ganz unten, teilweise bei unter 20 Prozent, wenn auch gemessen bei einer Europawahl. Von den 18 000 Marxlohern, von denen viele als Nicht-EU-Bürger allerdings gar nicht wahlberechtigt waren, haben am Ende bloß 1270 gewählt. Eine Erklärung dafür findet der Integrationsbericht der Bundesregierung: «Politisches Interesse und politisches Engagement sind in der Bevölkerung mit Migrationshintergrund weniger verbreitet als in der Gesamtbevölkerung.» In Marxloh zeigt sich die Schieflage der Demokratie. Da ist es schön zu hören, dass der Duisburger Oberbürgermeister von allen möglichen Menschen in Marxloh gelobt wird, die sich für ein Zusammenleben der Kulturen starkmachen. Wenn schon die Integration noch nicht funktioniert, freut sich der Pott wenigstens über integrativ wirkende Politiker.

Auch der Medien-Bunker am Johannismarkt gehört zu den Orten, die nun Aufmerksamkeit erfahren. Der markante Turm aus Beton und

Ziegeln entstand in den Köpfen nationalsozialistischer Bauherren. «1941» steht als Jahreszahl auf einem Relief am Fuße des Bunkers, das zwei völkisch gemeißelte Bergarbeiter in Aktion zeigt. Er gehört zur Stadtgeschichte wie die Moschee. 20 Menschen haben hier ihr Leben verloren, als eine britische Fliegerbombe seitlich in die Bunkerwand einschlug. Für sie bedeutete der Luftschutzbunker den Tod. Aus der sechsten Etage des Hochbunkers schweift der Blick über den nördlichen Teil der Stadt, den ein Immobilienmakler als spektakulär beschreiben würde – ohne dabei zu flunkern: vom Hochofen bei Thyssen-Krupp-Steel über einen blaugelben Ikea-Möbelmarkt, einen filmreifen Förderturm, die katholische Kirche «Peter und Paul» bis zu den Kuppeln der Merkez-Moschee und ihrem Minarett inmitten eines grünen Blätterdachs. Von oben ist der Pott immer schön grün. Heute

---

**Hier geblieben: Als kreative Keimzelle versteht sich die Truppe von Halil Özet, die sich im Medienbunker allerlei Gedanken zu Marxloh macht.**

ziehen sich draußen beim Blick durch die Bunkerfenster die Wasser-fäden schräg durch das originelle Ruhrgebietspanorama. Es herrscht ein ungemütlicher Westwind. Die flauschige Bunkerkatze Kiwi ver-kriecht sich im Bücherregal zwischen Charles Bukowsky und Max von der Grün.

Hier oben arbeitet die kleine Fernsehproduktionsfirma p.y.p., mit der Halil Özet sein Geld verdient. Er ist Kameramann, geboren in der ersten Hälfte der 70er-Jahre, wie all diese bekannten Türken, die in Medien machen. Halil lacht und sagt: «Klar, in den Medien sind Tür-ken gerade voll angesagt.» Früher stand der Bunker leer. Dann kam Halil, gründete mit einem Fotografen eine GmbH, unterschrieb einen günstigen Mietvertrag und legte Parkett in den Bunker. «Wenn das hier schiefgehen sollte, kann ich getrost als Parkettleger arbeiten», sagt er mit süffisantem Unterton. Noch geht es gut. Halil dreht polnische Ostseestrände oder amerikanische Sportwagen. Was gera-de so anfällt. Bei der Produktion der Fernsehsendung «Auf Schalke» in Dortmund-Hörde setzte er vor Jahren Moderator Uli Potofski in Szene, war mit Schalke schon in der Champions League unterwegs. Wie Gitti Schwantes heißt auch Halil bei allen «Du». Das Du wird im Pott großgeschrieben. Und Halil kennt den Pott. Und er kennt die Me-dien. Seit die Moschee in Marxloh steht, ist das eine gute Kombinati-on, die er für sich zu nutzen versucht. Und für seine Heimat. Vor der Moscheeeröffnung, die ein bundesweites Medienereignis war, hatte er die Idee mit den gelben Pappschildern. «Made in Marxloh» steht in Schwarz auf den Pappen, die er mit ein paar Freunden ins Titelbild der Frankfurter Rundschau hält, die Moschee im Rücken. «Das war doch klar, dass die Kameraleute und Fotografen uns als Blickfang nehmen würden.» Seither ist «Made in Marxloh» eine Art Branding, Halil will Marxloh zur Marke machen.

«Made in Marxloh» heißt inzwischen eine kleine Serie, die er für das Lokalprogramm des WDR produziert. Über das Leben in einem

Stadtteil, den lange Zeit keiner kennen wollte. Halil macht erst einmal Kaffee, mit Blick auf die Moschee, im Rücken das Porträt des türkischen Staatsgründers Kemal Atatürk an der Wand. Auch für Familie Özet ist sie ein Grund, um stolz zu sein. Ein paar tausend Euro hat die Witwe Özet für den Bau gespendet. Halils Mutter ist besorgt um das Seelenheil seines Vaters. Vor allem ihn hätte die Moschee mit großem Stolz erfüllt. Viele Marxloher Familien haben für den Bau der Moschee gespendet, auch daher rühren Stolz und Identifikation.

Halil sagt: «Früher habe ich immer verschwiegen, dass ich aus Marxloh komme. Vor allem, wenn es darum ging, Mädchen kennenzulernen. Nur wenn es Ärger gab, habe ich gesagt, wo ich herkomme. Dann hatten alle Angst, zumindest einen gewissen Respekt.» Angst vor einem kleinen hageren Jungen. Aus ihm wurde ein smarter Typ, der aus schmalen, sehr freundlichen Augen blickt. Und mit dem man gerne Kaffee trinkt. Zwischen Kinn und Unterlippe wachsen ihm ein paar dunkle Barthaare. Wie bei anderen Kreativen.

Heute verschweigt Halil seine Herkunft nicht mehr. Er kokettiert damit, hofft, dass viele diesem Beispiel folgen. Halil, bist du nun Türke, oder bist du Deutscher? «Ich bin Marxloher, das reicht doch.» Die meisten Probleme würden sich von selbst erledigen, wenn die Leute sich mit ihrer eigenen lokalen Umgebung identifizieren. Seine Eltern kamen in den 60ern. Demnächst muss er sich mal um den Papierkram für die Einbürgerung als Deutscher kümmern. Ihn nervt, dass er bei Auslandsdrehs ständig Visa-Scherereien hat. Mit einem deutschen Pass geht vieles leichter. Die Staatsangehörigkeit ist für ihn eine Formalie, Marxloh ist Emotion. Wenn Halil mal Vater wird, gehören seine Kinder zur sogenannten dritten Generation der Einwanderer. Ob sie auch als Marxloher geboren werden? Halil zuckt mit den Schultern.

Zwei Etagen tiefer sitzt Mohammad Ali, der an einem Rechner im dunklen Raum 3-D-Animationen zusammenbaut. Fenster gibt es nur ganz oben im Bunker. Ali baut kleine Werbegrafiken für das Internet. Auch türkische Einzelhändler aus Marxloh gehören zu seinen Kunden. Andere im Bunker machen Theater oder Musik, neun Bands haben hier ihren Proberaum. Ganz unten verkauft einer chromblitzende Felgen für die tiefer gelegten Träume junger Türken. Sein Showroom hat große Glasfenster zum Johannismarkt. Darüber hat er blaue Neonröhren installiert, die jedem Denkmalpfleger einen Vorgang wert sein dürften. Aber in Marxloh geht es zunächst um andere Dinge. Der Bunker belebt den Platz, bringt eine gewisse soziale Kontrolle in ein runtergekommenes Viertel.

Gitti Schwantes und Gudrun Alt wohnen drei Minuten von hier. Die Warbruckstraße grenzt an den Johannismarkt. Der Felgenladen wäre ein schöner Ort für ein Café, vor dem die Leute in Korbstühlen Zeitungen lesen. Im Sommer unter großen Schirmen, in den Übergangsmonaten vielleicht unter Heizpilzen. Auf den Stühlen würden dann zusammengefaltete Decken liegen, die sich die Gäste Anfang März über die Knie legen, während sie beim Latte macchiato auf den Frühling im Pott warten. So ungefähr sieht der Ort aus, von dem die Bewohner der roten Villa träumen. Halil auch. Gemeinsam überlegen sie, wie man die zahlreichen Besucher der Moschee zum Verweilen in Marxloh motivieren könnte. Schließlich kommen die Gläubigen von überall her und noch dazu ein paar tausend Neugierige jeden Monat. Bei jeder Stadtführung steht die Moschee auf dem Programm, viele Besucher kommen aus der Landeshauptstadt. Oder aus Städten, die sich ebenfalls an eine Moschee in der Nachbarschaft gewöhnen müssen. Im Pott wachsen die Minarette seit einigen Jahren. Als würden sie angebaut auf fruchtbarem Boden.

Einige der Moscheebesucher bleiben auf der Hochzeitsmeile hängen. Der größten im nördlich von Istanbul gelegenen Europa. In 24 Läden wird hier Hochzeitsmode angeboten, bald werden es wieder zwei mehr werden. Neulich hat ein traditionsreiches Schuhhaus

dichtgemacht. Das Ladenlokal wird nicht lange leer stehen. Das war früher anders. Innerhalb von drei Jahren hat sich die Zahl der Brautmodengeschäfte verdoppelt. Die Branche boomt. Wieder so ein Superlativ fürs Fernsehen, in dem kitschige Hochzeitsvorbereitungen zur Palette der Doku-Fictions gehören. Die Dosis Romantik für zwischendurch. Im türkischsprachigen Fernsehen gibt es gar einen eigenen Kanal dafür. «Düğün TV» («Sie sind der Star, wir strahlen Ihre Hochzeit weltweit aus») nährt die romantischen Träume einer ganzen Nation. Marxloh liefert den Stoff dazu. Wie aus Zuckerwatte stehen die Hochzeitskleider in den Schaufenstern der Weseler Straße, und das nicht nur in Weiß. Wo sich vor Jahren noch der Stillstand hielt, drängen sich die Kunden in dem Ladenlokal von Gül Alp. Sie verkauft Hochzeitsmode und Abendkleider. Ein junges türkischstämmiges Paar aus Utrecht ist zum Hochzeitsshopping nach Marxloh gekom-

**Arbeit für Frauen: Die gibt es auf der Marxloher Hochzeitsmeile, etwa in den 26 Brautmodenläden in der Gegend der Weseler Straße.**

men. Zwei Stunden Autofahrt. Nicht einmal im für sie nahen Amsterdam gibt es eine Auswahl wie in Marxloh. Dem Bräutigam gefällt die Braut, ihr gefallen die Kleider, der Schwiegermutter gefallen die Preise. Ihre bereits verheiratete Tochter wurde auch in Marxloh ausgestattet. Am Ende soll die Hochzeit des Sohnes 70 000 Euro kosten. Er ist schließlich Profifußballspieler in Holland, wenn auch in der zweiten Liga. Die Hochzeiten der türkischen Stars aus der heimischen Süperlig werden selbstverständlich live im Fernsehen übertragen. Bei den meisten Mustafa-Normalbürgern muss eine private Videoaufzeichnung genügen. Schon um zu dokumentieren, welcher Gast was geschenkt hat.

Gül Alp hat aber auch viele deutsche Kunden. Der Abendkleider wegen, auf die Frau Alp besonders stolz ist. «Die Deutschen mögen nur klassische Schnitte und dezente Farben. Ohne diesen ganzen Schnickschnack, der den Türken so gefällt.» Dann verschwindet sie kurz hinter einem Vorhang und kommt mit einem Foto zurück, das in einer Klarsichthülle steckt: Es zeigt einen Schützenkönig samt Hofstaat. Ein Autohändler aus Wesel, der vor einem roten Klinkerbau steht. «Diese Frauen kommen jedes Jahr zu uns. Wenn sie zu Peek und Cloppenburg gehen, müssten sie am Ende befürchten, dass beim Schützenfest drei oder vier Frauen mit dem gleichen Kleid auflaufen», sagt Frau Alp und lacht. Eine deutsche Kundin betritt den Laden. Sie ist schlecht frisiert, trägt einen billigen schwarzen Anorak, in der rechten Hand eine Schachtel Zigaretten und ein Feuerzeug. «Guten Tag, darf ich Ihnen helfen?», fragt Frau Alp freundlich. «Nein danke, ich wollte nur gucken», sagt die blondierte Frau, dreht sich um und verlässt den Laden. Frau Alp zuckt mit den Schultern.

Ein ähnliches Geschäftsmodell wie Gül Alp verfolgt Herr Klein, zu türkisch Küçük. Der steht in einem feinen schwarzen Kaschmirpullunder, darunter ein gestärktes weißes Hemd, vor seiner neu gestalteten Ladenfront. Er wartet auf Kundschaft. Ich ziehe zwei Jahrzehnte von Herrn Küçüks Alter ab und denke an die Eckensteher auf der Weseler Straße, im Weltmeistersommer 1990. Vielleicht war er auch dabei. Jetzt fallen ihm die grauen Haare etwa so in den Nacken wie Rudi Völler, der sich eine Zeitlang genauso für Italien begeisterte wie Herr Küçük aus Marxloh.

Herr Küçük bittet in seinen frisch renovierten Laden: Das Interieur zwischen der Glasfasertapete und silbergrau lackierten Mauervorsprüngen erinnert an italienische Modeläden. Das italienische Moment im Leben gilt häufig als Leitmotiv in der Migrantenkultur. Auch die Kleidung, die hier ausliegt, kommt größtenteils aus Italien. So wie der Vater der Kundin, die jetzt den Laden betritt. Eine Bergmannstochter aus Bottrop, die einen Anzug für ihren Bräutigam aussucht. Herr Küçük verkauft nur Herrenmode. «In so einen Laden wie den da gegenüber würde ich gar nicht reingehen», sagt die Frau und nickt in Richtung eines Brautmodengeschäfts auf der anderen Straßenseite. Dort hängen bunt glitzernde Kleider auf einem Rundständer im Eingangsbereich, der vollgestellt ist. «Hobi» heißt Küçüks Laden, dessen Anmutung eher in Richtung Versace geht als zu Woolworth. Auch auf seiner Visitenkarte prangt eine Art Gorgonenhaupt, das daran erinnert. Schließlich liegt der nächste Laden des italienischen Designlabels von Marxloh aus gesehen in Brüssel. Die meisten Filialen hat Versace aber dort, wo viele Menschen Russisch sprechen. In Donezk, Jekaterinenburg und St. Moritz.

«Wir haben die vielen Deutschrussen im Ruhrgebiet als neue Zielgruppe entdeckt», sagt Aykut Yildirim vom Verein türkischer Geschäftsleute in Duisburg und Umgebung. «Bei denen gibt es erstaunliche Parallelen zu unseren Vorlieben, gerade auch bei den Hochzeitsgesellschaften.» Überhaupt hat Yildirim eine gewisse Vorliebe für die Russen, die bis ins Geopolitische reicht. «Wenn die EU uns nicht will, dann arbeiten wir eben mit denen zusammen, das klappt bislang sehr gut.» Yildirim erwähnt die türkischen Bauunternehmen, die seit einigen Jahren in Osteuropa sehr aktiv sind, die russischen Touristen in Antalya und auch die russischen Hotelinvestoren an der türkischen Mittelmeerküste. Warum also soll ihr Zusammenwirken nicht auch hier Früchte tragen? Inzwischen werben die Marxloher Hochzeitsläden also auch auf Russisch. «Aber natürlich müssen wir uns noch mit den Gepflogenheiten dieser Leute vertraut machen», sagt Aykut Yildirim.

Auch die Polen mögen es gerne schick: Eine hübsche Abiturientin aus Essen sucht sich in einem anderen Laden mit ihrer Mutter aus Breslau gerade ein langes Kleid für den Abiball aus. 300 Euro darf sie ausgeben. Die Zeiten von Jeans und T-Shirt sind vorbei. Mit großer Lust schmeißt die Jugend die Freiheiten über Bord, für die ihre allmählich pensionierte Lehrergeneration noch auf die Straße gegangen ist. Gitti Schwantes beispielsweise, die lange am linken Clauberg-Gymnasium in Marxloh unterrichtet hat, findet das schon wieder lustig. Die junge Polin findet es «schick», ihre Mutter «angemessen». Das Einzige, was sie von mir wissen will, ist, ob ihre Tochter besser in dem roten oder in dem grünen Abendkleid aussieht. Meinen Vorschlag der gedeckten Farben halte ich zurück. Ich glaube, Rot ist gerade der Renner. Hatten ja auch alle Frauen auf der Hochzeit von Boris Becker an. Dabei sollte es beim Abiball doch darum gehen, endlich mal ein Bier mit dem Englischlehrer zu trinken. Cheers! Wie gesagt: Die Zeiten haben sich auch im Pott geändert. Einige Tage später bekomme ich eine Einladung zu einer Hochzeit im Bürgersaal von Schwerte an der Ruhr. Darin steht, dass man doch bitte im «leichten Bieranzug» erscheinen möge. Ein Widerspruch? Nein, die Brautleute sind über 40.

Wie viel Geld in Marxloh mit dem Hochzeitsgeschäft umgesetzt wird, wie viele Arbeitsplätze es bietet, weiß niemand genau. Nicht mal Aykut Yildirim vom Verein türkischer Geschäftsleute. Einige seiner rund 60 Mitglieder haben bereits Filialen in anderen Städten. Neben den Geschäften für Brautmode steigt auch die Zahl der normalen

Bekleidungsgeschäfte, aus einem Fotostudio für Hochzeitsbilder wurden zwei. Und beide sind voll ausgelastet. Demnächst will die Universität Duisburg-Essen eine entsprechende Studie erstellen. Die Hochzeitsmeile in Marxloh entspricht eher einer orientalischen Handelstradition als einer gängigen Marktanalyse. «Deutsche Ökonomen verstehen das nicht. Aber türkische Kunden gehen bei Bedarf einfach in eine Straße, wo es Schuhe, Fisch – oder eben Brautmode gibt.» Um zu vergleichen und um über die Preise zu verhandeln. Es wird sogar die Idee eines Outlet-Centers in Marxloh diskutiert. Natürlich würde es dann das größte Outlet-Center in Deutschland werden. Sollte es so kommen, müssten die Türken um ihre kulturelle Deutungshoheit kämpfen – mit den Holländern. Aykut Yildirim jedenfalls würde sich über das Center freuen.

Trotz aller Geschäftigkeit sind die Probleme in Marxloh immer noch offensichtlich. Am Pollmankreuz lungern ein paar halbwüchsige Jungs herum, die miteinander arabisch sprechen. Viele fühlen sich von ihnen belästigt, auch das türkische Ehepaar vom Juwelierladen «Volkan», vor dessen Tür die Jungs ihr Revier abstecken, Herr Yildirim, sogar Halil, dem sie bei einem Dreh schon mal Prügel angedroht haben. Auch eine Gruppe Sinti und Roma macht den Geschäftsleuten zu schaffen. Vor vielen Läden lungern bettelnde Kinder und Frauen herum. In einer deutschen Bäckerei treffen sich die, die von der Energie in Marxloh nichts mitbekommen. Vorne herrscht reger Brotverkauf, hinten, im «Raucherzimmer», hängen zwei Spielautomaten in der verqualmten Bude, zwei Frauen sitzen davor, drei andere auf einer Kunstlederbank. Zwei Tassen Kaffee stehen auf dem Tisch, dazu noch drei Aschenbecher. «Moschee, ich hör immer nur Moschee, hier leben ja nur noch Türken. Ich frag mich, wer sich um die Deutschen kümmert. Für uns interessiert sich doch keiner mehr.» Da sind sie, die erwartbaren Sätze aus der deutschen Unterschicht. Grund genug, um die Veröffentlichung des Integrationsberichts unmittelbar nach wichtigen Wahlen zu legen. Ich bestelle die dritte Tasse für den Tisch und setze mich dazu. Jetzt wird hier vom Kunstleder gezogen. Die Türken sind doch alle Verbrecher, ihre Frauen haben nichts zu sagen, und ihre Kinder sind kriminell. Die alte Leier. Arbeit? «Gibt es hier für uns nicht.» Dann kommen zwei Frauen in schwarzen Gewändern, mit Schleier über den Köpfen in den Raucherraum. Das Gespräch verstummt und lebt nicht wieder auf.

Aykut Yildirim nennt die deutschen Verlierertypen «unsere Marxloher Hartz-IV-Dynastien». Neben den Bettlern und aufmüpfigen Jungs prägen sie das Straßenbild im Kiez. Heute gibt es viele deutsche Eckensteher. Abgerissene Figuren, die sich an Bierflaschen festhalten. Die ausländischen Problemfälle sitzen im «Las Vegas» oder «Casino Marxloh». Das Glücksspiel ist die zweite Boombranche auf der Weseler Straße. Hier verspielen einige der orientalischen Patriarchen das Kapital, das die Familie ihnen anvertraut hat. Natürlich verbietet der Islam das Glücksspiel. Auch deshalb sind die Schaufenster der Spielhallen blickdicht. Jetzt jault draußen eine Sirene. Ein Krankenwagen vom Roten Kreuz steht neben den Schienen. Zwei Rettungsassistenten schieben einen Mann auf einer Rolltrage über das Pflaster, der vor einer Trinkhalle zusammengebrochen ist. Nachmittags um halb vier. Eine Straße weiter steht ein Wohnhaus leer, nachdem es abgebrannt ist, weil ein paar verlotterte Säufer mit offenem Feuer gespielt haben. Die Bausubstanz in Marxloh ist zumeist schlecht. Als Wohngegend gefällt Aykut Yildirim Marxloh nicht. Er will in einen anderen Stadtteil ziehen. «Aber versuchen Sie mal, mit dem Namen Yildirim eine Wohnung zu finden, das ist fast unmöglich.» Deshalb hat er einen deutschen Freund gebeten, ihm bei der Wohnungssuche zu helfen. Zumindest bei der Kontaktaufnahme. Marxloh braucht noch Zeit für den Wandel. Abseits der Weseler Straße, auf der Kaiser-Wilhelm in Richtung Ruhrort, sind einige Geschäfte mit Spanplatten zugenagelt. Das hoffnungsvolle Geschäftsviertel beginnt mit «XXL-Brautmoden».

Halil möchte, dass alle Schaufensterpuppen in den Marxloher Hochzeitsläden eine Stofftasche am Handgelenk tragen mit dem Slogan «Made in Marxloh», er sitzt über seiner Suppe aus pürierten Linsen im Restaurant «Saraykapi», löffelt und nippt zwischendurch am süßen Tee. Draußen regnet es immer noch. Aykut Yildirim findet die Idee nicht schlecht. Aber er ist ein Traditionalist. Seine Mitglieder werben lieber im türkischen Anzeigenblatt «Haber», das hier in den Geschäften liegt. «Außerdem sind deine Taschen viel zu teuer, du musst sie billiger machen, Halil!» – «Billiger? Sie sind doch aus biologisch einwandfreiem Material gefertigt, außerdem kommt das Zeug hier aus der Region.» – «Mag sein, aber solche Sachen mit Bio interessieren doch nur diejenigen, die genug Geld haben. In Marxloh ist das doch kein Thema.» Wie zum Beweis wurde in der Getränkekarte im «Saraykapi» die Spalte mit den fünf verschiedenen Sorten Bionade mit Tipp-Ex durchgestrichen. Hier trinkt man Cola aus pfandfreien Dosen. Der Laden ist nach dem Freitagsgebet gut besucht. Vor allem im oberen Geschoss, das für Familien reserviert ist, die sich gerade mit Lammkotelettes und Adana-Kebab vollstopfen. Das «Saraykapi» ist ein Familienrestaurant nach amerikanischem Vorbild. Die Kellner stecken in einheitlicher Kleidung, die Köche bereiten in offener Küche die Speisen zu und tragen ein weißes Schiffchen auf dem Kopf. Bezahlt wird vor dem Verlassen des Lokals an der Kasse der Rezeption. Der Laden ist noch nicht lange auf der Weseler Straße, wo es früher nur primitive Dönerbuden gegeben hat. Straßenmahlzeiten für Eckensteher. Außerdem einzelne türkische Cafés, wo sich die Männer zum Kartenspiel trafen.

In einem dieser Läden werden heute die begehrten poppigen T-Shirts von Ed Hardy und andere Mode für junge Leute verkauft. Einfach die alten Stühle raus – und fertig ist der Modeladen. An den Wänden hängen noch die weißen Kunststoffpaneele, es riecht eher nach Zigarettenqualm als nach Teenspirit. Hier hängen die typischen Klamotten von der Stange für junge Türken. Aber die Chefin hat auch viele deutsche Kunden. Einer probiert gerade ein T-Shirt in der provisorischen Umkleidekabine an. «Früher haben die türkischen Jugendlichen versucht, die deutschen zu kopieren, heute ist es andersherum», sagt die Frau, die selbst eine ganz andere Vorstellung von Kleidung hat. Ihr Kleid reicht bis zu den Knöcheln, ein Kopftuch umschließt ihr rundes Gesicht. Unter dem Tuch trägt sie zusätzlich eine Haube, die nicht ein einziges Haar erkennen lässt.

Das «Verschließen», wie sie diese Haltung der Frauen hier nennen, greift immer weiter um sich. Es ist seit einigen Jahren unter den Türken im Ruhrgebiet Mode. Ganz besonders in Duisburg, wo die Moslems stärker unter sich sind als in jeder anderen Stadt im Pott. Diese Entwicklung entspricht dem Zeitgeist in der Türkei. Dort geht es traditioneller zu, seitdem der konservative Regierungschef Recep Tayyip Erdoğan der starke Mann ist. Er ist vor seiner ersten Amtszeit noch als agitierender Islamist durch die Türkei gezogen und sah in den Gläubigen die Soldaten des Islam. Für seine Haltung saß er sogar kurz im Gefängnis. Inzwischen lässt er sich von Gerhard Schröder zum Geburtstag einladen und bastelt an entscheidender Stelle mit an der türkisch-russischen Freundschaft. Immerhin untersteht seiner mittelbaren Kontrolle auch die einflussreiche Türkisch-Islamische Union der Anstalt für Religion (DITIB) in Deutschland. Sie wird vom staatlichen Präsidium für religiöse Angelegenheiten in der Türkei kontrolliert. Die DITIB gilt als die größte Migrantenorganisation in Deutschland. Auch in Marxloh bestimmt sie die Abläufe in der Moschee. Der Imam kommt aus der Türkei. Seine Aufgabe hier ist eine besondere Auszeichnung. Es soll tausende Bewerber für die Stelle gegeben haben. Die Gegner der Moschee und einer zunehmenden Islamisierung im Pott fürchten sich auch vor radikalen Einflüssen und einer Agitation, wie sie Recep Tayyip Erdoğan einst selbst betrieben hat. Bei einem Deutschlandbesuch bezeichnete er die Assimilation der Türken hier als «Verbrechen gegen die Mensch-lichkeit».

Islam und Globalisierung schließen sich in diesem Modeladen aber nicht aus. Neben der Kasse liegt ein Stapel weißer Flugblätter von der «Citibank» in einem Plexiglasständer. Ein lachendes Paar und zwei mit einem Ball spielende Kinder werben in türkischer Sprache für die emotionalen Bankdienstleistungen. Auf der Rückseite der Stempel des Modegeschäfts – und die darangetackerte Visitenkarte der Kun-denberaterin mit einem türkischen Namen aus dem Betonklotz vom Duisburger Hauptbahnhof, Abteilung «Ethnomarketing». Das ist neuerdings ein wichtiges Wort in Marxloh. Was die türkischen Brautmodenhändler auf Russisch machen, kann die Citibank schon lange.

«Wenn Sie bei mir ein Konto eröffnen, erhalten Sie einen Einkaufs-gutschein für 30 Euro.» Sämtliche Banken haben ihre Flugblätter auf Türkisch in den Läden rund um die Weseler Straße ausgelegt, auch die Deutsche Bank und die Sparkasse. An die Kunden hier kommt die Citibank über ihre – wenn man so will – freien Mitarbeiter wie diese Geschäftsinhaberin. Auch eine Spendendose für die Moschee steht neben ihrer Kasse.

Das Freitagsgebet vor dem Mittagessen mit Halil und Aykut Yildi-rim war wieder sehr gut besucht. Rund 1500 Moslems kamen zu die-sem wichtigsten Gebet in der Woche in die Warbruckstraße. Vor dem Eingang standen zwei Tische, auf denen bei Gelegenheit Tote aufge-bahrt werden. Hier können die Marxloher Abschied nehmen von ih-ren Nachbarn, bevor diese ihre letzte Reise in die Türkei antreten. Für die Familien ist das eine kostspielige Reise, für die sich viele versichert haben: 50 Euro jährlich bei der DITIB, die einen entsprechenden Fonds führt. Im Foyer der Moschee steht ein großer Büchertisch, neben Werken über den Islam stapeln sich hier Tolstoi und Dostojew-ski auf Türkisch. Vor allem viele Kinderbücher wie etwa «Mama, erzähl mir von Allah.» Viele Kinder tummelten sich zum Gebet, meistens Jungen, aber auch Mädchen, die mit ihren Müttern zum Beten hoch auf den abgetrennten Teil der Galerie gingen. Den Eltern war der Stolz anzusehen, mit dem sie ihre Kinder an der Hand in das Gebäude führten.

Während des Gebets saß ich auf einem Stuhl an der Wand im Innern der Moschee. Die Betenden gaben ein beeindruckendes Bild ab mit ihren fast simultanen Bewegungen, und ich hatte Zeit, über einen Genrenamen für diese humorvollen Bücher türkischstämmiger Autoren nachzudenken. Mehr als «Pöp-Literatür» fiel mir beim besten Willen nicht ein. Die Szenerie beschäftigte mich zu sehr. Auf Arabisch trug der Imam seine Suren aus dem Koran vor, die über weiße Lautsprecher an der Wand übertragen wurden. Später wechselte er ins Türkische. Ein starkes kollektives Gefühl lag über dem riesigen gefüllten Gebetssaal, wie es außerhalb der Moschee im Pott nicht vorkommt. Seine außergewöhnliche Wucht war greifbar, füllte den Raum über den Menschen – bis zur Decke. Dort herrschte in den Minuten des Gebets eine starke Gemeinschaft, zu der ich nicht gehörte. In der letzten Reihe vor mir knieten vier Halbwüchsige auf dem weichen Teppich, die sich zankten wie die Besenbinder. Sie zogen sich an den Haaren, boxten sich in die Rippen. So einig, wie es schien, waren sich wohl nicht alle in diesem Raum. Dann kamen zwei deutsche Besucher herein, mit Fahrradhelmen auf dem Kopf und staksten staunend über den roten Teppich. Niemand achtete auf sie.

Auch Zülfiye Kaykin war schon wieder mit einer geführten Besuchergruppe unterwegs, Marinesoldaten aus Litauen in dunkelblauen Uniformen mit goldenen Litzen auf den Ärmeln. Männer und Frauen aus dem neuen Europa, die ins Ruhrgebiet gekommen waren und hier plötzlich den Islam kennenlernten. Die geschäftige Leiterin der Begegnungsstätte steckte in einem braunen Kostüm, das ebenfalls an eine Uniform erinnerte. Sie trippelte vor den Soldaten her. Freitags ist ihr Großkampftag. Sie ärgerte sich über das Duisburger Ordnungsamt, das an diesem Tag wieder fleißig Parkknöllchen auf der Wiese gegenüber der roten Villa verteilte. Es herrschte reges Treiben rund um die Moschee. Die Lage gleich an der Autobahn ist für die Besucher eine ziemlich einfache Sache, denn viele kommen von außerhalb, aus den benachbarten Städten und auch aus Holland.

Das Wohnen in der direkten Umgebung der Moschee ist für Gläubige nun besonders attraktiv. Ein paar Meter die Warbruckstraße runter stehen gelb getünchte uniforme Reihenhäuser mit identischen rostfreien Briefkästen. Ihre gepflasterten Vorgärten sind mit bauchhohen Gitterzäunen umgeben; in jedem wurde ein abschließbares Tor eingesetzt. Nur die jeweiligen Zylinderschlösser unterscheiden sich. Das verhindert zumindest, dass sich jemand nach drei oder vier Glas König-Pilsener abends ins Bett des Nachbarn legt. Die meisten, die hier wohnen, sind im Gemeindevorstand der Merkez-Moschee aktiv. Sie gehören zu den 22,4 Prozent «Personen mit Migrationshintergrund», die laut Integrationsbericht «selbstnutzende Wohneigentümer» sind. Bei der Gesamtbevölkerung liegt dieser Wert fast doppelt so hoch. «Auf einen positiven Trend können die Eigentümerquoten von Migranten der zweiten Generation (24,5 Prozent) hindeuten», sagt der Bericht. Gitti Schwantes befürchtet, dass die Wiese vor ihren Fenstern auch mit solchen Häusern bebaut wird. Sie träumt von einem Fußweg, der quer durch diesen Garten die Moschee mit der Kirche «Peter und Paul» verbindet. Parkbänke sollten dort zum Verweilen einladen, die Kulturen zusammenbringen. «Das wäre unser Traum», sagt sie. Immer wieder führt sie Gespräche mit der Eigentümerin, einer Tochter von Thyssen-Krupp. Dort kursieren ganz neue Grundstückswerte seit dem Bau der Moschee. Und Zülfiye Kaykin denkt schon an ein moslemisches Altersheim. Mit der Brautmeile, der Moschee und dem Friedhof wären die wichtigsten Lebensbereiche abgedeckt. Fehlen noch eine Schule und ein Krankenhaus, auf dem die Fahne des roten Halbmondes weht. Dann wäre Marxloh die erste moslemische Stadt in Deutschland. Ein toller Ort für Kameras aus aller Welt. Eine Hauptstadt der Parallelgesellschaft.

Wäre das dann noch Integration? Gitti Schwantes meint mit all ihrer Marxloher Lebenserfahrung, «dass wir ihnen ein Leben in kultureller Eigenständigkeit und Selbstorganisation ermöglichen müssen». Aykut Yildirim meint mit seiner Biografie als ein aus Istanbul importierter Ehemann, der sich im Pott für türkische Belange einsetzt: «Integration hört sich an, als hätten wir eine Krankheit, die man heilen müsste.» Gudrun Alt meint, «dass wir ein neues Wort dafür finden müssen». Halil denkt, dass es weniger Probleme gibt, «wenn sich alle als Marxloher fühlen». Ich stelle mir vor, dass sie sich zu einem regelmäßigen privaten Salon in der Villa des Obersteigers treffen. So lange, bis ein metropoliges Café im Medienbunker den Johannismarkt belebt. Dort sitzen Hatice Akyün und Asli Sevindim auf Rattanstühlen in der Sonne und schreiben ein Drehbuch für Fatih Akin mit dem Titel «Marxloh». Längst sind sie mit ihren eigenen Familien hierher, nach Marxloh, gezogen. Gudrun Alt beliefert das Café mit alkoholfreien Schwarzwälderkirschtorten – ohne Gelatine. Die herkömmlichen Torten werden unter dem Tisch serviert, außer Sichtweite der Hadschis, derer, die den Pilgerweg nach Mekka bereits angetreten haben. Vielleicht beliefert Alt künftig auch die türkischen Hochzeiten mit ihren Torten. Und Aykut Yildirim nimmt sie als deutsche Quotenfrau in seinen türkischen Gewerbeverein auf.

Zur Premiere des Films gehen alle gemeinsam in die berühmte Essener Lichtburg, das Premierenkino mit großer Tradition. Auch Recep Tayyip Erdoğan kommt aus Ankara, nachdem er sich am Dortmunder Flughafen seiner teuren Uhr wegen noch dem Verdacht des Goldschmuggels ausgesetzt sah und sich der Bundesinnenminister für das unflätige Verhalten seiner Zollbeamten entschuldigen musste. In der türkischen Reisegesellschaft steckt auch der Bürgermeister aus Gaziantep, der als Geschenk den roten Teppich mitbringt, auf dem sich die Hauptdarsteller von Halil für das aktuelle Boulevardmagazin «Leute heute» filmen lassen. Moritz Bleibtreu (Imam der Merkez-Moschee) und Salma Hayek (Leiterin des Besucherzentrums) liegen sich dabei in den Armen. Eingekleidet wurden sie von Herrn Küçük und Frau Alp, die beide im Abspann erwähnt werden (Catering: «Saraykapi»). Der ebenfalls geladene Düsseldorfer Rechtsanwalt Erkan fragt den anwesenden Regisseur: «Mensch, Fatih, konntest du keine Türken kriegen?», der erwidert: «Mensch, Erkan, wusstest du nicht, dass Salmas Großvater zumindest aus dem Libanon stammt?» Gitti Schwantes und Gudrun Alt organisieren eine erfolgreiche Demo gegen 25 Sympathisanten der rechtsextremen NPD, die vor dem Kino gegen den Film protestieren. Der Bundesvorsitzende der Grünen hält eine vor Betroffenheit triefende Rede. Neben ihm hat sich der Duisburger Oberbürgermeister postiert, um morgen sein Bild in der WAZ zu sehen. Schließlich weiß er, dass der Kulturteil im ganzen Ruhrgebiet erscheint. Und allmählich will er sich für die Wahl des Super-OB für die Ruhrstadt positionieren. Dabei spielen die lieben Migrantinnen und Migranten als Wählerinnen und Wähler schließlich eine ganz entscheidende Rolle. Er hat ausgerechnet, dass er die Wahl zum Super-OB gewinnt, sobald sich die Wahlbeteiligung bei den Migranten verdoppelt – also gesamtgesellschaftlich normalisiert.

Parteipolitik gehört zu den Dingen, die Halil ziemlich egal sind. Ihm geht es um Marxloh. Inzwischen hat er den zweiten Tee im Familienrestaurant «Saraykapi» getrunken, und ich habe mein Gedankenspiel beendet. Wir warten den Regen ab. Nach dem Essen versucht er, Aykut Yildirim davon zu überzeugen, dass die 20 000 Euro für einen Festwagen auf der Loveparade im Pott gut angelegtes Geld sind. «Überleg mal, das wird alles live im deutschen Fernsehen übertragen», sagt er, «unsere schönen türkischen Mädchen aus Marxloh könnten da winkend in Brautkleidern von unserer Hochzeitsmeile durch die Wohnzimmer fahren.» Yildirim ist skeptisch, sagt aber nicht Nein. Vom Nachbartisch mischen sich Bahar und Emhar ein – auf Türkisch. Sie sind ein junges Paar aus Gelsenkirchen, das zum Hochzeitsshopping nach Marxloh gekommen ist. Während die kleine schlanke Bahar in ihrem Hirtensalat pickt, verschlingt Emhar seinen Grillteller «Saraykapi Spezial». «Proteine!», sagt er zu mir gewandt und schlürft noch einen Ayran hinterher. Über seinem Oberkörper spannt sich ein eng anliegendes schwarzes Trikot, unter dessen Ärmeln sich zwei gut trainierte Bizepse spannen. «Loveparade im Brautkleid, dat wär doch krass, Alta.» – «Aber ich würde mich nicht auf so einen Wagen stellen», entgegnet Bahar mit gerümpfter Nase. Dann trinken wir alle zusammen noch einen Tee. Ich stecke die Visitenkarten von Halil und Aykut Yildirim ein und steige nach dem Essen in Emhars BMW 325i. Rot. Denn mein nächstes Ziel liegt auch in Gelsenkirchen – am Rhein-Herne-Kanal.

In den Rücksitz gepresst, fliege ich dann durch den Asphaltdschungel des Autobahnknäuels im Pott. Düsseldorf, Dortmund, Duisburg-Zentrum, Alt-Hamborn, Kamp-Lintfort. Das sind die Ortsmarken auf den blauen Schildern, die vorbeirauschen. Eine Unterhaltung ist nicht möglich. Zu laut ist die Musik, scheppernde Discobeats, wie sie in den türkischen Clubs angesagt sind und auf den zahlreichen türkischen Partys im Ruhrgebiet. «Turka» heißt die größte von ihnen («das türkische Event im Herzen Europas») und ist längst zu einer Massenveranstaltung geworden. Die Einheizer dort heißen DJ Şenol, DJ Turka, DJ Onur, DJ Han oder DJ Sezer. Zu ihren Beats zucken die Laserstrahlen bunt durch den Raum, wie in den Freiluftclubs am Ufer des Bosporus. Der Gesang türkischer Frauenstimmen windet sich durch den hämmernden Rhythmus wie ein Seidenschleier im Wind. Emhar findet das «voll geil, Alta», und Bahar tanzt «einfach gerne». Ich finde es laut. Von der A59 sind wir zackig durch das Autobahnkreuz Oberhausen-West auf die A42 gewechselt, den Emscherschnellweg. Mir kann nichts passieren. Natürlich bin ich hinten angeschnallt. Aber da gibt es ja auch noch «Nazar», vom dem ich beschützt werde. Das farbige Glasamulett in Tropfenform baumelt heftig am Rückspiegel. Das blaue Auge darauf glotzt mich fortwährend an. «Nazar» ist der «Blick». Er wirkt als Gegenzauber gegen den unheilvollen, den bösen Blick. Gut beschützt, fliege ich also an Oberhausen, Bottrop und Essen vorbei – Richtung Osten. Als wir die Autobahnausfahrt nach Gelsenkirchen nehmen, macht Erhar die Musik aus. Ich genieße den kurzen Augenblick der Stille. Sagt mal, wie viele Leute kommen denn so zu eurer Hochzeit?, frage ich. «So 1500», sagt Bahar. Und wo schlafen die alle? – «Das ist gar kein Problem, die bringen wir alle in der Familie und bei Freunden unter.» – Ich finde, dass das ganz schön viele Gäste für eine Hochzeit sind. Emhar hat auf meinen Ausdruck des Erstaunens nur gewartet. «Pass auf, neulich hat die Tochter von unseren deutschen Nachbarn geheiratet. Die haben uns vorher gesagt, dass sehr viele Gäste zu ihrer Hochzeit kommen werden. 90 Leute waren da, und sie fanden tatsächlich, dass das viele waren.» Dann schlägt er vor, dass ich doch auch kommen solle. Das sei doch eine tolle Geschichte. «Alta, das schreibst du alles auf, und unsere Kinder können dat späta lesen.» Schöne Idee! Gibt es denn auf eurer Hochzeit auch etwas zu trinken? Du weißt schon, nicht bloß Tee, Ayran und Uludağ. Erhar lacht jetzt sehr laut: «Klar, Alta, danach fragen meine Kollegen mich jetzt schon. Dabei heiraten wir erst in einem halben Jahr.» Bahar sagt leise: «Hmm, mein Vater trinkt nichts, der war beim Hadsch.» – «Deshalb werden wir den Sprit auch nicht auf den Tisch stellen, um die Verwandten nich zu beleidigen. Wir gießen ihn versteckt unterm Tisch ein», erklärt Emhar. « Also, Alta, bissu dabei?»

Am Straßenrand weist ein Schild in Richtung «Landschaftspark». Und plötzlich kommt der Lärm von draußen. Wir sind am Kanal.

# Stahlarbeiter

Musik à la Turka wird dem Publikum am Kanalufer heute nicht geboten, ebenso keine Beats wie auf der Loveparade, es gibt auch keine
türkischen Bräute. Das liegt wohl daran, dass die grundsätzlich keine
Lust auf Heavy Metal haben. Aber Ohrstöpsel sind im Angebot, die
sicher auch gegen das laute Technowummern bei dem größten Stra-
ßenfest des Ruhrgebiets schützen würden. 50 Cent kosten die bunten
Kunststoffdinger, die hier vor dem Schlimmsten bewahren sollen.
Außerdem gibt es an diesem Stand billige Regenjacken für drei Euro.
Die müssen wohl bis zum nächsten Konzert zwischengelagert werden. Denn beim diesjährigen Rock-Hard-Festival bleibt es trocken.
Der Himmel über dem Amphitheater am Rhein-Herne-Kanal in Gelsenkirchen ist wolkenfrei. Die Bedingungen sind ideal, beständig
über 20 Grad, dazu weht ein leichter Wind. Bis auf die Musik ist es
hier ziemlich entspannt. Der stampfende Sound der Thrash-Metall-
Band «Heathen» liegt über dem Landschaftspark.

An dem Geländer der Kanalbrücke drängeln sich die Metaller wie
die Dauerangler auf der Galatabrücke in Istanbul. Auf dem glatten
Spannbeton trifft sich das Heavy-Metal-Publikum mit neugierigen
Gelsenkirchenern und mit jenen, die der Radweg über die Brücke
führt, vorbei an dem lauten Spektakel. Für Autos ist dieser Übergang
gesperrt. Überall sitzen kleine Gruppen junger Leute herum, die Biermixgetränke aus solchen Plastikflaschen trinken, wie sie bei Aldi ver-

kauft werden. Die Sonne scheint, das Wasser glitzert. Das Leben ist schön. Gerade geht ein Typ vorbei, der in den weiten Beintaschen seiner Militaryhose zwei Bierdosen gebunkert hat. Unter der Brücke steuert das blau-weiße Polizeiboot «Essen» über den Kanal. Aus den Boxen vor der Bühne weht ein dunkler Satz herüber: «Are you ready to open the grave?», doch die Frage geht im massenhaften Jubel aus dem Betontrichter des Amphitheaters unter. Es dauert zwei Minuten, bis das Polizeiboot außer Sichtweite ist. Dann steht der langhaarige Marcel aus einer der Gruppen auf und klettert das Geländer hoch.

«Spring doch, du feige Sau», feuert ein Mädchen im kurzen Schottenrock und weißen Kniestrümpfen ihn an, bis es als Anstiftung durchgehen könnte. Ein zweites Mal lässt Marcel sich nicht beleidigen. «Lang lebe das Rock Hard», schreit er im Sprung. Und platsch. Er landet im Wasser neben einem langhaarigen Rückenschwimmer, der sich ein paar rosafarbene Schwimmflügel übergestreift hat – und wie eine käsige Leiche in dem grünlichen Wasser treibt. Als Marcel eintaucht, öffnet der apathische Schwimmer nur ganz kurz die Augen und bewegt die Fußspitzen. Das ist alles. Marcel ruft einem Kumpel, der hier oben am Brückengeländer stehen geblieben ist, zu: «Jetzt komm, komm schon, endlich.» Aber er kommt nicht. «Ich kann nicht, ich habe ein Handy in der Tasche. Ich kann nicht springen.» Solche Typen gibt es überall. Erst treiben sie die Situation an, geilen sich an dem Risiko auf, das sie noch anheizen, lassen andere aber den entscheidenden Schritt tun. Und dann finden sie eine blöde Ausrede, um am Ende selbst nicht mitmachen zu müssen. Irgendwie sind doch in jeder Jugendclique die Rollen fest verteilt. Wahrscheinlich wird der mit dem Handy später Erfolg im Job haben. Die wichtigsten Charaktereigenschaften bringt er dafür mit. Der Junge erinnert mich an einen

---

**Freiheit am Kanal: Im Gelsenkirchener Nordsternpark ist sie besonders groß – Mutige genießen sie aus der Luft.**

einflussreichen Redakteur, der als Schüler in den 80er-Jahren einen schwunghaften Handel mit geklauten CDs hinter den Schulhöfen organisierte. Selbst klaute er wohl nie. Die Toten Hosen und «Black Celebration» von Depeche Mode waren damals der Renner. Auch den Schwarzmarkthandel beim Fußball hatte er gut im Griff.

Weil dem Jungen auf der Brücke nun doch das schlechte Gewissen packt, schmeißt er Marcel ein Bier hinterher. Für einen Augenblick schwimmt die Plastikflasche im Wasser, bis Marcel sie greifen kann. Dann reckt er sie in die Höhe, in den königsblauen Himmel, und stößt einen lauten Schrei aus. Yeahhhh. Als wäre die Tuborgflasche ein Pokal für seinen jugendlichen Mut. Yeahhhh! Er saugt die Flasche aus, mit zusammengekniffenen Augen. So ähnlich sieht seit Jahrzehnten der Sommer im Ruhrgebiet aus. Rumlungern am Kanal, dummes Zeug machen, dazu ein kaltes Bier. Müde sieht eine dürre Mutter aus, die ihr Baby langsam in einem Kinderwagen über die Brücke schiebt. An der rechten Hand hält sie einen kleinen Jungen, der sichtlich fasziniert ist von den Großen. «Mama hatte früher auch mal einen Freund, der sich sehr doll wehgetan hat, als er von so einer Brücke gesprungen ist», erzählt sie etwas abwesend. Es wird nicht klar, ob sie dabei den unbeschwerten Zeiten hinterhertrauert oder an das Schicksal eines Schwerverletzten denkt. Die drei gehen weiter, der Junge nur widerwillig, dabei dreht er sich nach dem nächsten Brückenspringer um.

Marvin balanciert jetzt auf dem Geländer, in seinen Basketballschuhen aus schwarzem Stoff. In Chucks, in denen seit rund vierzig Jahren die Füße urbaner Teenager stecken. Marvin tritt vor, auf einen Brückenpfeiler, und wirbelt mit beiden Armen, die seine lautstarke Aufforderung unterstützen. «Ich will meinen Namen hören», ruft er. Schon schallt es «Marvin, Marvin, Marvin» aus den Sitzgruppen. Dann springt er. Auch unter den Augen einiger älterer Herrschaften, die langsam auf ihren Alu-Fahrrädern über die Brücke radeln. Einem der Radfahrer ist es noch rechtzeitig gelungen, ein Foto von dem

Springer zu machen. Marvin und Marcel plantschen nun im Wasser, und wieder ruft der Feigling von der Brücke: «Ich kann nicht, weil ich doch ein Handy in der Tasche habe.»

Nun kommt Speesy auch rüber, vom Festival auf die Brücke, weil er sich ein bisschen abkühlen will. Inzwischen ist es schon ziemlich heiß in dem Betontrichter. Dabei muss er dort heute gar nicht arbeiten, kann sich gehen lassen. Speesy ist einfach nur zum Spaß gekommen, um Bekannte zu treffen. Auf ein paar Bierchen. Er mag das Festival, und er mag den Kanal. Mit dem ist er aufgewachsen. Nun wohnt er zehn Minuten Fußweg von hier. Es ist die Gegend rund um den Nordsternpark am Rhein-Herne Kanal. Das Areal um die stillgelegte Zeche Nordstern wurde in den 90er-Jahren zu einem Landschaftspark umgestaltet, anlässlich einer Bundesgartenschau in Gelsenkirchen. Auch die Kanalbühne wurde in dieser Zeit gegossen. Sehr viel passierte seither nicht in dem Theater, gelegentlich mal ein Konzert. Aber die meiste Zeit stand es leer.

«Irgendwann haben wir mit Götz zusammengesessen – und er hat mich gefragt, ob mir nicht eine geeignete Location für ein Open-Air-Festival einfallen würde», erinnert Speesy sich an ein Treffen mit dem Chefredakteur des in Dortmund erscheinenden Rock-Hard-Magazins, Götz Kühnemund, vor ein paar Jahren. «Dann sind wir einfach mal hier über den Zaun gestiegen – und ich habe ihm das Amphitheater gezeigt.» Natürlich hat Speesy auch schon auf dieser Bühne gestanden, mit Deutschlands bekanntester Thrashmetal-Band «Kreator». Die hat seit Mitte der 80er-Jahre die deutsche Variante des Thrash entscheidend geprägt. Viele in der Szene sagen, Mille Petrozza, der Sänger von «Kreator», sei der Erfinder des «Thrash» in Deutschland. Thrash ist eine ziemlich brutale Spielart des Heavy Metal, in dem Punkeinflüsse den harten Gitarrensound in stampfende Rhythmen gießen. Begleitet wird das Ganze von einem kraftvollen Gesang, der an aggressives Schreien erinnert. Thrash ist hart, und «Kreator» ist

Kult, bei Metalfans auf der ganzen Welt. Bis heute hat die Band ein paar hunderttausend Platten ihrer insgesamt zwölf Alben verkauft und rund 2000 Konzerte gegeben. Von Australien über Indien, Russland, Marokko, Brasilien, Kanada – und immer wieder in den USA. Als sie anfingen, machten sie die Musik der *angry young men* im Ruhrpott. Wütende junge Männer. Gemeinsam mit anderen Bands aus der Region – wie «Sodom» oder «Running Wild», die damit ebenfalls erfolgreich waren. Rebellische Bergarbeitersöhne, die selbst keinen Bock darauf hatten, das Leben ihrer Eltern nachzuleben. Die ausbrechen wollten aus der Tretmühle zwischen vorgegebenem Arbeitsprozess und privater Einfältigkeit. So wie Richie, der halbstarke Anführer der Essener Jugendbande «Sharks» in dem Film «Verlierer».

> **«Hinta jedem Fensta die gleiche Scheiße. Drei Zimmer, Einbauküche, Farbfernseher. Abends kommse nach Hause, sitzt die Alte, und hat so ne Fleppe. Dann: Kartoffel aufm Tisch, die Blagen plärren. Jeden Tag.»**

Beim Blick auf die verregnete triste Stadt platzt ihm der Kragen. Es kommt die ganze Wut raus gegen die Vorgaben des *Nine-to-five*-Alltags.

> **«Millionen Scheißerchen krabbeln da unten rum. Millionen vollgefressene Säcke. Aber eines Tages sitzen wir auf dem Dach, und dann scheißen wir auf die runter.»**

Und wieder ist von dem in Bochum aufgewachsenen Ralf Richter die Rede, der den Richie gespielt hat. Richter kommt übrigens auch aus der Riege von Schauspielern, für die «Das Boot» der Durchbruch war. Wie Otto Sander – oder sein privater Kumpel Claude-Oliver Rudolph, der seit seiner Abiturzeit in Bochum auch mit Herbert Grönemeyer befreundet ist. Im Ruhrgebiet tauchen diese Namen auf. Richter füllt stets die Rollen der verschlagenen Typen aus – die mit dem koddrigen Hals, was so viel bedeutet wie lumpige Aussprache. Authentischer als er kriegt diesen Job keiner hin. Inzwischen ist Richter ergraut. Einen Nachfolger hat er nicht. Wahrscheinlich hat das damit zu tun, dass die Klischees aus dem Pott nicht mehr verfangen. Selbst im Kino nicht mehr. Die Jungs von «Kreator» jedenfalls waren 1986 als Statisten in dem Film «Verlierer» mit dabei. Über ihre laute Musik ist ihnen einige Jahre später das gelungen, wovon Richie nur geträumt hat. Der Ausbruch aus der kleinbürgerlichen Ruhrgebietsexistenz.

Auch für viele Leute, die heute zum Hard-Rock-Festival gekommen sind, ist diese Musik der Ausbruch aus dem eigenen Alltag. Vom nahen Amphitheater dröhnt lauter, metallischer Sound hierher zur Brücke. Es ist einer dieser besonderen Orte, die es nur im Ruhrgebiet gibt. Wo jetzt die Bühne steht, wurde früher die Kohle auf Schiffe verladen. Die Orte mit Industriegeschichte sind eine reale Kulisse. In der wartet Speesy von «Kreator» gerade darauf, dass der Bulle endlich verschwindet. Seit ein paar Minuten nun spaziert ein Polizist im kurzärmligen Hemd über die Brücke. «Wenn er dich beim Sprung erwischt, dann ziehen sie dich am Ufer aus dem Wasser, und du kriegst eine Anzeige, wegen Gefährdung des Schiffsverkehrs oder so was», sagt Speesy. Ein Bademeister, den es hier nicht gibt, würde ihn schon deshalb zur Ordnung rufen, weil er keine Badekappe trägt. Bis zu den Ellenbogen reichen seine Haare. Die von dem Schwimmflügelträger liegen immer noch ausgebreitet wie ein Teppich im Wasser.

Der Pott ist der wichtigste Ort für Heavy Metal in ganz Europa. Mehr geht nur in Amerika. In der windigen Bay Area rund um San Francisco liegt auch das wichtigste Biotop für den Thrash. Von dort kommen die bekannten Bands «Metallica» und «Exodus». Auch «Heathen», die jetzt auf der halbkreisförmigen Bühne stehen, unmittelbar am kantigen Ufer des Kanals. Mit ein bisschen wohlwollender Phantasie sieht das hier aus wie die Seebühne in der Festspielstadt Bregenz am Bodensee.

Der Vergleich missfällt ganz sicher den Festspielenthusiasten ebenso wie den Metallern. Dem Laien hilft er. Trotz der Unterschiede, etwa bei der Garderobe, bei der es höchstens farbliche Parallelen gibt.

«I wear black, until I can find something darker» heißt einer der Leitsprüche der Szene, von der sich ein Teil an diesem Wochenende hier versammelt hat. Der harte Kern zappelt im Moshpit, auf den es von der obersten Stufe des Theaters einen schönen Blick gibt. Auf das sich tumultartig bewegende Menschenknäuel, in dem sich die meist langhaarigen Männer gegenseitig zum Spiel der Band durch die Gegend schubsen. Ein paar Frauen sind auch darunter. Alle in Schwarz. Die meisten tragen irgendwelche Bandshirts. Kaum einer da unten ist nicht auf Anhieb als Metaller zu erkennen. Nur die Bierverkäufer tragen rote Hemden. So sind sie schneller zu finden. Sie zapfen ihre Ware aus einem Schlauch, der mit einem Rucksackbehälter verbunden ist, den sie huckepack tragen. Der Blick geht weiter zur Bühne, über die ein Zeltdach gespannt ist. Dahinter bilden die zwei knallroten Stahlbögen über der Brücke mit ihren unterschiedlichen Radien einen gewöhnungsbedürftigen Akzent in der Landschaft. Ich einige mich auf «interessant» und «wiedererkennbar».

Neben mir schläft ein Typ mit ziemlich staubigem Haar. Den Lärm scheint er nicht zu hören. «Burning the witches» steht auf seinem Hemd. Hexenverbrennung macht wohl müde. Ich mache mich nun auf die Suche nach einer aufblasbaren, gelben Gummigitarre, wie ich sie hier schon mehrfach gesehen habe. Damit laufen ein paar Metalfans herum, ganz lässig in einer selbstverständlichen Art. Wie James Hetfield von «Metallica» auf dem Weg zum Tourbus, der vor dem Madison Square Garden parkt. Sieht ziemlich cool aus. Manche imitieren gar das Gitarrenspiel auf den Dingern, die mich an kleine Luftmatratzen erinnern. Mir kommt der alberne Gedanke, dass sich aus dem bekannten Luftgitarrenspiel – für die breite Öffentlichkeit unbemerkt – eine neue Disziplin entwickelt hat: das Luftmatratzenspiel.

Im finnischen Oulu wird ja bereits regelmäßig eine Weltmeister-schaft für Luftgitarristen ausgetragen. Als ich bei Youtube später mal wieder den Begriff «Luftgitarre» eingebe, stoße ich auf zwei bekiffte Jungerwachsene, die tatsächlich James Hetfield nachahmen, während sie sich von seiner Metallica-Konserve «Nothing else matters» im Kinderzimmer vorsingen lassen. Beim weiteren Stöbern finde ich dann ein Interview mit Mille Petrozza, der erzählt, dass er eine Zeit lang auch ziemlich viel gekifft hat. Früher.

So benebelt wie auf einem Reggae-Festival, wo das Kiffen einfach dazugehört, geht es beim Hard Rock aber längst nicht zu. Nach einer Weile auf den Betonstufen kommt dennoch eine süßlich duftende Wolke vorbei, von einer einsamen molligen Frau, die zwei Stufen un-ter mir aus dem Heavy-Metal-Konzert eine besinnliche Angelegen-heit macht. Die Luft ist ziemlich trocken. Am Bierstand treffe ich ei-nen Metaller aus Oberhausen, der hier «alles so schön entspannt findet» – und deshalb «jedes Jahr wiederkommt». Hätte er Kinder, würde er sie mitbringen. Auch die Bandidos stören ihn nicht. Mo-torradrocker einer Gruppe, die immer wieder im Zusammenhang mit der organisierten Kriminalität genannt wird. Immer wieder beschäf-tigen einzelne Mitglieder die Gerichte in der Gegend, mit Angelegen-heiten von Frauen- und Drogenhandel bis zu den schlimmsten Ge-waltdelikten. Von denen sind einige aus dem Chapter Essen, dem dortigen Ortsverband, auf ihren knatternden Harleys hier aufge-taucht, um für eine eigene Party zu werben. Wohl auch, um zu zeigen, dass der Pott ihr Territorium ist. Ein Viertel aller ihrer deutschen Chapter sind zwischen Emscher und Ruhr zuhause. Drei der stäm-migen Kerle stehen am Bierstand, die rot-gelben Center Patches der Bandidos hinten auf ihren Kutten. Sie mögen diese Musik. Ebenso wie die vier Jungs aus der Gelsenszene, die am Biertisch neben mir sitzen. Mitglieder einer seit Jahren als gewalttätig verrufenen Fangemein-schaft von Schalke 04. Metal, Motorrad und Fußball – das geht hier oft zusammen. Auch wenn viele von denen inzwischen genauso graue Haare haben wie Ralf Richter.

Auch Mille wollte eigentlich hier sein, weil es im Nordsternpark immer so schön familiär zugeht. «Von der Atmosphäre her finde ich es schöner als Wacken», erzählt er mir später. Dabei ist das Festival im Holsteinischen inzwischen so etwas wie ein Mekka für Metal-Fans aus der ganzen Welt. Jeder muss einmal dort gewesen sein, auf dem größten Festival in Deutschland. Drei Konzerte in der vergangenen Woche und eine siebenwöchige USA-Tour stecken Mille noch in den Knochen. Deshalb ist er lieber zuhause geblieben. Zwar hat Speesy es auch zum Rock Hard geschafft, aber Mille ist gleichzeitig Manager der Band. Er muss die komplette Tour nacharbeiten, mit hunderten von Abrechnungsbelegen aus den Hotels zwischen den Apalachen im Osten und dem Highway 1 am Pazifik. Irgendwann ist auch ein Thrash-Metal-Sänger müde. Und ganz leise.

Früher hatte «Kreator» noch einen Manager. Als sie anfingen, allmählich Erfolg hatten und auf Tour mussten, hatte keiner in der Band einen Führerschein. Sie waren nicht mal 18 Jahre alt, hatten nicht mal alle einen Schulabschluss. Und dann der ganze Papierkram. Auftrittsangebote gab es reichlich. Auch den ersten Vertrag mit einer Plattenfirma. So machten die Jungs von «Kreator» einfach das, was ihnen am meisten Spaß machte, was sie am besten konnten: Musik. Um den Rest kümmerte sich der Manager. Früher. «Das mache ich seit über zehn Jahren selbst», sagt Mille heute. Am Tag nach dem Hard-Rock-Festival sitzt er mit angezogenen Knien auf seinem Küchenstuhl in Rüttenscheid, einem Stadtteil im gut gestellten Essener Süden. Dort hat sich das bürgerliche mit dem alternativen Publikum auf eine Kultur aus Cafés und kleinteiligem Einzelhandel geeinigt. Hier flaniert man samstags auf der Rü (Rüttenscheider Straße), kauft ein paar gute Lebensmittel ein, eine italienische Salami, ein bisschen französischen Rohmilchkäse – solche Sachen halt. Und dann schlürft man anschließend einen Prosecco im «Lenz» oder einen Yogitee. Wahrscheinlich wurde auf dieser Straße erstmalig die regionale Tradition gebrochen, Cappuccino mit Schlagsahne zu trinken. Rüttenscheid ist das Ziel auf der Suche nach der *ars vivendi* an der Ruhr.

Statt im «Lenz» sitzen wir in Milles Wohnküche, wo es mir – offen gestanden – besser gefällt. In der Ecke steht eine kleine Kompaktmusikanlage, mitten im Raum ein Wäscheständer, auf dem schwarze T-Shirts trocknen, in der Ecke eine Kiste Gerolsteiner-Sprudel, den er aus großen Ikea-Gläsern serviert. So lebt ein bekannter Rockmusiker im Pott. Der wütende junge Mann von einst wirkt ein bisschen linkisch, wie ein Teenager. Und in dem Gespräch wird klar, dass die Wut aus dieser Zeit immer noch in ihm steckt. Das ist kein Widerspruch, auch wenn dieser Mann hier keinen Funken Aggressivität ausstrahlt. Seine Wut ist die Energie, die viele Künstler antreibt. In Milles Fall ist es die Wut auf diejenigen, die sich am meisten an der Globalisierung nähren: auf die Bosse, die Shareholder und auf die Politiker. Außerdem auf Neonazis, die mochte Mille noch nie. Seine Feindbilder sind schnell aufgezählt. Manchmal würde er gerne das ganze System abschaffen. Weil er aber ein sanftmütiger Kerl ist, schreibt er lieber einen Song darüber, anstatt mit Gewalt Straßenbarrikaden auf der Rü zu errichten.

**Violent revolution**

**I do not need a cause for my rage**

**I just despise the nature of the human race**

**When all I see is repulsion and hate**

**Violence becomes my only friend, my saving grace**

**When love is lost beyond your control**

**A pale shadow of lust cannot enlight your soul**

**So keep your ice cold bitter illusions**

**I don't need your empty world my only solution**

**is a violent revolution**

Aber «Kreator» ist sich treu geblieben. «Ich war nie jemand, der eine Band gegründet hat, um berühmt zu werden oder um die Welt zu reisen. Hätten wir keinen Erfolg damit gehabt, hätte ich eben jahrelang in einer Kellerband gespielt.» Das klingt glaubhaft, erstaunlich glaubhaft sogar. Mille steht im großen Gegensatz zu den meisten Bühnenmenschen, die sich in Legenden kleiden, um gut auszusehen. Vielleicht liegt das am Ruhrgebiet? «Ich bin doch bloß zufällig hier aufgewachsen.» Patriotismus, auch in seiner lokalen Form, liegt ihm fern. «Ich mag auch diese verklärte Ruhrpott-Romantik nicht.» Wozu auch verklären? «Kreator» aus Essen-Altenessen ist real. Geschaffen von den Repräsentanten einer speziellen Jugendszene aus einem Stadtteil im Niedergang. «Ich identifiziere mich mit dem Ruhrgebiet einzig aus dem Grund, weil ich hier aufgewachsen bin, hier viele Freunde habe und mit der Gegend viele Erinnerungen verbinde. Ich lebe sehr gerne hier.»

Der ehemalige Manager von «Kreator» lebt sehr gerne auf Mykonos. Deshalb müssen wir unsere Unterhaltung über «Kreator» und den Heavy Metal im Ruhrgebiet am Telefon führen. Bogdan Kopec aus Witten an der Ruhr arbeitete bei der Plattenfirma von «Kreator» («Noise»), als die Band dort noch unter Vertrag stand. Früh erkannte Kopec das Potenzial der Thrasher-Szene. Deshalb habe er bei ein paar Bands angefragt, ob sie einen Manager brauchten. Zuerst kümmerte er sich um «Kreator», dann kamen «Sodom» aus Gelsenkirchen, «Rage» aus Herne und einige andere hinzu. Aus dem Management dieser Bands entwickelte sich eine Unterhaltungsagentur, die sich auf Rock und Heavy Metal spezialisierte. «Drakkar Entertainment» residiert in einer Wittener Villa, mittlerweile als Teil der Bertelsmann-Gruppe. Dem größten europäischen Medienunternehmen. Unter dem Label «Drakkar records» wurden erfolgreiche Bands wie die Guano Apes veröffentlicht, Nightwish und H.I.M. Auch die finnische Hardrock-Formation «Lordi» steht hier unter Vertrag, als sie 2006 mit dem Lied «Hard Rock Hallelujah!» in Athen den «Grand Prix d'Eurovision de la Chanson» gewinnt. Inzwischen führt Kopecs Sohn die Geschäfte. Er selbst verbringt viel Zeit in seinem Haus auf Mykonos. Er hat eben vor Jahren den Trend des Thrash-Metal aus dem Pott richtig eingeschätzt.

«Ich habe damals gesagt, diese Szene ist gut, die ist jung, die ist wild und was auch immer. Das hatte ich verstanden und war dabei.» Wachstumsmarkt Thrash-Metal, der im Pott seine Heimat fand. Kopec war damals fast doppelt so alt wie die Teenager um Mille Petrozza. «Ich habe diese Musik nicht sofort verstanden. Wer hatte in der Zeit schon Ahnung von Thrash Metal? Das hatten nur die Musiker und ihre Fans selber, die diese Musik für sich auserkoren hatten.» Für Kopec ist Thrash immer noch die wohl unkonventionellste Musik, die es gibt. «Sehr, sehr hart, und teilweise erbarmungslos.» Aber sie passt zu der Herkunft von «Kreator» aus Essen-Altenessen, zwischen Rhein-Herne-Kanal und Zeche Zollverein.

Der Weg zur «Zeche Carl» führt über die Altenessener Straße. Hier tragen einige Häuser noch den Dreck aus der Zeit, als das Ruhrgebiet anderenorts den Titel «Dunkeldeutschland» trug. Dunkel ist es hier nicht mehr – und den Feinstaub sieht man nicht. Die Geschäfte auf dem Weg bieten billiges Plastikspielzeug aus Vietnam an, Kichererbsen aus Beirut und Uludağ Gazoz aus Bursa, dieses süße Zeug, das nach Kaugummi schmeckt. Neben der Bezirkssportanlage werden in der «Schlemmerkiste» Pommes frittiert.

Irgendwann steht rechts ein Schild «Zeche Carl», der Stadtplan weist sie als «Kultur- u. Jgd.-zentr.» aus. Hinter dem Schild taucht ein Gelände auf, das an die alte Ziegelei in der Papageiensiedlung erinnert. Den verbotenen Abenteuerspielplatz der «Vorstadtkrokodile», mit dessen Lektüre eine ganze Generation von Ruhrgebietsschülern beauftragt wurde. Mit dem Roman setzte der Schriftsteller Max von der Grün den Malocherkindern im Pott ein literarisches Denkmal. Inzwischen wurde das Buch zum zweiten Mal verfilmt. Die «Zeche Carl» ist ein Fabrikgebäude aus roten Ziegeln, neben dem ein Schornstein steht, der schon lange nicht mehr qualmt. Dahinter eine Haldenlandschaft, in der ein frei laufender Bobtail-Mischling durch ein kniehohes Unkrautfeld streift. Hinter einer Mauer steht eine Frau mit drei Männern, von denen einer eine «Plus»-Tüte hält, aus der die Frau unter einem unverständlichen Lallen Bierflaschen verteilt. Auf dem Boden zu ihren Füßen wächst mit jeder geöffneten Flasche ganz langsam ein Mosaik aus Kronkorken. Stehen sie hinter der Mauer, weil sie sich schämen?

Überall an Mauern und Stahltüren sind irgendwelche Tags zu sehen, in Schwarz, Rot, Grün. Kurze Schriftzüge aus Spraydosen und breiten wasserfesten Filzstiften, die von Jugendkultur zeugen. Sind das jetzt Schmierereien? Sachbeschädigungen gar? Auf jeden Fall ist Jugendkultur erst mal wertfrei, und diese Spuren sind Ausdruck dessen, was den Jugendlichen hier in Altenessen so durch den Kopf geht. Möglicherweise könnten sie es auch durch Musik ausdrücken. So wie Paco und seine Kumpels, die früher hier geprobt haben, gemeinsam mit den Jungs von «Kreator» und einigen anderen Bands, auch «Sodom» ist hier groß geworden. Deren Sänger Tom Angelripper hat selbst noch eine Lehre auf der Zeche gemacht. Wenn die Band dann auf Tour ging, musste er Urlaub nehmen. Oder Rafael Cortés, der wie Paco unter spanischen Gastarbeitern aufwuchs. Als Zehnjähriger hat er in der «Zeche Carl» sein erstes Livekonzert gegeben. Heute tourt er als erfolgreicher Flamencogitarrist durch ganz Europa.

Paco sitzt auf einer kleinen Mauer und fängt an zu erzählen, von der Zeit, als Cortés sich mit Mille über Gitarrengriffe stritt. «Da war Rafael noch ein Kind, und ‹Kreator› tourte schon durch Europa.» Paco trägt Jeans und eine olivgrüne Jacke. Seine schulterlangen Haare sind zu einem Pferdeschwanz gebunden. Ein Jahr vor seiner Geburt kam sein Vater aus einem Dorf in der Estremadura, um auf «Zeche Hugo» einzufahren. Die Mutter kam ein paar Wochen später nach. Wie alle, die sich auf der «Zeche Carl» trafen, um Musik zu machen, dienstags in die Jugenddisco zu gehen oder Kellergeister zu trinken, kam Paco aus der Gegend. Die meisten gingen zur Mallinckrodt-Hauptschule. Die Straße hoch kommt schon der Rhein-Herne-Kanal. Essen-Nord. Das ist nicht nur geographisch das Gegenteil von Essen-Süd. Die Stadt funktioniert ein bisschen so wie Italien, nur andersherum. In Essen ist der Norden arm.

Inzwischen leben seine Eltern in Katernberg. Das ist in der Richtung, aus der der Bobtail-Mischling kam, entlang der stillgelegten Gleise der alten Güterbahn. Die Straße, in der seine Eltern leben, ist nun auch berühmt. Journalisten haben aus dem «Meerkamp» die ärmste Straße Deutschlands gemacht. Wolfgang Clement wurde auch dort herumgeführt, als er noch mit dafür sorgen konnte, dass irgendwelche Projektmittel in diesen Teil der Stadt flossen, der noch immer ganz besonders unter dem Strukturwandel leidet. Denn Wandel findet dort, im Meerkamp, im Sinne von Hochtechnologie oder Kreativwirtschaft nicht statt. Als Paco sich mit Mille und den anderen noch in der «Zeche Carl» traf, wurde die größte Zeche Europas gerade dichtgemacht. Die «Zeche Zollverein». Auf ihrer Brache steht heute das wichtigste Stück Industriekultur im Pott. Aber von der Kultur gelangt kaum etwas in den Meerkamp. Dort landet bloß der übliche RTL-II-Schrott, mit dem die Unterschicht sich heute gerne zuschütten lässt. «Da machen sich die Dummen beim Fernsehgucken über noch Dümmere lustig», sagt Paco lachend. In Katernberg leben heute die dicken Kinder, die an Bewegungsmangel leiden und vom Fernsehgerät erzogen werden.

Wir kommen weg von der Musik, und Paco wird von einem jähen Kreischen unterbrochen. In der «Zeche Carl» läuft eine Kreissäge: Das Café «Malakow» im Erdgeschoss wird gerade renoviert. Von außen führt eine Metalltreppe in den Keller der «Zeche Carl». Dort gibt es sechs Stahltüren, auf einer hängt ein Plakat von «Kreator». Schräg gegenüber hat Paco geprobt. Heute stapeln sich hier die Leergutkästen aus dem «Malakow». In diesem Keller begann die Karriere von «Kreator»; hier liegen die Wurzeln des «Thrash», gründet sich die Tradition des Pott als Hochburg des Heavy Metal in Deutschland. Noch immer finden nirgendwo in Europa mehr Heavy-Metal-Konzerte statt als im Ruhrgebiet. Es gab sogar Fans, die auf diesem Gelände gezeltet haben, um das Gefühl nachzuempfinden, aus dem diese Musik entstand. Für Bogdan Kopec steht fest, dass der Erfolg des Heavy Metal aus dieser Gegend vor allem mit dem Milieu zu tun hat, aus dem die Musik erwachsen ist. «‹Kreator› waren definitiv authentischer als Bands, die beispielsweise aus der Schweiz oder sonst woher kamen und einen Alfa Romeo fuhren.»

In den Süden ist Mille einfach nur gezogen, weil man dort gut leben kann. Einen Alfa wollte er bislang nicht. Dafür findet er das Rauchen inzwischen doof. «So etwas kann ich nicht unterstützen», sagt er zu seinem alten Kumpel Paco, der Geld für den Zigarettenautomaten an der Ecke gewechselt haben will. Gerade erst hat Mille sein Fitnessprogramm durchgezogen, und eine Maschine mit Buntwäsche hat er auch noch angeschmissen. Gemeinsam mit Paco warten wir auf den Kleinbus, der uns zum Konzert runter zur Ruhr bringen soll, ins bürgerliche Werden. Auch dort findet in dieser Woche ein Open-Air-Konzert statt. Das Rock Hard am Kanal ist gestern erst zu Ende gegangen. In Werden ist «Kreator» der Headliner, der Höhepunkt an dem Abend zwischen dem gepflegten Ruhrufer, der Kunsthochschule in der Benediktinerabtei und den Villen der besten Verdiener im Pott.

Auch Dieter Gorny lebt in der Nachbarschaft. Seitdem er vor Jahren den Musiksender VIVA gegründet hat, gehört er zu den wichtigsten Kulturmanagern in Deutschland. Er hat ein berühmtes Fernsehgesicht. Ein offenes mit leicht geröteten Wangen, blauen Augen und einem blonden Schopf, der allmählich die Farbe verliert. Lange Zeit hat er eng mit Stefan Raab zusammengearbeitet, der dank VIVA und Dieter Gorny zum Thomas Gottschalk der Unter-40-Jährigen aufsteigen konnte. Köln, Berlin, Hamburg, London hießen Gornys wechselnde Dienstorte. Aber gewohnt hat er fast immer nur im Pott. Eingeschult wurde er in Dortmund, Abitur hat er in Bochum gemacht. Wenn man es genau nimmt, gehört er zum erstaunlichen Kulturadel der Stadt mit dem Volkstheater. Gorny ist Mitglied der Generation Grönemeyer. Er spielte als junger Musiker bei den Bochumer Symphonikern. Inzwischen hat er eine Professur für Kultur- und Medienwissenschaften in Düsseldorf. Das ist von hier aus nicht weit.

Bei Prominenten ist es ja so, dass sie irgendwie mit zum eigenen erweiterten Bekanntenkreis gehören. Man trifft sie so zwei- bis dreimal jährlich, im Fernsehen oder im Foyer eines Essener Pornoverlages – nämlich auf der letzten Seite des Magazins «Stern», das ich dort gelesen habe. In dieser schönen Rubrik «Was macht eigentlich?», dem nach dem «SPIEGEL-Gespräch» prominentesten Interviewformat Deutschlands. Dort plaudern sie dann auch noch so daher wie am Buffet zum 40. Geburtstag eines anderen gemeinsamen Bekannten. Sag mal, Dieter, was hast du eigentlich in all den Jahren so gemacht? Dann kommt die ganze Leier, und von Gorny bleibt dann am Ende hängen, dass er immer irgendetwas mit Kreativwirtschaft gemacht hat. Immer in leitender Funktion. Aber alles hat in einer Musikschule angefangen, als Leiter. Und auch bei Dieter Gorny kommt mir der Gedanke, dass solche Leute, die schon einmal richtig erfolgreich waren, einen danach immer mehr an das erinnern, was sie eigentlich mal waren: Leiter einer Musikschule – in Jeans, schwarzem Hemd und gesunden Schuhen. Erfolg macht authentisch. Oder liegt das am Pott? Mit einer lehrermäßigen Tasche in der Hand erscheint er zu unserem Treffen. «Ers ma Kaffee!» Natürlich entstand das schöne, gut ausgeleuchtete Foto von ihm auf der letzten Seite im «Stern» auf einer Treppe der ehemaligen «Zeche Zollverein» in Essen.

Für Gorny ist dieses Gelände jetzt ein «Kreativzentrum». Auch wenn es dort seit Jahren immer wieder Ärger gab um die Errichtung eines Designzentrums. Aber an solchen Orten im Pott könne trotzdem der massenhafte Verlust von Industriearbeitsplätzen etwas «abgefedert werden – nicht völlig ersetzt». Dafür bräuchte man allerdings einen leistungsfähigen Kern, um den herum etwas wächst. Zugpferde wie Helge Schneider etwa könnten andere hinter sich herziehen. Wenn der nun ein Theater eröffnet, ist der Nächste da, der die Plakate dafür entwirft, ein Dritter, der sie druckt, wieder einer, der sie verteilt – und so weiter. Ähnlich sei es mit den Designern, die etwas entwerfen, das produziert und dann vertrieben werden müsse. Dafür bräuchte es aber noch viel mehr Namen, die wie Marken funktionieren. Schade, dass Wolfgang Joop nicht aus Essen kommt. Für das De-

---

**Kreatives im Kopf: Dieter Gorny aus Essen ist vielleicht der profilierteste Kulturmanager Deutschlands. Er musste deshalb in London, Berlin und Köln arbeiten. Das soll sich nun ändern.**

signzentrum auf der «Zeche Zollverein» könnte er bestimmt einen wichtigen Impuls geben.

Dieter Gorny ist ganz bestimmt ein kreativer Mensch. Schließlich studierte er Komposition und Musiktheorie. In erster Linie gehört er aber zu denjenigen, die es verstehen, aus Kreativität auch Wert zu schöpfen. Also etwa mit Musik Geld zu verdienen. Gorny ist ein Geschäftsmann. Und Kreativzentren sollen nicht bloß Spaß an der Freude bereiten. Sie sollen für Profit sorgen. Wie ehemals die Zechen. Zur Kreativwirtschaft gehören nach dieser Lesart: die Musikwirtschaft, das Literatur- und Verlagswesen, die bildende Kunst, das Theater, die Film- und Fernsehwirtschaft, die Mode, Werbung, Design und Architektur. Deutschlandweit würden diese Branchen zusammengenommen schließlich schon an dritter Stelle stehen, wenn es um den Wert für das Bruttosozialprodukt geht. Und damit soll es nun auch im Ruhrgebiet endlich vorangehen. Dafür müsse man erst einmal allen klarmachen, was es hier bereits alles gibt: «Es gibt nirgendwo in Europa mehr Museen, mehr Fußball, mehr Konzerthäuser, mehr, mehr, mehr von allem.» Aber zunächst stehe man hier vor zwei großen Problemen, die den Weg zu einer florierenden Kreativwirtschaft verbauen: der Abwanderung junger, gut ausgebildeter Leute, mit denen auch die Kreativität verschwindet. Und dem mangelnden Verständnis für kreative Leistungen. «Vielfach kapieren die maßgeblichen Leute nicht, dass das auch Ökonomie ist. Sie nehmen es nicht ernst, sondern halten es für einen Witz.» Nach der Lösung dieser Probleme könnte Dieter Gorny wohl auf Dauer seinen Dienstsitz dort haben, wo er schon immer zuhause ist: im Ruhrgebiet. In seiner unmittelbaren Nachbarschaft wird es heute auf jeden Fall ziemlich laut werden, erst recht am Abend, wenn «Kreator» auftritt. Gorny sagt: «Ich mag Metal» – Vor Kurzem erst war er bei einem Metallica-Konzert in Oberhausen. Mille mochte Metallica auch immer, sogar sehr. Bis sie anfingen, Konzerte mit Symphonieorchestern zu geben.

Milles Vater, ein Italiener, war auf «Zeche Nordstern». Dort, wo jetzt die Kanalbrücke durch den Landschaftspark geht und das Hard-Rock-Festival in den vergangenen Tagen für Kurzweiligkeit gesorgt hat. Wenn «Kreator» bei solchen Gelegenheiten auf der Bühne des Amphitheaters steht, hat Mille genau genommen denselben Arbeitsplatz wie einst sein Vater, der inzwischen in Rente ist. Damals haben seine Eltern ihn auch unterstützt, haben ihm die erste Gitarre mitfinanziert. «Mein Vater hat ja auch Gitarre gespielt, er mochte italienische Schlager.» Aber für ihn war die Musik immer nur Vergnügen. Dass einer damit seinen Lebensunterhalt verdienen konnte, kam ihm nicht in den Sinn. Denn für die meisten Leute im Pott ist Arbeit immer noch etwas, für das man früh aufstehen muss, vor allem muss sie greifbar sein, buchstäblich mit den Händen. Jahrelang musste Mille sich für den ungewöhnlichen Lebensstil eines Rockmusikers rechtfertigen, der so anders ist als der eines Bergmanns. Für diese Haltung seines Vaters hat er heute allerdings Verständnis: «Bis ich 22 Jahre alt war, habe ich schließlich noch zuhause im Keller gewohnt, weil wir ja in den ersten Jahren mit der Band kein richtiges Geld verdient haben.» Vor allem hat ihm die Musik viel Zeit gekostet. «Gleich nach der Schule ging es auf Tour.» Eine Ausbildung hat Mille deshalb nie gemacht. Die Handelsschule hat er abgebrochen. Das meiste fürs Leben hat er auf Tour gelernt. Für diese Art von Bildung gab es kein Zeugnis. Aber Mille kann immer darauf zurückgreifen. Irgendwann war auch der wirtschaftliche Erfolg da. Dann haben seine Eltern einfach gemerkt, dass Mille für sich selbst sorgen kann. Immer wieder stand der Sohn in der Zeitung, kamen Auftritte im Fernsehen dazu. «Das fanden sie natürlich toll. Und seitdem wurde mir auch nicht mehr reingeredet.»

Die Klingel geht. Zwei der Stammroadies von «Kreator» stehen mit einem VW-Bus vor der Tür. Das VIP-Shuttle, Mille mag solche Begriffe nicht. Für ihn ist es ein Bulli. Wir steigen alle gemeinsam ein und holen Sami ab. Sami Yli-Siriniö ist Finne und lebt in Helsinki. Er wurde für den Auftritt in Werden extra eingeflogen. In der Branche gilt er als Spezialist an der Gitarre. Finnen an der Gitarre sind nichts Besonderes, so ähnlich wie Brasilianer im Fußball. Für einige Jahre hat er auch im Ruhrgebiet gelebt, um hier Musik zu machen. Seine Musik, mit seiner lauten Gitarre. So, wie die besten Brasilianer auch in Europa spielen, nicht in ihrer Heimat. Und ziemlich genau zu der Zeit, als von den besten Brasilianern einige in Dortmund Fußball gespielt haben, war Sami auch dort. Aber das war ein Zufall, weil eben dort zu dieser Zeit auch die Metal-Szene sehr lebendig war. Ein bisschen ist es heute noch so. «Wir haben da früher immer im Musik-Zirkus gespielt», erinnert sich Mille, in einer der ersten Großraumdiskotheken im Ruhrgebiet, wo neben den üblichen Charts auch viel Independent, Wave und eben Metal gespielt wurde. An bestimmten Tagen gaben Bands wie «Kreator» dort Konzerte. Ich selbst erinnere mich an die Verkehrshütchen, die ich regelmäßig auf dem Parkplatz vor der Disko aufstellt habe, um den Autoverkehr zu regeln – in einer orangefarbenen Warnweste, wie sie heute jeder ordnungsgemäße Verkehrsteilnehmer in seinem Kraftfahrzeug mitführen muss. Außerdem mussten wir die Besucher auf diesem Parkplatz ermahnen, leise zu sein. Wegen der Anwohner, die einen ganz guten Draht zur örtlichen Polizeidienststelle hatten.

Nicht sehr weit von diesem Gebäude hat das Rock-Hard-Magazin sein Büro – östlich der Innenstadt, zwischen einem großen Altenheim und den Mietskasernen einer Wohnungsbaugenossenschaft. Ginge es nach Dieter Gorny, würde die Redaktion ins «U» umziehen. Unter dem denkmalgeschützten und mit Blattvergold verzierten, riesigen Buchstaben entwickelt sich im ehemaligen Gebäude der Union-Brauerei ein Kreativzentrum, in dem sich auch der geschäftige Kulturmanager engagiert. Hier soll Kreativwirtschaft funktionieren. Und dafür muss man zunächst diejenigen bündeln, die damit schon Erfahrung haben. Von 40 Millionen Euro Investitionen ist bei dem Areal rund um das «U» am Hauptbahnhof die Rede. Geld, das aus verschiedenen öffentlichen Töpfen kommt. In der Stadt liegen große Hoffnungen auf dem Projekt, dem wichtigsten neben dem Phönixsee in Hörde. Umso bedauerlicher ist es, dass das zweite wichtige Heavy-Metal-Magazin in Deutschland, der «Metalhammer», Dortmund bereits verlassen hat – in Richtung München. Dort bündelt der Axel-Springer-Verlag sämtliche Magazine, die sich mit «Lifestyle und Entertainment» beschäftigen – in seinem sogenannten Mediahouse: «Unsere Maximen lauten Kreativität und Qualität», heißt es dort. Warum nur gibt es so etwas im Ruhrgebiet bislang nicht? Wohl wegen der beiden Probleme, die der Kreativwirtschaft hier den Weg verbauen.

Sami ist das herzlich egal. In Helsinki ist es auch schön. Inzwischen haben wir uns mit dem Bulli im Schritttempo durch eine Masse von Zuschauern geschoben. Wir rollen jetzt über den Ruhrtalradweg zum Fluss. Die Bühne steht nicht weit vom Ufer. An dieser Stelle bin ich neulich erst auf dem Weg zum Gespräch mit Harry S. Morgan vorbeigefahren. Der kommt ja auch aus dieser Nachbarschaft. Immer wieder haben einzelne Festivalbesucher einen Blick zu erhaschen versucht durch die getönten Seitenscheiben. Wer da wohl drinsitzt? «Kreator» ist bekannt, aber Mille kein Star. «Wenn ich zum Bäcker gehe, erkennt mich keiner. In den Metal-Clubs ist das natürlich anders.» Mille ist kein Bono Vox, nicht mal Stefan Raab. Bono Vox, der Sänger der irischen Rockband U2, ist für ihn das beste Beispiel dafür, dass er bei den Konzerten den Leuten nicht zu viel in ihr soziales Gewissen reden sollte. «Wenn man zu viel darüber redet, zu viel den Leuten erzählt, wie schlecht die Welt ist, dreht sie sich auch nicht andersherum.» Durch Musik könne man die Welt nicht ändern. «Na ja, und der Raab beispielsweise erzählt seinem Publikum erst gar nichts über Politik. Der weiß, dass die Leute ihm dann überhaupt nicht mehr zuhören würden.» Mille ist sich sicher, dass privat im Hause Raab auch über Politik gesprochen wird. Wie in seiner Wohnung auch. Nur

Parteien mag Mille nicht. Er findet es auch nicht gut, dass verschiedene Musiker sich für Wahlkämpfe einspannen lassen. «Ich habe die Band-Biographie von «Ton Steine Scherben» gelesen, da war ich sehr sehr enttäuscht, als ich erfahren habe, dass die mal eine SPD-Tour gemacht haben.»

Hinter der Bühne, im Backstage-Bereich, werden alle herzlich begrüßt. Roadies, Musiker, ein paar langjährige Fans und Freunde von «Kreator». Es gibt sogar einen Fanclub hier. Ein kaugummikauender Roadie fragt den langhaarigen blonden Sami gleich: «Nachher trinken wir uns doch einen – oder?» – «Ja, schauen wir mal», sagt Sami ruhig, der vor dem Auftritt beständig an einer blauen Plastikflasche saugt, auf der irgendetwas mit «Iso» steht. «Mensch, Sami, dat is doch Schlumpfpisse», sagt der mitreisende Veranstaltungstechniker und tänzelt um den Stuhl des Finnen herum. «Die müssen ja auch mal», sagt Sami ungerührt und blinzelt weiter in die untergehende rote Sonne, die irgendwo bei Mülheim in der Ruhr versinkt.

Mille geht jetzt in das gelb-weiß gestreifte Bandzelt, um sich umzuziehen. Bislang trug er eine knielange, schwarze Cargohose, dazu schwarze Stoffturnschuhe und eine enge schwarze Jacke, wie von einem Taucheranzug. Ganz sicher ist Mille das, was man einen lockeren, szenigen Typ nennen würde. Und zwar einer, der im vierten Lebensjahrzehnt nicht wie ein zwanghafter Berufsjugendlicher daherkommt. Tatsächlich wirkt er viel jünger. Nur die Haare sind gefärbt. Für ihn ist Alkohol jetzt überhaupt kein Thema. Paco, der uns die ganze Zeit zugehört hat, ohne selbst ein Wort zu sagen, fängt jetzt zu reden an. «Auf Konzerten trinkt Mille eigentlich nie Alkohol, höchstens Mal ein Glas Wein, und das auch erst nach den Auftritten.» Er kann sich nicht mehr daran erinnern, wie oft er «Kreator» schon live gesehen hat. «Wenn du dir bei so einer Gelegenheit einen trinkst, dann kriegst du gar nicht mehr alles auf die Reihe.» Mille singt, textet und spielt Gitarre bei «Kreator». Er ist der Frontman. Vor allem aber organisiert er alles, jedes Konzert, jede Tour, jedes Interview, jede Kleinigkeit. Da bleibt von Sex, Drugs and Rock 'n' Roll erst mal nur die Musik übrig. Auf der Cateringliste, die von Künstlern vorab an ihre Konzertveranstalter geschickt werden, steht bei «Kreator» immer «veganes Essen». Auf dem Tisch in dem Band-Zelt stehen deshalb Gemüsefrikadellen, Bratkartoffeln – und ein bisschen Salat. Kein Fleisch, keine Eier, keine Drogen (auch nicht unter dem Tisch), aber zwei Flaschen australischer Shiraz mit Schraubverschluss. Nachdem Mille sich umgezogen hat, sieht er für mich aus wie vorher. Nur dass ein giftgrüner Frankensteinkopf nun auf seinem schwarzen T-Shirt schimmert.

Speesy trägt nicht so viel Verantwortung wie Mille. Aber er ist mit seiner Frau da, und die muss morgen früh arbeiten. Statt Bier zu trinken, hält er sich auch an einem «Iso» fest – erzählt aber laufend lustige Geschichten von Gelegenheiten, zu denen er viel Bier getrunken hat: vom Rock-Hard-Festival gestern. Oder die vom Dixi-Klo in Spanien: «Da hatten wir mal ein Konzert, und ich musste so dringend, schon das ganze Konzert über. Aber ich hatte einfach keine Lust, vorher auf so ein versifftes Dixi-Klo zu gehen. Nach dem Auftritt ging es dann nicht mehr anders. Ich war total fertig, zumal das da noch eine Affenhitze war. Also bin ich doch da drauf. Und dann: Das glaubst du nicht, die hatten eine Klimaanlage auf dem Dixi-Klo. Da bin ich dann fast nicht mehr von runtergekommen.» Während Speesy redet, trennt Milles Freundin von einem schwarzen «Kreator»-Shirt die Ärmel ab. Das streift er sich dann als Muskelshirt über, und im Laufschritt geht es mit Sami, Mille und dem Schlagzeuger Jürgen «Ventor» Reil auf die Bühne. Ventor hatte die ganze Zeit über mit seinen Drumsticks Trockenübungen im Zelt gemacht.

Die Membrane der Boxen vor der Bühne vibrieren so, dass sie wie Schläge wirken. Mitten ins Gesicht – oder auf den Hinterkopf. Je nachdem. Mille kriegt davon nichts mit. Er steht neben Speesy auf der Bühne, die Gitarre knapp über dem Boden, und im gleichen Rhythmus lassen die beiden ihre Köpfe kreisen. Ihre langen Haare schleifen dabei über den Boden. Metalrituale. Über der Ruhr steigt Rauch auf. Das Wasser kann ich über die ebenfalls kreisenden Köpfe in den ersten Reihen der Festivalbesucher nicht sehen.

«Mensch, dat is schon Wahnsinn, wenne die Jungs da auffe große Bühne siehs und se vor ein paar tausend Leuten spielen», schreit Olaf Poch mir ins Ohr. «Jau», schrei ich zurück. Poch kennt die Jungs von «Kreator» schon seit der Zeit, als sie alle noch fast jeden Tag auf dem Gelände der «Zeche Carl» in Altenessen rumhingen. Er selbst hat dort für das Jugendamt gearbeitet. Heute legt er nebenbei Platten auf. Das macht auch Spaß. «Dat waren die Problemkids, bei denen wa froh waren, dat wa die vone Straße runa krichten. Kerl, und gezz spiel se ihre Mukke hier im katholischen Werden.» – «Jau», sage ich, «is schon komisch.» Dabei war Mille selbst einst Messdiener, als Kind, bevor er anfing, so einen Krach zu machen. Später trat er dann aus der Kirche aus und fing an, solche Texte zu schreiben, die er hier in einer Wahnsinnslautstärke vorträgt. Die Polizei spricht von 25 000 Festivalbesuchern. Der Eintritt ist kostenlos. Veranstalter ist die Stadt.

**Tormentor:**
**Baphomet's calling death is now real**
**Helldogs and demons waiting to kill**
**Pentagrams shining Luzifer smiles**
**Fucking the virgin rip out her eyes**
**Drinking the blood**
**Fear no god**
**Now you are dead**
**Your flesh is dot rot**
**Tormentor**

Nach dem Auftritt gehen wir noch auf einen Schluck in die «Temple-Bar» im zubetonierten Essener Stadtzentrum. Am Nachbartisch versuchen drei Handelsvertreter, Durchschnittstypen in sehr preiswerten Anzügen, den einzigen reinen Frauentisch zu erobern, indem sie von ihrer «spannenden» Weiterbildung in Essen erzählen. Die vier jungen Frauen hören gelangweilt zu und spielen mit den Strohhalmen ihrer alkoholischen Mischgetränke. Dem ältesten der drei Kerle fällt wohl auf, dass die Frauen nicht begeistert sind. «Morgen müssen wa wieder zurück nach Balin, wa», kommt der Erfahrene nun mit dem Hauptstadtpfund um die Ecke. Die anderen beiden grinsen erwartungsvoll. Paco schaut auf und sagt: «Da müsst ihr euch schon was Kreatives einfallen lassen.» Ich denke – wow, der Satz hätte von Sami sein können. Und dann reden wir endlich über Fußball, schließlich sitzen wir in einer Kneipe im Ruhrgebiet, und ich muss mich auf eine Fahrt nach Schalke einstimmen – ins Feindesland. Für das heimische Rot-Weiß Essen kann Paco sich allerdings nicht begeistern. Schon eher für die spanische Liga, Primera División. Club Atlético de Madrid, die spielen auch in rot-weißen Trikots. «Atlético is ja auch ein Arbeiterverein», stellt Paco fest. Etwas anderes käme auch nicht in Frage. Die Nacht verbringe ich mit den frustrierten Berliner Handelsvertretern im Hotel am Bahnhof. Von Fußball haben sie keine Ahnung, und mich interessiert ihr Karriereplan nicht. Da schlafe ich lieber. Am nächsten Tag fährt die S-Bahn nach dem Frühstück in elf Minuten nach Gelsenkirchen. Ein Rudel Blauer sitzt mit in der Bahn, die plötzlich und unerklärlich ruckt. «Da lag ein Bayer aufm Gleis.» Dann ruckt sie nochmal. «So, gezz isses endlich mit ihm zu Ende.»

# Feindesland

«Wenn Arschlöcher fliegen könnten, wäre ganz Dortmund ein Flughafen!» Die Begrüßung in Gelsenkirchen fällt herzlich aus. Der Kerl neben mir süppelt Veltins aus der Dose. Den Spruch hat ihm jemand, vermutlich seine Mutter, auf die ärmellose Jeansjacke genäht. Ein Kuttenfan. Weil er in der vollbesetzten 302 nach Buer steht, hält er sich zurück und unterdrückt ein lautes Rülpsen. Stattdessen bläht er die Backen auf und presst die aufkommende Luft gedämpft durch die Lippen. Pfft. Pffffft. Das kann hier schon als vornehm gelten. Sein Kumpel Ralf hat einen Sitzplatz ergattert. Er trägt ein blaues T-Shirt, darauf steht: «Danke Papa, dass ich kein Dortmunder geworden bin.» Ich stehe aus Versehen auf dem Ralf seinen blauweißen Schal. Das geht auch ohne Genitiv. Von dem behaupten ohnehin viele, dass es ihn im Pott gar nicht gibt. Wie dem auch sei. Ich bleibe selbstgefällig auf dem Schal stehen und denke, dass wir uns im Grunde ähnlicher sind, als die meisten von uns wahrhaben wollen.

Wir, das sind die Anhängerschaften von Borussia Dortmund und Schalke 04, vielleicht auch noch die aus Duisburg und des VfL Bochum, die, glaubt man dem Bochumer Edelfan Wolfgang Clement, ziemlich darunter leidet, im Sandwich zwischen den beiden prominenten Nachbarn eingebuttert zu sein. Und ein anderer VfLer, Frank Goosen, meint gar, dass sich die harte Rivalität zwischen Schalkern und Borussen aus den Gemeinsamkeiten speist. «Deshalb reagieren die aufeinander ja auch immer so energisch, weil man sich in dem anderen ja immer selber wiedererkennt.» Auf jeden Fall ist der Fußball im Pott stark identitätsstiftend.

Das sieht sogar die Wissenschaft so. «Obwohl es im Ruhrgebiet den immer belächelten Gegensatz zwischen Schalke und der Borussia gibt», sagt etwa der Historiker Klaus Tenfelde von der Ruhr-Universität Bochum. Kaum ein anderer kennt die Geschichte des Ruhrgebiets besser als er. Selbst sympathisiert der ehemalige Bergmann mit Rot-Weiß Essen. Parteizugehörigkeiten oder entsprechende lebenslange Präferenzen sind im Ruhrgebiet meist nur noch die Sache älterer Menschen. Anders im Fußball: Zu welchem Verein man steht, ist immer noch ganz wesentlich, und zwar generationsübergreifend. Das Thema Fußball ist überall ein prima Gesprächseinstieg, von der Autowerkstatt bis zum Büro des Oberbürgermeisters. Der Fußball hat den Strukturwandel überlebt. Ist selbst zum Rädchen im globalen Unterhaltungsbetrieb geworden. Dortmund und Schalke stehen seit Jahren an der Spitze der deutschen Zuschauertabelle. In Europa kommt einzig Manchester United auf einen durchschnittlichen Stadionbesuch wie der BVB. Fußball ist die boomende Branche im Pott. Auch ohne Titel blüht hier die Fankultur wie nirgendwo sonst. An den Bundesligaspieltagen scheint es, als sei der ganze Pott unterwegs. Auf den Bahnsteigen und Autobahnen mischt er sich zusätzlich mit den rheinischen Fußballfans aus Aachen, Köln, Mönchengladbach, Düsseldorf und Leverkusen. Ein fußballaffiner Mensch aus Duisburg hatte auch deshalb die Idee, dieses Potenzial zusammenhängend touristisch zu vermarkten. «Deutsche Fußballroute NRW» heißt das Ganze und verbindet Sportgeschichte mit Orten und Clubs aus

**Am Hintern vorbei: Sibylle interessiert sich nur für Schalke 04, alle anderen sind der Puppe egal. Deshalb darf sie mit dem Schalke-Fanclub «Traditionsveteranen» zu den Auswärtsspielen fahren.**

der Region. Samstags gehen an Rhein und Ruhr wohl mehr Menschen ins Stadion als in irgendeiner anderen Region auf der Welt.

Diese Fanenergie war neben dem egozentrischen Größenwahn der Handelnden wohl auch die Triebkraft im Wettlauf mit dem FC Bayern München. An dem wäre sowohl der BVB als auch Schalke vor einigen Jahren fast zerbrochen. Krampfhaft versuchten beide jahrelang, mit den Bayern gleichzuziehen – sportlich wie wirtschaftlich. Doch beide verloren dabei jedes Augenmaß. Beim BVB führte das zwar zum zwischenzeitlichen Erfolg, der im Gewinn der Champions League 1997 gipfelte, aber eben auch zu einem Fastbankrott. Unter dem leidet der Club bis heute. Sein Börsengang war ein Desaster. Nur ganz allmählich gewinnt der BVB das öffentliche Vertrauen in seine wirtschaftliche Solidität zurück. Einzige Konstante waren immer die zahlreichen Fans, von denen sich Banken und Politiker stets beeindrucken lassen. «Es stand für mich außer Frage, die Stadien in Dortmund und auch auf Schalke mit einer Landesbürgschaft zu stützen», sagt der ehemalige Ministerpräsident Clement rückblickend, «das würde ich heute wieder tun.» Auch auf Schalke sah es lange Zeit so aus, als orientiere man sich an dem trügerischen Erfolgsmodell aus Dortmund. An der Zockerei bei übermäßig riskanten Transfers von Spielern zum BVB wie Viktor Ikpeba (15 Millionen DM) oder Marcio Amoroso (50 Millionen DM), für den der Club vor langer Zeit schon so viel zahlte wie Bayern München sechs Jahre später für den Weltklassefußballer Franck Ribéry. Verheiztes Kapital. Amoroso wurde ablösefrei weitergereicht, weil man das riesige Gehalt des lustlosen Kickers nicht mehr zahlen konnte. Die Kosten dieses amorosen Abenteuers lagen so hoch wie der komplette Jahresetat beim Profibetrieb eines kleineren Bundesligisten.

Unterdessen bestimmte auch auf Schalke die Bilanzakrobatik das Tagesgeschäft. Die Schulden wuchsen. Der einflussreiche Manager Rudi Assauer verfolgte wie ein Besessener das eine Ziel, das ihm bis zuletzt verwehrt blieb. Eineinhalb Jahre vor seinem Rausschmiss im Frühjahr 2006 sagte er noch: «Ich weiß, dass ich irgendwann die Schale in der Hand halten werde. Und das wird nicht mehr allzu lange dauern.» Gemeint war die silberne Meisterschale. SPIEGEL-Online kommentierte damals bissig: «Helmut Kohl glaubt auch immer noch, dass er ein wunderbar funktionierendes Land hinterlassen hat.» Immer wenn Schalke und Dortmund sich zum Derby treffen, singen die Schwarzgelben wieder dieses eine Lied. «Ein Leben lang keine Schale in der Hand.» Nachdem Schalke am Ende der ersten Saison ohne Assauer in Dortmund das Derby verloren hatte und damit auch die deutsche Meisterschaft, wandelten die BVB-Fans ihre Häme in Kreativität um: Sie charterten ein Flugzeug, das ein Transparent über die voll besetzte Schalker Arena zog: «Ein Leben lang keine Schale in der Hand.»

Zumindest als Manager von Schalke 04 wird Rudi Assauer die Meisterschale niemals hochhalten können. Ein paar Monate nach der Trennung, die vom Aufsichtsrat forciert wurde, präsentierte deren Vorsitzender einen Schalke-Retter. Clemens Tönnies ist ein schwerreicher Fleischfabrikant aus dem ostwestfälischen Rheda-Wiedenbrück, der seit Jahren gute Geschäfte mit Russland macht. Der neue königsblaue Großsponsor heißt Gasprom. Unter den professionellen Beobachtern gibt es einige, die das finanzielle Engagement des in Deutschland unbeliebten staatlichen russischen Erdgasmonopolisten als Grund dafür sehen, dass Schalke nicht Konkurs anmelden musste. Neben einer akuten Finanzspritze kommen zusätzlich jährliche Zahlungen aus der Zentrale des Energiemultis. Währenddessen werden die Verantwortlichen auf Schalke nicht müde zu behaupten, Gasprom würde sich mit seinem Geld auf keinen Fall Einfluss in sportliche Belange kaufen. Wolfgang Clement jedenfalls findet dieses Geschäft nicht verwerflich, «auch wenn man natürlich darauf achten muss, dass daraus keine Politik gemacht wird». Clement gehört auch ohne SPD-Parteibuch noch zu dem, was scharfe Kritiker das «Zentrum der sozialdemokratischen Connection in der Energiewirtschaft» nennen. Die Verbindungen zwischen dem Ruhrgebiet und Russland sind auf jeden Fall Teil der sozialdemokratischen Tradition im Pott. Auch der Besuch von Michail Gorbatschow bei Hoesch in Dortmund gehörte dazu, im Sommer, bevor die Mauer fiel. Wandel durch Annäherung. Die Ostpolitik des Bundeskanzlers Willy Brandt erfährt auf Schalke eine sehr spezielle Renaissance.

In der Zeit nach Bekanntgabe des Gasprom-Engagements jedenfalls wurde auch außerhalb des Ruhrgebiets heftig darüber spekuliert, welche Motivation der machthungrige Staatskonzern hat, ausgerechnet auf Schalke mit bis zu 125 Millionen Euro einzusteigen. Übrigens mit annähernd jener Summe, die der Verein bei Vertragsunterzeichnung an Schulden hatte. Die Antwort ist naheliegend. Es geht um die kommunalen Versorgermärkte. «Was meinen Sie, wie viele Kommunen und Stadtwerke mich schon auf eine Zusammenarbeit mit Russland angesprochen haben. Ob ich da nicht mal gucken könnte», sagt Clement. Das Beispiel Schalke hat im Pott Begehrlichkeiten nach russischem Kapital geweckt.

Unterdessen bohrt Gasprom weiter, um bis zum deutschen Gasverbraucher vorzudringen. Im Unternehmen heißt das «Endkundengeschäft». Schalke soll nur der Einstieg sein. Einige im Pott, auch einige Russlandkenner und Energieexperten, sagen, als Nächstes steigt Gasprom bei RWE ein – oder bei E.ON. Aus der Vorstandsetage eines großen westdeutschen Energiekonzerns jedenfalls soll das Gasprom-Engagement eingefädelt worden sein. Und bis Schalke mit den russischen Millionen ganz sicher irgendwann Meister wird, halten auch die Endkunden im Ruhrgebiet den strategischen Staatskonzern für eine Art gemeinnützige multinationale Stadtwerke. Auf jeden Fall ist Schalke gut für das Image.

Es ist Samstagmittag, und Schalke hat ein Heimspiel. Ich komme aus der Fußgängerzone. Von dort, wo sich Endkunde Heinz-Werner Rebitzky vor einigen Tagen im Fernsehen fürchterlich darüber aufgeregt hat, dass der Deutsche Fußball-Bund (DFB) sein Fußballmuseum jüngst nach Dortmund vergab. Ausgerechnet nach Dortmund! «Dat is 'ne große Schweinerei. Denn Gelsenkirchen is 'ne Stadt, die am Hungertuch nacht», schimpfte Rebitzky und winkte immer wieder mit der rechten Hand ab. 14 Städte hatten sich als Museumsstandort beworben. Bis zur endgültigen Entscheidung war bloß klar, dass es in den Pott kommt. Wegen der einzigartigen Fußballkultur, von der sie in München oder Berlin nur träumen können. Außer der BVB oder Schalke sind zu Gast.

Die Entscheidung fiel also zwischen Gelsenkirchen und Dortmund. Das Museum soll für die geschichtliche Aufbereitung des Fußballs in Deutschland sorgen. Im Pott ist ihr die erhoffte Aufmerksamkeit gewiss. Zumal in der Hauptstadt etwa der Fußball schon an den Spieltagen reichlich attraktive Konkurrenz hat, gegen die er sich nur schwer durchsetzen kann. Zwischen den Superlativen aus Kunst, Kultur, dem Potsdamer Platz und Brandenburger Tor. Im Pott dagegen ist der Fußball jeden Tag König. Deshalb stellt der DFB hier künftig seine besten Stücke aus. Glänzende Pokale, ausgelatschte Stollenschuhe und die weißen Trikots deutscher Nationalspieler, der Endspielball der Fußball-Weltmeisterschaft 1954 und das Notizbuch von Sepp Herberger. Bestimmt auch ein paar der hässlich gemusterten Dinger aus dem Weltmeistersommer 1990. Vielleicht sogar das von Rudi Völler, das er trug, als er von Frank Rijkard angespuckt wurde. Oder das Trikot von Olaf Thon aus dem Halbfinale von 1988. Dafür würden sicherlich ein paar Holländer mehr ins Ruhrgebiet kommen. Auf jeden Fall will der DFB ein umfassendes Archiv mit Fernsehaufzeichnungen der kompletten Bundesliga zusammenstellen und alle Länderspiele mit deutscher Beteiligung sowie bedeutende WM-Spiele. Nach der knappen Entscheidung pro Dortmund versuchte der Chefdiplomat des DFB,

Präsident Theo Zwanziger, vergeblich die Schalker Wunden zu salben: «Am Ende wird das Ruhrgebiet der große Gewinner sein.»

Für Reditzky jedenfalls brachten diese wohltemperierten Worte keine Linderung. «Kla, der Fußball – dat is Ruhrgebiet. Aba wenn man gezz sacht: Hauptsache Ruhrgebiet, dann is dat nich richtig. Denn dat Ruhrgebiet, dat is Gelsenkirchen. Den Dortmunder zähle ich gar nich mal so enorm zum Ruhrgebiet.» In Reditzskys Gelsenkirchener Kopf liegt Dortmund irgendwo im Sauerland. Ein Wunder, dass er den Namen der hier verbotenen Stadt überhaupt in den Mund nimmt. Die meisten sagen gleich Lüdenscheid. Liegt doch nach hiesiger Lesart der eigentliche Pott in der nördlichen Emscherregion, mit der Hauptstadt Gelsenkirchen. «Dat Ruhrgebiet is nämlich hier, wenn se hier inne Runde gehen. Dat sind die kleinen Städte, Herne, Gelsenkirchen, Wanne.» Der alte Mann kriegt sich gar nicht mehr ein, verweist auf Schalkes sieben deutsche Meisterschaften, von der die letzte allerdings mehr als ein halbes Jahrhundert zurückliegt. «Traurich, traurich, traurich! Mehr kann man dazu gar nich sagen. Aber dat war vorauszusehen. Weil Gelsenkirchen is nun mal die Stadt der Proleten. Und so werden se auch behandelt, als Proleten.» Die 30 Millionen Euro für das Museum fließen also in die Stadt des verhassten Rivalen. Die damit verbundene Aufmerksamkeit ebenfalls. Aber jetzt ist erst mal Spieltag. Das Stadion liegt im Norden.

Auf dem Weg dorthin ist der einzig schöne Anblick der zweier kichernder türkischer Mädchen. Dazu rollen sie mit ihren dunkelbraunen Toffifee-Augen, weil ich außer ihnen der Einzige in Zivil bin. Seltsam, irgendwie sitzen sie mit ihrem glänzend schwarzen Haar in jeder Bahn und jedem Bus hier im Ruhrgebiet – als hätte sie jemand mit der Absicht platziert, die Gegend zu verzieren. Ja, diese Migrantenkinder sind eine Zierde für den Pott, manchmal auch ihre Mütter. Ob sich schon mal jemand bei ihnen dafür bedankt hat?

Ich stelle mir vor, dass der nordrhein-westfälische Ministerpräsident eines Tages bei Frau Albayrak aus Gelsenkirchen klingelt, mit einem Kamerateam und ein paar Claqueuren im Schlepptau, und ihr einen fetten Blumenstrauß mit den Worten überreicht: «Danke, stellvertretend für alle MigrantInnenmütter, dass Sie unserem schönen Bundesland so schöne Töchter geschenkt haben.» Plötzlich kommt Herr Albayrak angestürmt, schiebt aufgebracht den Kameramann zur Seite und schnauzt den Mann in dem teuren Anzug an. «Alta! Isch schlag vor, du schenkst die Blumen bessa deina eigenen Frau.» Dann reißt er seiner die Blumen aus der Hand, wirft sie dem Politiker vor die polierten Schuhe: und knallt die Tür zu. Der Pressesprecher des Ministerpräsidenten wahrt Contenance, tritt in Verhandlungen mit dem Kamerateam, sagt etwas wie: «Wenn Sie das senden, kriegen Sie nie wieder ein Interview.» Kurzerhand arrangiert er anschließend einen Besuch der Familienministerin bei der Witwe Meyrem Altintop. Die kam aus dem anatolischen Malatya nach Gelsenkirchen – und schenkte dem Pott nicht nur drei Mädchen, sondern auch noch zwei hochtalentierte Jungen, auf die hier alle stolz sind. Die Zwillinge Hamit und Halil. Fußballprofis, die zeitweilig gemeinsam bei Schalke gekickt haben. Und in der türkischen Nationalmannschaft. Auch Schalke ist wichtiger als Deutschland.

Die Bahn hält. Auf halbem Weg zum Stadion steige ich aus. Kurt-Schumacher-Straße, im Herzen von Schalke-Nord. Eine vernachlässigte Gegend. Üppig sind hier bloß die Arbeitslosigkeit und die Feinstaubbelastung. Solche Gegenden meinte Wolfgang Clement, als er von der «Ungleichzeitigkeit des Strukturwandels» sprach. Mit solchen Ecken möchten andere Gegenden im Pott gar nichts zu tun haben. «Etwa der Essener Süden, da sind sie so vornehm wie die Düsseldorfer.» Clement erwähnte den «sozialen Bruch zwischen Nord und Süd», der zu den «Schwierigkeiten führt, ein gemeinsames Verständnis als Metropole zu entwickeln». Aus dem Essener Süden kommt Oliver Bierhoff. Der gut frisierte Manager der deutschen Fußballnationalmannschaft hatte auch gegen Gelsenkirchen als Museumsstandort gestimmt. Ob es an dieser Rivalität lag? Die Schalker glauben das. Auch deshalb ist der elegante Bierhoff hier unbeliebt. Er gilt als Schnösel, was das Gegenteil von einem aus dem Pott ist.

In Schalke-Nord gibt es keine Villen wie in Essen, keine Philharmonie oder Kunsthochschule. Es sieht immer noch so aus wie das Klischee vom Kohlenpott. Wirklich. Da kann sich Clemens Tönnies, Schalkes mächtiger Aufsichtsratschef, noch so beim Fußballsender Sky darüber beschweren, «aus Gelsenkirchen bloß Garagen zu zeigen, die ich so das letzte Mal in der Ukraine gesehen habe». Wolfgang Clement jedenfalls hätte genau deshalb für Gelsenkirchen gestimmt. Wenn man ihn gefragt hätte. «Die brauchen in Gelsenkirchen alles, was man kriegen kann. Denn außer Schalke gibt es da eigentlich nichts.»

Und so ist der Ort mit seinen grauen Häuserfassaden und dem russischen Reisebüro ein besonderer. Im Hof dieser Häuser liegt die denkmalgeschützte Glückaufkampfbahn von 1928. Dort gründet sich der Ruhm von Schalke 04 und den sieben Meistertiteln. Hinter der Lottoannahmestelle von Gerd Nowak, der sie einst vom legendären Ernst Kuzorra übernahm, feierten die Vorfahren der heutigen Schalke-Fans das letzte Mal eine deutsche Meisterschaft. Damals wurde noch mitten im Stadtteil Schalke gespielt, dort, wo die Kumpel wohnten. Autobahnanbindung, Parkplätze und Stauschau spielten noch keine Rolle. S04 war ein Nachbarschaftsverein, in dessen familiärem Milieu Spitzenkicker wie der sechsmalige Deutsche Meister Ernst Kuzorra nach der Karriere Lottoscheine und Zigaretten verkauften. Heute investieren die Profis ihr Geld in Altersresidenzen, geringstenfalls in eine Fußballschule.

Als Schalke sich zuletzt «Deutscher Meister» nennen durfte, gab es die Bundesliga noch nicht und Fritz Walter war amtierender Weltmeister. Auch deshalb ist die Sehnsucht nach der Meisterschaft nir gendwo größer als hier. Diesem Druck setzt sich das Schalke der Neuzeit ständig selbst aus. Okay, Schalke ist nie ein Ort der Gelassenheit gewesen. Doch auch das hochtourige Getriebe um die zwischenzeitlich 17 Tochtergesellschaften schafft inzwischen eine gewisse Grundnervosität auf Schalke. Der Club gehört zu den größten Arbeitgebern der Stadt. Die gigantische Arena muss sich dem Wettbewerb mit vergleichbaren Orten wie dem Stadion in Düsseldorf stellen. Denn nur eine hohe Auslastung bringt die hohen Kosten wieder rein. Autorennen, Biathlon, Stefan Raab, Werbeveranstaltungen mit Oliver Pocher und Boxshows mit Klitschko sind die Folge. Mit Fußball hat das nicht mehr viel zu tun. Selbst Globalisierungsbefürworter Clement findet «auf Schalke alles etwas über den Fußball hinausgewachsen».

Deshalb liegt nun die Gegenbewegung voll im Trend. Auch um die Erinnerung an die vernachlässigte Glückaufkampfbahn hochzuhalten, die Vorvorgängerin der Arena, wird dieser Abschnitt der Kurt-Schumacher-Straße nun von einer Fanmeile gesäumt. Ein Stück Straße mit blauweißen Kneipen. Von wegen Systemgastronomie. Dieser Ort ist nicht in den Köpfen von Marketingstrategen entstanden, um geplanten Massenevents eine geeignete Kulisse zu bieten. Er ist gewachsen auf dem Humus lokaler Fankultur. Schalke 04 ist der einzige Club in Deutschland, der so etwas hat. Auf ihrem Weg vom Stadtzentrum zur Arena müssen die Fans diesen Ort der Erinnerung durchqueren, mindestens in der Straßenbahn. Viele nutzen das vor den Spielen für eine kurze Andacht am Tresen. Anhänger auswärtiger Clubs stören dabei nur. Man will sich wieder auf die alten Wurzeln besinnen. Hier, auf der Fanmeile, sind die wahren Schalker unter sich. Ohne Werbeunterbrechung.

Das Marketinggetöse rund um die Arena geht den meisten tatsächlichen Fans nämlich gehörig auf den Geist. Zum Beispiel den «Traditionsveteranen», einer wachsenden Gruppe aus bislang einem halben Dutzend Schalkern, die sich selbst so beschreibt: «Schalke in der Zeit nach dem Umzug in die Arena: Es war nur noch Frust, es war irgendwie nur noch ein stinknormaler Samstag, an dem man eine langjährige Angewohnheit pflegte. Wir verstehen uns als Anlaufstelle für alle Schalker, für die Fußball ein Erlebnis sein oder wieder werden soll und kein Event.»

Wie verabredet, betrete ich um 12:04 Uhr das «Anno 1904». Zum Vorglühen. Hinterm Tresen steht der lange Willi, ein Traditionsveteran, der eigentlich Michael heißt. Stoisch lässt er ein gold schimmerndes Veltins nach dem anderen aus dem polierten Hahn laufen. Der Reihe nach stellt er die halb gefüllten Gläser auf das Abtropfblech. Dabei scheppert es jedes Mal ganz kurz. Ohne Nachklang. Dieses Geräusch gehört zum Pott wie der Soundtrack zu einem Bond-Film. Schön, dass Willi ordentlich zapfen kann. Das ist leider eine aussterbende Kulturtechnik in Zeiten szeniger Flaschenbierkneipen. Ich könnte ihm ewig dabei zugucken, wie er das in scheinbarer Beiläufigkeit hinkriegt, zwischendurch Gläser spült, Geld zählt, dabei eine raucht (das Anno ist ein Raucherclub) und sich im Gespräch mit den übrigen Gästen lautstark Gedanken über die Aufstellung macht. Müsste ich heute fürs Fernsehen Wirte casten, mein Job wäre schon erledigt. Ich könnte ein Feierabendbier trinken. Jetzt zieht Willi den dicken schwarzen Bleistift hinterm Ohr hervor und macht seinen Strich auf meinen Deckel. Dann den zweiten. Dann kommt der wuchtige Tobei durch die Tür. «Sorry, bin spät dran.» Ich bestelle noch zwei und gehe aufs Klo, um Willi ein bisschen Zeit für nachhaltigen Schaum zu geben.

«Schalker» steht auf der blau gestrichenen Tür. Darunter ist eine Schraube gemalt. Auf der zweiten Toilettentür steht «Schalkerin» über einer Mutter. Ich überlege kurz, ob ich in den Garten pinkeln soll. Stattdessen verleugne ich meine Herkunft. Schließlich schmeißt ein Kumpel von Willi im Garten schon den Grill an. Die ganze Kneipe wartet auf Würstchen. «Dat Bier treibt, ne?», sagt der qualmende

Schalker am Pissoir neben mir. Was soll er sonst auch sagen. Ich frage mich vielmehr, wie man so rauchen kann. Der Qualm muss doch tierisch in den Augen brennen. Zumindest verschleiert er den penetranten Geruch der Toilettensteine. Der Nachbar wippt schon in den Knien, sodass seine Gürtelschnalle klappert. «Jau», sag ich, «treibt ganz schön.»

Zurück am Tresen, steht das volle Bier mit Schaum auf dem Deckel, der immer noch zwei Striche zeigt. Daneben ein volles Schnapspinnchen. Der ganze Tresen grinst. Ist das jetzt Schalker Gastfreundschaft – oder sind da K.-o.-Tropfen für den Feind drin? Ob Tobei den anderen erzählt hat, woher ich komme? Den ungewöhnlichen Spitznamen hat Tobias von einem befreundeten US-Amerikaner, der es nicht geschafft hat, ihn als Kind «Tobi» zu rufen – wie die anderen. Seitdem heißt er für alle Tobei. In der Ecke sitzen zwei weißhaarige alte Frauen auf einer knarrenden Tresenbank, die eine mit einem feschen rosafarbenen Strähnchen im Haar. «Die sitzen immer da, da traut sich auch kein anderer auf den Platz», raunt mir Stefan zu, ein kräftiger traditionsbewusster Kollege von Tobei. «Mütter der Gelsenszene», sagt er knapp. Wenn Schalke ein Auswärtsspiel hat, sind einige von ihnen irgendwohin unterwegs, vielleicht um sich in Holland auf einer Wiese mit anderen Hooligans bei einem verabredeten Kampf, einem sogenannten Match, zu schlagen. Vielleicht waren ihre Söhne ja auch auf dem Rock-Hard-Festival im Nordsternpark. Etwa der Kräftige mit dem Schalke-Logo in einem speckigen Ohrläppchen, der auf der Bierbank neben mir saß? Ich überlege kurz, ob ich mit den beiden ein Fachgespräch über Thrash-Metal beginnen soll, um über eine Gemeinsamkeit zu sprechen, die nichts mit Fußball zu tun hat. Beim Blick auf die rosafarbene Strähne denke ich, dass sie wahrscheinlich lieber über den Schlagersänger Olaf Henning reden würden.

Bis die Gelsenszene einige Meter weiter die Fanmeile runter ihre eigene Kneipe eröffnet hatte, war das «Anno» jedenfalls auch ihr

Treffpunkt. Nun sind sie selbst Teil der «Fanmeile». Tobei findet dieses Wort «unsäglich», hat sich aber so eingebürgert. «Fanmeile, um Gottes willen», sagt Stefan. Das klingt so nach Weltmeisterschaft und Showbühne. Immer wenn WM oder EM ist, sitzt er lieber zuhause alleine auf dem Sofa, um sich die Spiele anzuschauen. «Weil mir diese ganzen Modefans voll auf den Sack gehen.» Er meint diejenigen, die immer nur am letzten Bundesligaspieltag in die Kneipe gehen, um sich die «Konferenz» anzugucken. In Gelsenkirchen guckt keiner «Konferenz». «Wir sind hier doch nicht in Düsseldorf.» Zum Glück, denke ich, und will dem Schalker gerade zustimmen.

«Sie sind aber kein Schalker, junger Mann. Das sieht man gleich», ruft mir Rosarot über den Tresen zu. Ob die zuhause einen weißen Pudel mit einer ähnlichen Frisur hat? Ich grinse verlegen – und hoffe,

**Ort lokaler Kulturtechnik: Im «Anno 1904» auf der Kurt-Schumacher-Straße in Gelsenkirchen gibt es zwar gut gezapftes Pils – aber kein Verständnis für den BVB.**

dass sie sich damit zufriedengibt. Mit dem «Sie» hat sie mich ohnehin schon beleidigt. «Wo kommen Sie denn her?», stochert sie nach. «Aus der verbotenen Stadt», sage ich betont lässig. «Dann hammse ja hier eigentlich nichts zu suchen. Aber wo Se schon ma da sind, trinken Se wenigstens Ihren Schnaps aus. Aber Vorsicht, der macht mit Ihnen, wat er will.» Prost! Runter damit. «Booah», muss man jetzt sagen – und mit dem Kopf schütteln, dabei die Wangen schlackern lassen, bis sie dieses unanständige Geräusch machen. Weil das Zeug angeblich so widerlich schmeckt. Stefan sagt, dass er hier nachmittags nach einem (oder mehreren) Nordsturm mal kurz die Augen geschlossen hat. «Als ich sie wieder aufgemacht habe, stand ich auf dem Herner Bahnhof, frühmorgens mitten im Berufsverkehr.» Ich lege eine Frikadelle nach, mit Senf aus der ächzenden Plastikflasche, als Grundlage für den Notfall. Man weiß ja nie, was noch kommt. «Isselbergemacht», sagt Willi. Noch ein Nordsturm, dann schließe ich kurz die Augen.

Als ich sie wieder öffne, ertönt das Steigerlied aus 61 162 Kehlen. Abzüglich der Stimmen einiger gegnerischer Fans, VIPs – und nicht textsicherer Schalke-Touristen, die in Scharen hier ins Stadion strömen. Schließlich ist Schalke schon längst zum Event geworden. Viele kommen mit der gleichen Einstellung hierher wie zum Starlight Express nach Bochum oder in die «Warner-Brothers-Movie-World», einen Freizeitpark in Bottrop. Auf jeden Fall stehen alle auf. Wie beim texanischen Rodeo vor der Nationalhymne. Ich bleibe sitzen, kriege aber eine Gänsehaut, die zum Glück keiner sieht. Das Steigerlied gibt es längst auch in einer Heavy-Metal-Version zum Mitgrölen, von einer Band, die sich auch noch «Die Knappen» nennt und in blauen Zechenhemden auftritt. Auf Schlagerniveau. Aber für viele im Pott ist das Steigerlied Kult, in welcher Version auch immer. Ich denke dabei an meinen Opa, dem sein Steiger sicher näher war als Schalke 04, an Herbert Grönemeyer, Johannes Rau und an die Bergmannskapelle der

Ruhrkohle AG, an Wicküler Pilsener und Currywurst Pommes. Ich ertappe mich bei einer Heimatgefühlsduselei. Und das auf Schalke! In Dortmund nennen sie diese überdachte Arena abschätzig die «Stehbierhalle von Gelsenkirchen», unter deren Dach Hallenfußball geboten wird. Ein alter Nachbar, der seit mindestens 30 Jahren mit seiner Dauerkarte zum BVB rennt, hat als Bauklempner dafür gesorgt, dass dieses Dach dicht bleibt. Statt sich zu schämen, hat er damals stolz von der Baustelle erzählt. Auch an ihn muss ich jetzt denken.

**Glück auf, Glück auf, der Steiger kommt,**
**und er hat sein helles Licht bei der Nacht,**
**und er hat sein helles Licht bei der Nacht,**
**schon angezünd't, schon angezünd't.**

Schließlich bin ich froh, dass es vorbei ist und es nicht lange dauert, bis Schalke in Rückstand gerät. Als Reaktion auf das verdiente Tor der Gegner peitscht die Nordkurve ihre Mannschaft nach vorne, mit einem Lärm, als hätte Schalke gerade getroffen. Ich denke heimlich: Respekt! Plötzlich klingelt es laut, und der riesige Videowürfel unter dem Hallendach fragt: «Lust auf Eis? Nur noch 30 Minuten bis zur Pause.» Langnese! In der Pause senden sie über diesen Würfel alberne Videos, die vor dem Spiel in der «Böklunder-Box» mit euphorisierten Menschen aufgenommen wurden, die man nicht über die Tragweite ihres Tuns aufgeklärt hat. Ich finde das sittenwidrig. Für alle Ewigkeit sind ihre peinlichen Aussetzer nun digitalisiert abrufbar. Als Bildungsminister von Nordrhein-Westfalen würde ich gleich bei der nächsten Kabinettssitzung den Vorschlag einbringen, Medienkompetenz an den Schulen zu lehren. Schon um künftig so etwas zu unterbinden.

«La, la, la, Bayern ohne Titel, Deutschland wunderbar», grölt ein sichtlich Volltrunkener ins Mikro der Böklunder-Box. «Wenn Schalke gewinnt und Dortmund verliert, läuft mein Abend wie geschmiert», reimt ein Furzknoten, dessen Mutter hoffentlich um Erlaubnis gefragt wurde. Nach dem Spiel werde ich kurz an diesen Jungen denken, und an den traurigen Abend, den er vor sich hat. Schalke wird bis dahin sein Spiel verloren, und Dortmund gewonnen haben.

Bier hole ich erst nach der Halbzeitpause, wenn es am Ausschank ruhig zugeht. Schließlich muss ich zweimal anstehen, denn ich habe keine Knappenkarte. Eine Guthabenkarte mit Chip zum Aufladen ist das. So muss nur das Kassenpersonal mit Bargeld hantieren, auch bei den Konzerten auf Schalke. Die Getränkeverkäufer müssen sich nicht mit dem Wechselgeld aufhalten, der Chef behält die volle Kontrolle. «Und welcher Auswärtsfan stellt sich schon nach einer Niederlage noch an der Kasse an, um sich sein restliches Guthaben von 60 Cent abzuholen?», fragt Tobei, der neben mir sitzt. Das alles gehört zum neuen Schalke, von dem die Traditionsveteranen nicht viel halten. Ein neues Trikot mit dem Gasprom-Schriftzug trägt keiner von ihnen. Auf der Südseite rollen sie jetzt ein riesiges Transparent mit den Umrissen eines Trikots aus. Hinter dem vermeintlichen Fanspaß steckt nicht mehr als schnöde Werbung. «Mit solchen Aktionen werden die Fans bloß instrumentalisiert», sagt Stefan. Immer dann, wenn er die Nase voll hat von diesem ganzen Rummel, geht er zu den Spielen seines Heimatvereins. VfB Hüls, fünfte Liga. «Da kannse beim Spiel von der Tribüne aus noch den Rasen riechen.»

In der Tat gibt es sie längst, diese Gegenbewegung im Fußball. Während immer mehr Eventtouristen in die großen neu gebauten Stadien drängen, zieht es viele der tatsächlichen Fans und Liebhaber ursprünglicher Fußballkultur in die unteren Ligen. Weil sie manchmal unter sich sein wollen. Nur unter Menschen, die dieses Spiel zu schätzen wissen, nicht das aufgesetzte Event drum herum. Im gleichen Maße, wie Dortmund und Schalke ihre Stadien füllen, boomt im Pott diese Art der Rückbesinnung. Wahrscheinlich bedingt das eine auch das andere. «Manchmal graut es mir vor dem Gedanken, dass wir endlich Meister sind. Wat meinse, was für Leute hier dann alle plötzlich auftauchen. Hör bloß auf, darf ich ga nich dran denken», schimpft Stefan.

Jetzt ist er so richtig in Rage. Und ausgerechnet in diesem Augenblick begegnen wir Rudi Assauer, für den Stefan nur das Wort «widerlich» übrighat. Der Mann, der einst seinen Spielern geraten hat, nicht «im dicken Mercedes» zum Stadion zu kommen, wo Rentner und Arbeitslose auf der Tribüne stehen, hat seinen schwarzen Jaguar direkt unter der Tribüne geparkt. Das Recht hat man ihm gelassen. Nach dem Spiel lässt er sich mit zwei Trägern des Gasprom-Trikots im Arm fotografieren. «Is kla, dat der wieda 'nen Dicken makiert», sagt einer mit Mütze, der im Pulk neben mir läuft. Gestern erst hatte Assauer anlässlich seines runden Geburtstags dem Fußballfachblatt «Kicker» ein Interview gegeben. «Wir haben hier einiges auf Vordermann gebracht, mit der Arena als Sahnehäubchen.» Und dann macht er diesen abstoßenden Lothar-Matthäus-Fehler, dieses Von-sich-in-der-dritten-Person-Sprechen. Macht sonst außer Boris Becker und Lothar Matthäus eigentlich nur Winnetou. «Das hatte dem Assauer keiner zugetraut, als er anfing. Ich habe hier Spuren hinterlassen.»

Rudi Assauer war so etwas wie ein Schalker Sonnenkönig. «Demnächst gehört uns hier die ganze Stadt. Dann bestimmen wir den Bürgermeister. Wir sagen, was gemacht wird. Und dann geht es wieder bergauf mit dieser Stadt», tönte er in den Monaten, bevor ruchbar wurde, dass Schalke 04 unter ihm noch mehr Schulden angehäuft hatte als der Krisenclub Borussia Dortmund. Und warum das alles? «Wir wollen mit dem FC Bayern gleichziehen», sagte Assauer damals, als das eigene Ego noch größer war als die Erkenntnis, dass dies unmöglich ist. Vielleicht besitzt er inzwischen diese Erkenntnis. Dem Ego hat es wohl nicht geschadet. Für den Historiker Klaus Tenfelde ist dies ein für den Pott «ganz typisches monumentalistisches Denken. Man will hier immer Eiffeltürme haben. Dabei ist das ein babylonisches Denken, bei dem man am Ende ziemlich nackt dasteht.»

Als sich die Massen in Richtung Straßenbahn drängen, haut ein gegnerischer Fan der Siegermannschaft den sichtlich angefressenen Stefan an. «Mensch, ist doch bloß Fußball!» Das war zu viel. Erst das lustlose Gegurke seiner Schalker, gepaart mit dem ewigen Werbegedudel, dann die «Hackfresse mit Sonnenbrille und Cohiba vor seinem Jaguar» und jetzt der Spinner, der keine Ahnung von der Schalker Seele hat. «Das ist nur Fußball?», schnauzt Stefan den verdutzten Fan an. «Nichts habt Ihr verstanden!» Da ist ihm sein alter Kumpel lieber, der BVB-Fan ist. «Mit dem rede ich vorm Derby eine Woche lang nicht. Auf der Straße gucken wir uns nicht mal an. Ist 'ne feste Vereinbarung. Auch nach dem Spiel ist erst mal Funkstille. Der versteht das, sieht das genauso.» In seinem Kleiderschrank hat Stefan nicht ein einziges gelbes Teil. «Nicht mal ein gelbes Taschentuch.»

In der Bahn dann, hinter der Stadtgrenze bereits, treffe ich zwei versprengte Borussen in Schwarz-Gelb. Auf dem Rückweg vom Niederrhein. Sie reden nicht viel.

«Hauptsache, die Blauen ham verloren.»

«Jau!»

«Und für den Saisonabschluss mit Mannschaft im Westfalenpark hab ich extra meinen Urlaub verschoben. Is doch kla, dat we dabei sein müssen.»

«Ja ne, kla is dat kla.»

80 000 werden sich aus diesem Anlass unter dem Dortmunder Fernsehturm versammeln. Nur so, um ihre Mannschaft zu sehen, die an diesem Tag nicht mal Fußballspielen wird. Es gibt keinen Pokal zu feiern, nicht mal einen Sieg. Zur selben Zeit bejubelt in Wolfsburg die gleiche Menge ihre erste Meisterschaft in 64 Jahren. Ohne besondere Vorkommnisse. Bei solchen Gelegenheiten hängt man im Ruhrgebiet

schon noch eine Null dran. Eine Meisterfeier auf Schalke jedenfalls wäre so etwas wie eine unangemeldete Loveparade in Blauweiß. Dabei lohnen sich Vergleiche nicht.

Auch nicht mit Berlin. Dorthin fährt an einem anderen Samstag morgens um kurz nach sieben Uhr ein Sonderzug mit 750 Blauweißen, die «Ultras Gelsenkirchen & Freunde», organisierte, besonders fanatische Schalkeanhänger. Mit dabei ist auch Sibylle, eine aufblasbare Sexpuppe, die lustig durch die Abteile tanzt, zwischendurch auch mal kopfüber aus dem Schiebefenster hängt, mit dem nackten Hintern im Gang. Einmal halte ich sie fest, damit sie nicht unter den Zug gerät. «BVB-Anhänger rettet nackte Schalkerin», würde am nächsten Tag in der beliebten «Reviersport» stehen, die einen Reporter mitgeschickt hat. «Aber das ist einer von uns», flüstert mir Tobei ins Ohr. Journalisten mögen sie hier ansonsten nicht so sehr. Am wenigsten die der BILD-Zeitung. Das Blatt hassen sie wie die Pest. Warum denn, die ist doch so schön bunt? «Weil die sich ständig in die Vereinspolitik einmischt und alles auf den Kopf stellt.» Trotzdem wissen alle wieder, was heute drinsteht. «Außerdem werden wir Schalke-Fans oft als prollige Idioten dargestellt, die auf irgendwelchen Bahnhöfen in ihrem Erbrochenen schlafen.» Was soll ich sagen? Bislang habe ich noch keinen gesehen, der seinen Magen nicht mehr im Griff hat. Aber wir sind ja auch gerade erst losgefahren. Gestern Abend hatte mir Tobei übrigens noch am Telefon gesagt, es sei besser, wenn ich heute nicht gleich jedem erzähle, dass ich Borusse bin. «Ach ja, und ein blaues Hemd solltest du anziehen.» Dann hat er einfach «Tschüss, ne» gesagt – und aufgelegt. Es war eine unruhige Nacht.

Nun sitze ich also wie ein *embedded journalist* in einem verklebten Zuggang: mit einem Veltins in der Linken und dem schlaffen Unterschenkel einer aufblasbaren Sexpuppe (irgendwo entweicht ein bisschen Luft) in der Rechten auf dem Notsitz. Ich stecke in einem dunkelblau-hellblau gestreiften Rugbyshirt und schäme mich. Bis gestern mochte ich das Hemd sehr. Ich fühle mich wie der Berufsschullehrer Harry Wilt in Tom Sharpes «Puppenmord», dem so eine Sibylle nach einem Besäufnis zum Verhängnis wird. Das soll mein letztes Bier für heute sein. Ich habe Mineralwasser im Rucksack und zwei Laugenbrezeln. Schließlich weiß ich Bescheid.

Dann kommt Stefan vom Klo, das heute alle im Stehen benutzen. «Komm, Junge, wir trinken erst mal einen mit Sibylle.» Er kommt langsam in Fahrt. Als ich ihm dann noch erzähle, dass ich neulich mit Harry S. Morgan zusammengesessen habe, ist er nicht mehr zu halten. «Dat glaub ich nich, mit Harry. Und? Hat der dir gleich eine blutjunge Tschechin angeboten? Hat er?» – «Hat er nicht!»

«Hömma», sagt Bernd, der sich dazugesellt hat, weil er den Namen Harry S. Morgan gehört hat. Der Mann scheint Kult zu sein unter Schalkern. Statt zu Porno fragt er mich allerdings gleich was Persönliches. «Wat sacht eigentlich deine Alte zum ewigen Fußballgucken?» – «Och», sage ich, «ich fahr ja nicht zu jedem Spiel. Höre auch mal ganz gerne die ARD-Konferenz zuhause im Radio, auch wenn Manni Breuckmann leider nicht mehr dabei ist.» Ich hoffe, dass der Name des kultigen Rundfunkreporters die Lage entspannt. Der Mann ist schließlich Schalker. Trotzdem war er für mich immer die Stimme der Heimat, egal, wo die Badewanne stand, in der ich ihn hörte, egal, auf welcher Autobahn ich gerade unterwegs war. «Warmduscher!», schnauzt Bernd mich dennoch an. Für Radiohörer hat er nicht viel übrig. «Und ich dachte schon, Benny ist der Einzige, der vor seiner Perle den Schwanz einzieht.» – «Ja, genau, wo is Benny eigentlich?», fragt Stefan. «Hat privaten Stress, du weißt schon», wirft Tobei ein, der im Abteil Bacardi mit Cola mixt (Bier ist nicht so sein Ding). – «Nee, weiß ich nicht», sagt Stefan, und Bernd wird laut: «Perle oder Schalke, is doch ganz einfach. Guck mich an, ich hab mich für Schalker zweimal scheiden lassen.» Als ob es ein Makel sei, das nicht zu tun. Wer Schalke sein will, muss leiden. Opfer bringen. Das Ganze hier hat etwas von einer Pilgerfahrt.

Viele, die hier dabei sind, haben auf eine Einladung von Gasprom verzichtet. Der Großsponsor hat ein Dutzend Busse bezahlt, die ein paar hundert Gleichgültige kostenlos nach Berlin fahren. «Kam für uns gar nicht in Frage», sagt Tobei, «dass wir uns von denen kaufen lassen». Noch spielt Schalke nicht in der russischen Liga, wo Anhänger, die loyal zum Eigentümer stehen, die Chance auf eine Einladung zum Gastspiel irgendwo in Europa haben.

Nicht so wie damals, in der UEFA-Cup-Saison 1997. Erst ging es für die Schalker bloß ins nahe Kerkrade. Aber dann ging es ins Geld: In die Türkei, nach Spanien, auf die Kanaren und zum Endspiel nach Mailand. «Damals hab ich 12 000 Mark verballert und reichlich Urlaub. Wat meinse, wie viele damals von uns einen Kredit aufgenommen haben», sagt Bernd, «aber war geil, prost.» Jetzt ist Stefan dran mit seinem besten Auswärtsspiel: «Da muss ich ga nich überlegen: Das war auf Malle, ganz klar.» Wieder Mallorca, das in den Köpfen der Menschen aus dem Pott eine ganz spezielle Rolle spielt. Es ist der Fluchtpunkt für die Sehnsucht nach einer Art Süden, wo der Ruhrgebietsmensch aber wieder unter seinesgleichen ist. Zumindest in großen Teilen von El Arenal und Cala Ratjada. Es wird schon seinen Grund haben, warum der Ruhri zumeist in der Gruppe auftaucht, eben wie hier im Sambawagen auf dem Weg zum Fußball.

Im Oktober 2001 spielt Schalke also in Palma gegen Real Mallorca und gewinnt sogar mit vier zu null. «Wie geil das war! Ich fahre jedes Jahr nach Malle, kenn die Insel wie sonst nur den Pott. Und dann stehse im Schalke-Trikot zum Auswärtsspiel am Ballermann 6, so!» So, sagt er und streckt dabei die Arme über den Kopf. In der linken Hand den Bierbecher, der Zeigefinger der rechten spreizt sich ab, weiter nach oben. Das heißt Spitze! Superlativ. «Mehr geht nich, prost!» Das erste Pils hatte es schon bei Willi im «Anno 1904» gegeben, kurz vor

Gütersloh hat Bernd nun das halbe Dutzend voll, Stefan zählt nicht mit, ist aus dem Alter raus. Willi hatte morgens um fünf, vor der Abfahrt, die Kneipe aufgemacht. Lecker Mettbrötchen mit Zwiebeln, dazu Rührei.

45 Euro kostet die Fahrt, 19 Euro die Karte fürs Spiel, dazu Essen, reichlich Bier – und ein paar Flaschen Nordsturm. Augen zu und durch. Bei Willi haben sie für Chris gesammelt, damit er mitfahren konnte. Ihm sitzt die Kohle nicht so locker, erst hat er den Job verloren, und jetzt wird er auch noch Vater. Von einem Kind, dessen Mutter er bloß einmal gesehen hat. «Dat is Schalke», sagt Tobei, «wir lassen keinen alleine.» Auch nicht die Tussi, die von Chris geschwängert wurde?, denke ich. Alles hier erinnert an eine Bundeswehrzeit, in der die Züge noch den gleichen rostbraunen Kunstlederbezug hatten wie diese ausrangierten Waggons. Auch jetzt ist Rauchen üblich, das hier ist eine Privatfahrt. Der Qualm mischt sich mit dem Duft von Gerstensaft aus Plastikbechern und Männerschweiß. Im Nachbarabteil macht eine Kiste Kleiner Feigling die Runde. Schließlich sitzen da zwei junge Frauen mit im Abteil. Die Blonde blickt schon in Wolfsburg aus Sehschlitzen, hinter denen die Farbe ihrer Iris ein Geheimnis bleibt. Dazu grinst sie, von morgens bis abends. Schalke macht glücklich. In Spandau, dem Eingang Berlins, knallen die ersten Böller, gleich beim Aussteigen auf dem Gleis. Polizisten in voller schwarzer Kampfmontur hasten wie nervöse Rennpferde über den polierten Granitboden, um die Hauptstadt vor den einfallenden Ruhrgebietshorden zu schützen. «Ruhrpottkanacken, wir sind die Ruhrpottkanaaacken», grölt es aus ein paar hundert Mäulern nach dem Sound des Guantanamera. Mit dieser Melodie wurden im vorrevolutionären Kuba schlechte Nachrichten angekündigt.

Für eine kurze Zeit regt sich heimliche Sympathie in mir. Aus dieser Perspektive fühle ich mich als Gast in der Stadt, in der ich gerne zuhause bin. Auch wenn es bloß Spurenelemente von Fußballkultur hier gibt. «Hertha? Dat is wie Paralympics», hatte mir neulich noch ein Kreuzberger Nachbar aus Herne mit auf den Weg ins Olympiastadion gegeben. Zum Spiel gegen den BVB. In Anspielung auf das nicht vorhandene Charisma des Berliner Bundesligisten. «Kniet nieder, Ihr Bauern, Schalke ist zu Gast», schallt es beim Treppenaufgang aus der S-Bahn Olympiastadion. Und wieder knallt es. Damit zerplatzt meine Sympathie. In den ersten Reihen wird rumgerempelt. Die Polizisten, die den Pulk einrahmen, haben aber keine Lust auf Pogo mit betrunkenen Schalkern. Sie schlagen zu. «Schlagstockeinsatz» heißt das im Polizeijargon. Neben mir jammert ein kleiner Blauer, sinkt zu Boden und krümmt sich auf dem schmalen Grünstreifen vor dem Ausgang. Stefan kümmert sich um ihn, schaut nach, ob seine Rippen gebrochen sind. Sind bloß Prellungen. «Wirse aber ein paar Tage Spaß mit haben.»

Plötzlich fliegen Glasflaschen. Ratzfatz hat Harry die Hände auf dem Rücken verschränkt und wird abgeführt. «Ausgerechnet der Harry. Sein Stadionverbot is doch erst seit zwei Wochen abgelaufen», lallt die Blonde mit den Sehschlitzen und bettelt bei der Polizei. «Ausgerechnet der Harry.» Die Polizisten kennen keine Gnade. «Ihr seid hier in der Hauptstadt. Da müsst ihr euch an so was gewöhnen.» Auch ein paar andere werden abgeführt, zur Vernehmung in den Polizeibulli. Das Olympiastadion ist ausverkauft, was selten passiert. Es sei denn, Schalke kommt, der BVB oder Bayern München.

Auf den Sitzplätzen stehend, die Klappstühle sind bloß Kulisse, skandieren dann ein paar Tausend in Blauweiß. «FC Schalke, schieß ein Tor für uns.» In einer Tour, über eine Viertelstunde lang, auch wenn die Mannschaft nicht gehorcht. Auf der Anzeigetafel der gegenüberliegenden Seite lese ich, dass der BVB gewonnen hat. Zufriedenheit macht sich unter meinem blauen Rugbyhemd breit. Zu den wenigen Spielern, die sich nach dem Abpfiff artig bei den mitgereisten Schalkern bedanken, gehört Manuel Neuer. Torwart aus Gelsenkirchen-Buer. Er spielt auf Schalke, seit er fünf Jahre alt ist. «Buerschen-schaft» hat der blonde junge Mann mit den roten Wangen auf seinem T-Shirt stehen, das er unter seinem Torwarttrikot trägt. Das ist der Name des Fanclubs, dem er selbst seit langer Zeit angehört. Immer wieder winkt er hoch, in den Rang, wo seine Buerschen stehen. Wie bei jedem Spiel. Alte Kumpel aus Buer, mit denen er auch als Großverdie-ner noch um die Häuser zieht. Mit ihnen kommt er gelegentlich auch bei Willi vorbei. Für seine Internetseite hat er sich vor dem Förderturm der stillgelegten «Zeche Nordstern» in Pose gestellt. Das gefällt den Schalkern, die ihren Verein den «Kumpel- und Malocherclub» nen-nen. Neuer kann einer werden wie Olaf Thon. Mit dem haben sie sich lange Zeit identifiziert. Er hat es aus Gelsenkirchen-Horst, also aus dem Schatten von «Nordstern», zum Weltmeister 1990 in Rom gebracht.

Die Brasilianer im Pott dagegen kommen und gehen, auf Schalke wie in Dortmund. Aber einer wie Neuer wird immer einer von hier bleiben. Sein Konterfei haben sie bereits auf einer großen blauweißen Fahne verewigt. «Echter Schalker Jung» steht drauf. Seine Präsenz auf dem Platz, sein Auge für hohe Bälle und seine Fähigkeit mitzuspielen weckte längst Begehrlichkeiten anderer Clubs. Viele vergleichen den blonden Hühnen schon mit Oliver Kahn. Wegen seiner Körperspra-che, diesem burschikosen Selbstbewusstsein, das auch auf der Straße in Gelsenkirchen funktioniert. Neuers Habitus erfüllt die Sehnsüchte nach echten Typen in einer zunehmend konturlosen Welt der Abitu-rientenfußballer. Seine Fans denken, dass er nicht austauschbar ist. Ein Schalker Original, nicht bloß eine Währung in der globalisierten Fußballwelt. «Der würde niemals zu den Bayern gehen. Der nicht», behauptet Tobei, «da bin ich mir zu 1904 Prozent sicher. Beim Manu halte ich jede Wette.» Geht der, würde einiges auf Schalke verloren gehen. «Und wenn, dann geht der höchstens ins Ausland, aber nicht zu den Bayern. Der hat doch das ganze Drama 2001 mit uns auf der Tribüne erlebt.»

Damals, als Schalke zum Meister der Herzen wurde, sich am letzten Spieltag vier Minuten und 38 Sekunden lang als Deutscher Meister wähnte. Bis die Bayern das Fernduell mit Schalke durch ein Freistoßtor in der Verlängerung noch für sich entschieden und Oliver Kahn nach einem Sprint zur Eckfahne diese aus dem Rasen riss, sich auf den Rücken legte und siegestrunken wie ein Verrückter mit dieser gelben Fahne wedelte. So demütigte er die Schalker Fans, die das mit ansehen mussten. Im Augenblick ihres vermeintlich größten Sieges. Auf der Videoleinwand im heimischen Parkstadion, wo das eigene Spiel längst abgepfiffen war und die Massen im vermeintlichen Jubel um die erste Deutsche Meisterschaft nach 43 Jahren auf den Rasen gerannt sind. Sogar ein Feuerwerk wurde schon gezündet. Die Böller waren im Radio zu hören, in der Reportage von Manni Breuckmann. Auch Manuel Neuer war dabei, als 15-Jähriger auf der Tribüne. Ich habe damals irgendwo die Stimme von Manni Breuckmann gehört: «Also, es ist ganz furchtbar, was sich hier in den letzten Minuten auf Schalke abgespielt hat. Das kann man mit dürren Worten nur sehr, sehr schwer beschreiben. Ich glaube, der Begriff lähmendes Entsetzen ist viel zu niedrig gegriffen.» In diesem Moment gönnten sogar viele Dortmunder den Schalkern die Schale. Natürlich heimlich. «Hauptsache, nich die Bayern!»

Ein paar Jahre später wedelte Manuel Neuer selbst mit der Eckfahne. Diesmal in München, nach einem Sieg gegen die Bayern. Neuer ist Schalke. Er schenkt den Fans eine kleine süße Rache. «Es war ein Zeichen für die Schalke-Fans da oben im Block», sagte Neuer nach dem Spiel, in dieser breiten Sprache, die sie außerhalb des Ruhrgebiets immer ein bisschen prollig finden. «Niemals geht der zu den Bayern», wiederholt Tobei. Er ist ein Fan, ich bloß Realist. Ein paar Tage nach diesem Gespräch verkünden die Bayern offiziell ihr Interesse an Schalkes Torwart. Dabei lehnen sie sich in etwa so weit aus dem Fenster wie Sibylle aus dem Sonderzug. «Es gibt nur einen Torhüter, der uns derzeit interessiert. Das ist Manuel Neuer von Schalke 04. Wir haben Schalke 04 von unserem Interesse informiert», sagte Uli Hoeneß, der zu diesem Zeitpunkt maßgebliche Mann in München, der Sport-BILD. Als Bundesligainteressierter weiß ich, dass es nun ernst wird für die Schalker.

Natürlich sind die Bayern so etwas wie der gemeinsame Feind, der im Süden sitzt. Auch wenn über die Gemeinsamkeiten niemals öffentlich gesprochen wird. Sei es drum. Ich bin ohnehin nicht mehr als ein lebenslanger Anhänger von Borussia Dortmund, verglichen mit den «Traditionsveteranen» aus Gelsenkirchen. Das sind Fans. Der Historiker Klaus Tenfelde glaubt übrigens auch nicht, «dass Gelsenkirchener und Dortmunder sich wirklich hassen. Nur so beim Fußball. Und wenn sie das sagen, kneifen sie dabei noch ein Auge zu.» Dass man sich vor den Lokalderbys streitet, sei doch Teil einer «hübschen Identität» im Ruhrgebiet. Übrigens hat Neuers Berater sein Büro nur ein paar Meter von der Stelle entfernt, an der Frührentner Horst de Loche in Dortmund-Hörde täglich den Fortschritt am Bau des Phönixsees überwacht. Zu seinen Kunden gehören auch einige BVB-Spieler.

Pünktlich zur Rückfahrt aus Berlin hält noch die Limousine von Josef Schnusenberg, dem Vereinsvorsitzenden des FC Schalke 04, vor dem Spandauer Bahnhof. Ein athletischer blonder junger Mann im blauen Trainingsanzug steigt aus, läuft unerkannt die Treppe zum Gleis hoch und verschwindet im selben Zug wie Sibylle, Tobei, Stefan, Bernd und die Blonde mit den Sehschlitzen. Auf der Rückfahrt nach Gelsenkirchen versorgen die Jungs von der Buerschenschaft Manuel Neuer mit Schnitzelbrötchen aus dem Sambawagen. Er hält sich in ihrem Abteil versteckt, unter seinesgleichen. Am Tag nachdem Uli Hoeneß öffentlich um Manuel Neuer warb, sagte Neuer dann, dass er auf jeden Fall auf Schalke bleibt. «An etwas anderes habe ich nie gedacht.» Natürlich glaube ich nicht, dass er diesen Wechsel nicht ernsthaft erwogen hat – Tobei schon. Er meint übrigens, der Neuer sei einer, mit dem man Meister wird. Das hatte der Hoeneß sich wohl auch gedacht.

«Mir ist jeder lieber als Bayern», sagte Frank Goosen im Gespräch über die deutsche Meisterschaft und ließ keinen Zweifel aufkommen. Inzwischen habe ich das Feindesland verlassen und sitze im Regionalexpress hinter Gelsenkirchen, zwischen Herne und Castrop-Rauxel. Durch das Zugfenster sehe ich links die zwei riesigen Bögen des Horizontobservatoriums auf der Halde Hoheward. Zurück nach Dortmund – in die ehemalige Herzkammer der deutschen Sozialdemokratie. Ihr hat die kollektive Ablehnung der Bayern immer genutzt. Der Fußball erlaubt so wunderbare Analogien zur Politik. Denn gegen die Bayern halten die Ruhris zusammen, egal, ob im Stadion oder an der Wahlurne. Einst gegen den Kanzlerkandidaten Franz-Josef Strauß, auch gegen Edmund Stoiber, den Verwaltungsbeirat von Bayern München. Heute müsste die SPD schon einen Bayern gegen sich haben, um das Ruhrgebiet so zu mobilisieren wie früher. Die SPD hat deutschlandweit massiv an Zustimmung eingebüßt. Für mich ist dies Grund genug, sie dort zu besuchen, wo sie stets Kraftreserven mobilisieren konnte. Die Partei hat im nördlichen Stadtbezirk Eving zu einer Fahrradtour eingeladen. Es ist Wahlkampf.

# Herzfehler

Dass die Radtour durch Eving ausgerechnet an diesem Sonntag stattfindet, an dem die Bundes-SPD einen kurzfristig angesetzten Sonderparteitag in Berlin abhält, konnte niemand vorher wissen. Nach einer neuerlichen Wahlniederlage muss sich die Bundespartei dort sammeln. In einer vergleichbaren Situation wäre Willy Brandt während seiner 23 Jahre als Vorsitzender der mitgliederstärksten Partei Deutschlands ganz sicher hierhergekommen, in den Pott. «Das hat er immer so gemacht. Wenn es irgendwo brannte, ging Willy Brandt ins Ruhrgebiet und holte sich da die Leute weg – zur Unterstützung», erinnert sich Wolfgang Clement. Das Ruhrgebiet hat aber seinen Einfluss innerhalb der SPD verloren. «Es spielt ja heute keine Rolle mehr in der Meinungsbildung der SPD», sagt Clement, «früher war das Ruhrgebiet in der Meinungsbildung ein unübergehbarer Pol.» Eving ist eine Insel, auf der man das Gefühl haben könnte, dass es noch immer so ist. Vor allem fühlt sich die SPD hier noch als tatsächliche Volkspartei an, ausgestattet mit einer entsprechenden Mehrheit, die das Tragen dieses Titels legitimiert. Vielleicht sollten sie beim SPD-Reiseservice, dem Reiseveranstalter für Freunde und Mitglieder der SPD, zweiwöchige Kuren auf dieser Insel anbieten. Für Leute, die den Machtverlust ihrer Partei nicht verkraftet haben. Denn Eving ist ein bisschen «Good Bye, Lenin». In dem Spielfilm über das Ende der DDR simuliert der Sohn einer todkranken Mutter den Alltag des untergegangenen Landes, um sie zu schonen. Außerhalb von Eving geht die SPD unter, aber hier läuft alles weiter wie zu den Zeiten, als Willy Brandt noch lebte und Johannes Rau Landesvater war.

Es ist Viertel vor zehn Uhr an diesem Morgen. Die SPD hat einen gut sichtbaren Vorposten zum Markt in Eving geschickt, damit jeder, der hier vorbeikommt, gleich Bescheid weiß. Zwei ältere Damen mit flotten sozialdemokratischen Kurzhaarfrisuren stehen vor einem Wahlplakatständer – der CDU. Sie sehen aus wie Schwestern. Beide tragen ein rotes Polohemd, «SPD – Team Eving» ist in großen weißen Lettern auf die Damenrücken geschrieben. Der Plakatständer stört ein bisschen das harmonische Bild. Wahrscheinlich waren die «Schwatten», so das regionale Synonym für CDU, einfach schneller. «Guuten Mooorgen», grüßen die beiden Frauen im Duett, und das laut, sehr laut. Ich erinnere mich an das Gespräch mit einer Freundin, der bei ihrem ersten Besuch im Ruhrgebiet vor allem auffiel, «dass die Frauen dort immer so wahnsinnig laut reden». Weil diese beiden es auf eine freundliche Art tun, die wirklich echt ist, verzeihe ich die Ruhestörung. Aber welcher Sozialdemokrat liegt denn um kurz vor zehn Uhr noch im Bett? Die SPD ist nicht die Partei der Hedonisten, derer, die das Leben in vollen Zügen zu genießen wissen, erst recht nicht im Pott. In den hiesigen Kreisen gelten Langschläfer als dekadent. Schon komisch, dass sie ihrem Willy das schöne Leben verziehen haben. Schließlich hielt der Lebemann den Frauen im Allgemeinen und dem Alkohol im Besonderen ebenso die Treue wie seiner Partei.

Nach und nach trudeln die Fahrradfahrer auf ihren Aluminiumrädern ein. Diejenigen, die ein Mandat innehaben, in Stadtrat oder

---

**SPD-Team Eving: Ganz Deutschland steht unter der Herrschaft der Bürgerlichen, ganz Deutschland? Im nordöstlichen Ruhrgebiet, an der A2, gibt es einen Ort, der zähen Widerstand leistet.**

Bezirksvertretung, tragen auch so ein rotes Polohemd. Und sie geben jedem die Hand. Die Hemden gibt es für 16,50 Euro im «SPD-Image-shop», zu bestellen im Internet. Die Hälfte davon zahlt der SPD-Stadtbezirk, einer von zwölf in Dortmund. Die Volksnähe muss sich jeder selbst aneignen. Oliver Stenz braucht dazu ganz sicher kein Parteiseminar. Den einheitlichen Auftritt findet er schon mal gut. «Wir ham ja hier voll die Koaporät Eidentiti», sagt er – und lacht laut, sehr laut. Bei ihm hat auch das «Du» nichts mit der SPD zu tun, sondern mit seiner Herkunft. Mit 17 Jahren hat er auf «Minister Stein» gelernt, der örtlichen Zeche, die das Leben in Eving lange Zeit bestimmt hat. Irgendwann waren ringsherum alle Zechen dicht, aus dem Bergmechaniker wurde ein Hausmeister. Jetzt ist Oliver Anfang 40 – und «der einzige Abeita in meim Oatsvaein». Die anderen sind Beamte, Angestellte, Hausfrauen oder Rentner. Zwar ist die SPD längst keine Arbeiterpartei mehr, auch nicht in Eving, aber hier sieht sie sich selber noch so. Tatsächlich fällt heute irgendwann der Begriff «Arbeiterklasse».

Oliver bietet der SPD auf seinem Rücken jedenfalls die breiteste Werbefläche. Beim Wettbewerb um das Mitglied mit den dicksten Oberarmen im Pott hätte er einen sicheren Platz in der Spitzengruppe. Wären doch alle Politiker so authentisch; es fällt leicht zu entscheiden, ob man diesen hier mag oder eben nicht. Außerdem sagt er, was er denkt. Damit verfügt er über ein Alleinstellungsmerkmal. Dagegen fällt es selbst wahlwilligen Politikinteressierten schwer, aus der Reihe der Politikerdarsteller der Heils, Söders und Özdemirs bei geschlossenen Augen einen Unterschied herauszuhören. Machen Sie mal den Test, die klingen tatsächlich alle gleich. Oliver Stenz dagegen bräuchte nur «Tach» zu sagen – und jeder wüsste sofort, woran er ist. Er stellt sich selbst dar. Bis dann ein Medienberater kommt, ihm die Krawattenfarbe aussucht und Sätze beibringt, die mit «die Menschen im Land» beginnen.

Dirk Meyer-Jäkel, der Vorsitzende der 750 Sozialdemokraten in diesem nördlichen Teil der Stadt, findet beispielsweise, dass die Menschen im Land heute Morgen unbedingt sehen sollen, wie stark seine SPD immer noch ist. Zum Glück sagt er das nicht. Aber er verteilt eifrig kleine rote Fähnchen an sämtliche Mitfahrer. Gruppenstärke 35. Ich kriege auch eines, 36. Das letzte Mal, dass ich mit so einem Teil am Fahrrad durch diese Stadt gefahren bin, war an irgendeinem Herbsttag des Jahres 1980 – in der heißen Phase des Wahlkampfes Schmidt vs. Strauß. Die Kinderlocker der SPD hatten mich in der Nachbarschaft eingefangen und zum Werbeträger für ihre Sache gemacht. Damals fanden noch Kinderfeste dieser der SPD nahestehenden Jugendorganisation «Die Falken» (Sozialistische Jugend Deutschlands) in unserer Siedlung statt. Kaum hatte ich dort meinen Becher Limonade abgestaubt, wurde ich heimtückisch mit Politagitation überzogen. Dabei lehnten die friedensbewegten Falken doch den NATO-Doppelbeschluss ab, der von ihrem Bundeskanzler Helmut Schmidt wie wild vorangetrieben wurde. Jetzt war ich völlig verwirrt, auch wenn die Bärbels in den blauen Hemden, die mir die Limonade kredenzten, ganz nett waren. Ich konnte damals ja nicht wissen, wie belastbar die SPD-Basis in meiner Heimat ist. Zu meinen DAB-Bierdeckeln zwischen den Speichen steckten sie nun also noch das SPD-Fähnchen an den Gepäckträger. Jetzt entsinne ich mich, dass es noch so einen Pappschirm dazu gab, der als Sonnenschutz über der Stirn klappte und mit einem dünnen Gummiband über den Kopf gespannt wurde. Aber der Schirm flog an der nächsten Straßenecke ab.

Im Jahr darauf klärte der «SPIEGEL» den Widerspruch auf, der mich an diesem Tag bewegt hatte. «Wo gerüchteweise jeder rote Stammwähler einen Genossen zum Nachbarn hat, erregt man sich nicht über Raketen. Da wird über die hohen Benzinpreise gestritten, über die acht Prozent Arbeitslosen, über die Ankündigung des Stahlriesen Hoesch, ein versprochenes Walzwerk nicht zu bauen und

6500 Arbeitsplätze zu streichen.» Mir selbst gefielen jedenfalls die blauen Hemden der Bärbels überhaupt nicht. Aus irgendeinem Grund. Jahre später, als die Mauer fiel, wusste ich dann gleich, was mir daran nicht behagt hatte. Auf jeden Fall hatte ich mich auch damals nicht gegen das SPD-Fähnchen gewehrt. Denn Franz-Josef Strauß war im Pott mindestens so unbeliebt wie der amtierende Deutsche Meister FC Bayern München. Es hat auch einige Zeit gedauert, bis ich verstand, warum Strauß so unbeliebt war. Im zweiten Schuljahr mochte ich bloß sein schwitzendes, feistes Bullengesicht nicht, auch nicht die Art, wie er sprach, die mich an Fernsehdokumentationen über den Zweiten Weltkrieg erinnerte. Wie er, so schien es mir, sprachen dort immer nur die Bösen. Sie wissen, wen ich meine.

Dass die Nazis Kriminelle waren, die polnische Zwangsarbeiter über Bombentrichtern in den Wäldern aufgehängt hatten, in denen wir 35 Jahre später bunte Blätter für die herbstliche Tischdekoration in der Grundschule sammelten, hatte ich bereits von meinem Opa gelernt. Der ging ganz früher auf dieselbe Zeche wie nachher Oliver Stenz. Natürlich war er seit einer gefühlten Ewigkeit «inne Gewärchschaft» und Sozialdemokrat in einem Sinne, wie es ihn heute nur noch in den Reden von Franz Müntefering gibt oder im Deutschen Historischen Museum. Kurz nach dem Ende von Weltkrieg I fuhr mein Opa das erste Mal ins Bergwerk ein, als 14-Jähriger. Im gleichen Alter sollte ich die Lektüre des Schimmelreiters und Latein als zweite Fremdsprache als unzumutbar empfinden.

«Keiner von uns sollte jemals so reden wie er», sagte Helmut Schmidt also 1980 über Franz-Josef Strauß. In seinem Wahlwerbespot sprach er mir damit aus der Seele. Bei einem Wahlrecht für Siebeneinhalbjährige hätte ich mich zweifellos für Schmidt entschieden. Aus dem einfachen, aber einleuchtenden Grund, weil ich Strauß doof fand. Deshalb konnte ich auch ohne schlechtes Gewissen mit einer SPD-Fahne durch die Gegend fahren. Die war damals übrigens schwarz-rotgelb. Heute ist dieses alberne Fähnchen an meinem Gepäckträger eine Zumutung für mich. Sie hat so etwas gleichgeschaltetes, winkelementmäßiges, das mir in dem Jahrhundert nach dem Ablauf zweier deutscher Diktaturen nicht mehr gefällt. Natürlich ist das eine Überhöhung, aber in einer Demokratie darf man so denken, auch auf der Insel Eving. Ich beuge mich also dem Gruppenzwang und bin schon wieder ein eingebetteter Journalist inmitten einer Horde von Menschen, die ziemlich bedingungslos hinter einem Verein stehen. Nur dass die Mitglieder in diesem Verein immer weniger werden.

Wahrscheinlich ist Deutschland auf dem Weg weg von der Parteiendemokratie, die es jahrzehntelang war. In dieser politischen Ordnung spielte das Ruhrgebiet stets die Rolle des starken roten Blocks. Klar, erst kamen die Grünen und später noch die Linkspartei hinzu, die diese Arithmetik gehörig durcheinanderwirbelten. Aber jetzt geht es an die Substanz aller. Die Parteiendemokratie löst sich auf wie eine Vitamin-C-Tablette in einem Glas Sprudelwasser. Ich frage mich, was nach den Parteien kommt. Reine Wahlvereine, die immer dann ihre Sympathisanten mobilisieren, wenn gerade wieder gewählt wird? Das ist wohl die wahrscheinliche Variante. Funktioniert in den USA schließlich auch, und das schon ziemlich lange. Für die SPD sind die fetten Jahre jedenfalls vorbei, sogar im Pott. Die großen Ruhrgebietsstädte fallen nicht mehr aus Selbstverständlichkeit an die SPD, wenn überhaupt. Warum auch? Fragt sich wohl der Wähler in der einstigen «Herzkammer der deutschen Sozialdemokratie».

Dieses geflügelte Wort, das Herbert Wehner zugeschrieben wird, ließ Willy Brandt zuletzt im Herbst 1990 über die Köpfe einiger tausend Genossinnen und Genossen in der vollbesetzten Dortmunder Westfalenhalle steigen. Die Menge jubelte ihm dabei zu. Auf der Bühne standen damals außerdem Johannes Rau, amtierender Ministerpräsident in Nordrhein-Westfalen, Hans-Jochen Vogel, der Parteivorsitzende, sowie der recht langhaarige Harald Schmidt. Den konnte die

SPD zu der Zeit noch als Moderator solcher Wahlkampfveranstaltungen bezahlen. Er stand kurz vor seinem großen Durchbruch. Der Kabarettist Hanns Dieter Hüsch aus Moers trug an einem kleinen Tisch sitzend sinnige Verse vor, die ich leider nicht mitbekommen habe. Schließlich musste ich mich hinter der Bühne um das VIP-Catering von Harald Schmidt kümmern. Bockwürstchen mit Kartoffelsalat. Ein Jahr zuvor bereitete Bono Vox sich an selber Stelle darauf vor, auf die Bühne zu laufen. Die anderen Bandmitglieder waren schon oben, Drummer Larry Mullen Jr. schlug bereits seine Drumsticks im Takt. Die Menschen im ausverkauften Rund der Halle warteten im Dunkeln.

**I wanna run / I want to hide**
**I wanna tear down the walls / That hold me inside**
**I wanna reach out and touch the flame**
**Where the streets have no name**

Das waren seine ersten ziemlich heiseren Worte nach dem langen instrumentalen Intro von «Where the streets have no name». An drei Abenden hintereinander trat U2 mit diesem Love-comes-to-town-Konzert in der Westfalenhalle auf, die damals regelmäßig von Musikfans aus ganz Deutschland angesteuert wurde. Alle Großen spielten zu dieser Zeit hier: Eric Clapton, Depeche Mode, Pink Floyd, Tina Turner, Genesis, Paul Simon. Das sollte sich in dem gleichen Maße ändern, wie die SPD hier an Bedeutung verlor. Heute wird Peter Maffay als Höhepunkt des Konzertjahres verkauft, und bei einem zufälligen AC/DC-Konzert kommt der Gedanke auf, dass sich die Jungs vielleicht im Jahr vertan haben.

Aber jetzt, damals, kam erst einmal Oskar Lafontaine. Unter tosendem Applaus zog der Spitzenkandidat für das Amt des Bundeskanzlers in die Halle ein. Ich weiß nicht mehr, welches Lied dazu gespielt wurde. Auf jeden Fall wurde gesungen. Die Verantwortlichen, die mit Walkie-Talkies durch den riesigen Bau wieselten, waren ziemlich angespannt. Sie sorgten sich um die Sicherheit der SPD-Spitzen. Im April hatte Lafontaine das Messerattentat der verwirrten Adelheid Streidel bei einem Wahlkampfauftritt in Köln überlebt. Sie traf ihn am Hals, Lafontaine blieb ohne bleibende körperliche Schäden. Aber was ging seither in seinem Kopf vor, wenn er so eine Veranstaltung betrat? «Ich wollte einen töten, Rau oder Lafontaine», sagte sie in ihrer Vernehmung. Johannes Rau, der an jenem Abend direkt neben Lafontaine auf der Bühne stand, war ihm seit jenem Abend besonders verbunden.

Ein halbes Jahr später wurde Bundesinnenminister Wolfgang Schäuble Opfer eines Attentats. Und das nur wenige Tage vor dieser Abschlusskundgebung eines langen Wahlkampfes in der Westfalenhalle. Bei einem Wahlkampfauftritt im Badischen hatte ein psychisch kranker Mann dreimal auf den CDU-Politiker geschossen. Seither ist Schäuble vom dritten Brustwirbel an abwärts gelähmt. Dieses Attentat war das große Thema, als Johannes Rau als Erster der SPD-Größen – und lange vor Beginn der Veranstaltung – die Halle betrat. Überall schüttelte Rau Hände örtlicher Genossen, sogar auf dem Weg zum Klo. Allen war klar, dass die deutsche Einheit ein mächtiger Wahlhelfer für Helmut Kohl war. Aber hier, in Dortmund, mitten im Ruhrgebiet, konnte die SPD ihre Stammwähler gegen den wuchtigen Pfälzer mobilisieren. Lange Zeit fanden in der Westfalenhalle nach bundesweiten Wahlkämpfen die traditionellen Abschlusskundgebungen der SPD statt. Viele Jahre war Hermann Heinemann Geschäftsführer des gläsernen Veranstaltungskomplexes an der B1. Als Vorsitzender des mächtigen SPD-Bezirks Westliches Westfalen, zu dem auch das östliche Ruhrgebiet gehört, war er der Vorgänger von Franz Müntefering. Er galt als Müntes Mentor. Dann wurde er Arbeitsminister in der Landesregierung von Johannes Rau. Auf solchen Verbindungen ruhte die Macht der SPD im Pott. Es war eine Statik der lokalen Machtträger, die an bestimmten Stellen noch heute funktioniert.

«Oskar, Oskar», riefen die Leute. Lafontaine war sehr beliebt im Ruhrgebiet. Und er ist es noch immer. Er ist die heimliche Liebe vieler Sozialdemokraten, auch wenn er fremdgegangen ist. Lafontaine spricht aus, was viele Sozis denken, wenn er die Verstaatlichung privater Banken in den Mund nimmt. Als Saarländer hat er im Pott zudem einen Kohlebonus. Schließlich macht das Revier zwischen Saarlouis, Saarbrücken und Völklingen ähnliche Erfahrungen mit dem Strukturwandel wie das Ruhrgebiet: Die Völklinger Eisenhütte steht neben der Essener «Zeche Zollverein» auf der Welterbeliste der UNESCO. Industriearbeitsplätze gibt es hier wie dort vorrangig in den Industriemuseen. Mit dem Mann können sich viele Genossen hier identifizieren. Aber eben nur heimlich. Schließlich gilt sein plötzlicher Abgang als SPD-Vorsitzender als unehrenhaft. Er hat hingeschmissen. Das darf die Partei nicht verzeihen. Aus Sicht vieler ehemaliger SPD-Mitglieder in der ehemaligen Herzkammer der Sozialdemokratie hat Lafontaine damit bloß den Schritt vollzogen, den sie später selbst gegangen sind. Die Abwendung von Gerhard Schröder und seiner Politik der «Neuen Mitte», in der sie sich und ihre Ideale nicht mehr wiederfanden. Wenn man so will, hat der einstige SPD-Vorsitzende den Parteiaustritt vorgelebt. Vor allem unter einigen ehemaligen Stammwählern der Partei stoßen die Linken, für die Lafontaine inzwischen im Pott auftritt, auf Zustimmung. Es ist die Gewerkschaftsklientel. Gegen die Schwatten zu verlieren, das können die SPDler im Pott noch einstecken. Aber zu verlieren, weil sich die eigenen Leute abwenden, nicht mehr zur Wahl gehen – oder sich gar für die Linkspartei entscheiden –, das ist zu viel des Guten.

Aber nun ist es so weit: Die Linken sind das erklärte Ziel der SPD-Wählerwanderer. In Eving und auch in anderen Hochburgen der SPD im nördlichen Ruhrgebiet. Die Schwatten können sich zurücklehnen

– und genüsslich mitansehen, wie das Lager links der Mitte zerfällt. Die DDR-Vergangenheit der Vorgängerpartei PDS, die wiederum aus der Sozialistischen Einheitspartei Deutschlands (SED) hervorgegangen ist, interessiert im Pott die Wenigsten. Stasibiografien gibt es hier kaum, auch die personelle Zusammensetzung der Linkspartei im Osten wie in Weimar oder Frankfurt (Oder) ist ihren Wählern in Eving ziemlich egal. Mit dem Thema wird sich die Mitgliederversammlung der SPD-Eving ein paar Tage nach der Radtour beschäftigen. Und zwar in drei Schritten: erstens über eine fundierte Analyse, zweitens über eine ausführliche Meinungsbildung und drittens über den Beschluss sofortiger Gegensteuerungsmaßnahmen. Aber zunächst geht es darum, ein Problemverständnis zu entwickeln. Und das hat wohl schon stattgefunden. Dirk Meyer-Jäkel, der sich beruflich bei der Dortmunder Stadtverwaltung um die Informationstechnologie kümmert, kann die Abtrünnigen sogar verstehen. «Die meisten Linkswähler, die früher SPD gewählt haben, sind ja enttäuscht von der Agenda 2010. Es geht um die sozialen Themen», sagt der Ortsfunktionär. «Wir haben vergessen, dass unsere Herzen als Sozialdemokraten links schlagen.»

In der Tat hatte sich der traditionell stärkste Unterbezirk der SPD vor Jahren deutlich gegen die Reformpolitik der Agenda 2010 ausgesprochen, die das Kabinett des SPD-Kanzlers Schröder beschlossen hatte. Jetzt fühlt man sich bestätigt. Rund 10 000 Mitglieder hat der SPD-Unterbezirk hier nach eigenen Angaben noch. Tendenz stark fallend. Alleine der Stadtbezirk Eving hat die Hälfte seiner Mitglieder verloren seit der besten SPD-Zeit unter Willy Brandt. Nach der Agenda 2010 brachen im ganzen Ruhrgebiet die Mitgliederzahlen ein. Und dann setzt Meyer-Jäkel noch einen Satz obendrauf, der einfach nicht totzukriegen ist. Selbst nicht unter solch jungen und gebildeten Familienvätern wie ihm, die Qualitätshemden von Eterna Excellent tragen, wenn sie nicht gerade im SPD-Polohemd Fahrrad fahren: «Wir müssen hier wieder Politik für den kleinen Mann machen.»

«Genau!», würde Günther am Tresen im Vereinsheim St. Barbara dazu sagen. Aber der muss sich noch ein bisschen gedulden, bis die Mitgliederversammlung der SPD zwei Straßen weiter zu Ende sein wird. Und ich mich auf ein, zwei Bier neben ihn auf den Barhocker setzen werde. «Die Linken sind wir», schickt Meyer-Jäkel mir noch hinterher. Den Satz würde Günther nicht mehr unterschreiben, dazu ist er viel zu katholisch. Denn Günther wählt CDU, schon immer. Aber wenn er in der Kneipe mit SPD-Wählern über die neue Moschee in Eving spricht, finden sie schnell zueinander.

Das weiß auch Hans-Jürgen Unterkötter, der so nahe an den Wählern ist wie die im Bundestag oder im Willy-Brandt-Haus in Berlin nicht mehr, seit sie dort sitzen. Für einige in der SPD beginnt die Karriereplanung als Berufspolitiker bereits mit dem Abitur. Da verliert man schon mal schnell den Bezug zur Basis. Den Wahlkampf für die SPD gewinnen aber immer noch ehrenamtliche Leute wie er. Gemeinsam mit Oliver Stenz hat der Bundesverdienstkreuzträger das Wahllokal im Vereinshaus St. Barbara für die SPD erobert. Mit dem drittbesten Ergebnis in der Stadt. Darüber wird sich die CDU-Ortsunion wohl fürchterlich ärgern. Schließlich ist St. Barbara ihr Stammhaus. Aus verständlichen Gründen, die ich versucht habe nachzuvollziehen: «Pfefferschnitzel mit Kroketten und Salat» kommen hier für 7,90 Euro aus einer Küche, in der ein schmerbäuchiger, lebensfroher Koch in blütenweißer Jacke und mit blauem Halstuch anschließend noch gratis einen «Schlach Sose» anbietet. Dazu ein gut gezapftes obergäriges Glas Hövels' Original – und das Glück des kleinen Mannes ist angerichtet, für weniger als zehn Euro. Jetzt muss er nur noch SPD wählen. Günther wird das «im Leben nich» tun. Er ist und bleibt ein Schwatter. Da kann ihn Hans-Jürgen Unterkötter noch so sehr mit seinen SPD-Kugelschreibern und -Einkaufschips beschenken. «Der Günther wirft im Kohlenkeller noch 'nen Schatten», sagt ein älterer Herr am Pissoir neben mir. Auch das Hövels' in Eving treibt, nicht bloß Veltins auf Schalke. Blaue, Schwatte, Rote – Farben spielen im einst grauen Ruhrgebiet eine wichtige Rolle.

Viel mehr als auf die Schwatten in Eving hat Unterkötter es allerdings auf die Nichtwähler abgesehen. Bei der Mitgliederversammlung hatte Dirk Meyer-Jäkel erläutert, dass die Wahlbeteiligung der schlimmste Gegner der SPD ist. Noch schlimmer als die Linken. Wahlforscher haben herausgefunden, dass die zentrale Wählerwanderung zur Partei der Nichtwähler stattgefunden hat. Meyer-Jäkel hatte mit diesen Daten sein IBM-Thinkpad gefüttert und die Genossen im Nachbarschaftshaus damit versorgt. 20 Minuten hatte es gedauert, bis sich der Erste während dieses Vortrags ganz beiläufig am weit geöffneten Fenster eine «West» angesteckt hatte. Sekunden später brannten acht Zigaretten im Saal, es lag eine Luft über der Parteiversammlung, wie man es früher oft gerochen hatte. Nur dass sich heute alle um den einzigen Aschenbecher scharen müssen. Rotes Plastik – von der IG Bergbau Chemie. «Thema ist also: Wie können wir die Leute an die Urne bringen, nicht in die Urne?», kalauert Hans-Jürgen Unterkötter, ohne den die SPD in Eving ziemlich blöde dastünde. Der Mann geht langsam auf die 70 Jahre zu. Er ist das Bindeglied aus der Herzkammerzeit zu der agendageschädigten SPD-Generation. Auf der Fahrradtour hatte er die Richtung vorgegeben. Als Fraktionsvorsitzender der SPD in der Evinger Bezirksvertretung sitzt er auf einer Schlüsselposition. An diesen Stellen kann die SPD im Pott noch ihren Einfluss ausüben. Unterkötter ist ein Zugpferd der SPD. Er ist «vom alten Schlach», wie man hier sagt. Er kümmert sich eher um die Ausstattung der Hauptschule als um den Atomausstieg. «Dat is doch die große Politik, wir können uns zwar untereinander über Bundespolitik unterhalten, aber Einfluss haben wir darauf keinen», sagt Unterkötter.

Für ihn ist «Wahlkampf ein Nahkampf», der täglich geführt wird. Nicht nur an zwei Samstagvormittagen im Jahr hinter dem Infotisch

vorm Supermarkt. Neulich hat er mit einem dieser halbwegs Prominenten am Infotisch gestanden. «Der hat nur untam Sonnenschirm geklebt, kein Wunda, dat die Leute ihn dann nich wählen.» Unterkötter spricht die Fremdenfeindlichkeit der eigenen Klientel offen an. «Wir haben ja massive Schwierigkeiten wegen des Muezzinrufs im Wahlkampf.» Auch links der Mitte gibt es Vorbehalte gegen Menschen aus anderen Kulturen. Die Evinger SPD weiß das. Bei der vergangenen Wahl wurde das erste Mal ein Wahllokal in einem türkischen Restaurant eingerichtet. Mit dem Ergebnis, dass dort die Wahlbeteiligung noch niedriger war als anderswo. «Es sind Gespräche darüber zu führen, dass unsere Stammwähler nicht in einem türkischen Lokal wählen gehen», regt Unterkötter vorsichtig an. Denn andererseits buhlt

**Wahlkampf ist Nahkampf: Die SPD versucht mit allen Mitteln, wieder zu alter Stärke im Pott zu kommen. Aber auch die Politik hat sich gewandelt, vor allem hat sie im Bewusstsein der Menschen an Bedeutung verloren.**

sie um die Stimmen türkischstämmiger Wähler, von denen viele einen deutschen Pass haben. Ständig sei man im Dialog. Die neuralgischen Punkte sind wie überall die Höhe des Minaretts und der Ruf des Muezzins. An beides mögen sich die Evinger nicht gewöhnen. Selbst Siegfried Durlik nicht. Der Stahlarbeiter aus der Preußischen Straße ist eigentlich ein ziemlich gelassener Typ. Aber als polnischstämmiger Katholik lässt er sich die Moschee in seiner unmittelbaren Nachbarschaft nicht so gerne gefallen. Für viele Evinger ist sie eben gewöhnungsbedürftig, wie alles Fremde. Auch wenn sie selbst gar nicht in die Kirche gehen. Aber irgendwann wird das Minarett so selbstverständlich zum Stadtbild gehören, wie der Kirchturm von St. Barbara an der Bergstraße. Die Kirche hatten die Zechenbarone einst mitfinanziert, damit sich die Malocher aus katholischen Herkunftsregionen hier wohlfühlen sollten. Aber auch die dunkelhäutigen Fußballer der SG Phönix Eving wollen sich hier wohlfühlen. «Samma, hat es bei euch inne Kabine gebrannt? ham wir zuerst gefracht, als da der erste von denen auflief. Abba dat is doch gezz normahl», erzählt mir ein Evinger Fußballenthusiast, der schon so lange in der SPD ist, wie ich alt bin. Er hat sich an dunkelhäutige Kicker gewöhnt.

Dirk Meyer-Jäkel sagt, dass die Partei ihre Krise überwinden könne, wenn wieder mehr Leute zu den Fußballvereinen und in die Kneipen gingen. Dass es mehr Leute «zum Anfassen» braucht, so wie Unterkötter und Stenz welche sind. Oder wie der ehemalige Bundestagsabgeordnete Wolfgang Weiermann, ein Maschinenschlosser, der über den Betriebsrat von Hoesch aus dem Hüttenwerk in Dortmund-Hörde in die Politik kam. Er war der Letzte, der für die SPD hier 60 Prozent geholt hat. 60! «Ich glaube, wenn sie den richtigen Mann da hätten oder die richtige Frau, dann könnte man diese Wahlergebnisse wieder erzielen», behauptet Meyer-Jäkel, der damit die aktuellen Würdenträger heftig kritisiert. Ich entgegne, dass aber auch die Vergewerkschaftung der SPD früher eine ganz andere gewesen sei, weil die Partei eben aus Leuten bestand, die hier in den Industriebetrieben gearbeitet haben, die es jetzt nicht mehr gibt. «Mag sein», erwidert er, hält aber an seiner Theorie fest: «Uns hat man gesagt, mit dem richtigen Mann oder der richtigen Frau könnt ihr in Dortmund 20 Prozent über dem Bundestrend liegen.»

Und dann kommen wir zu dem Tag, an dem die Herzkammer in Dortmund aufhörte zu schlagen, der 12. September 1999. An diesem Tag sollten die Bürger dieser Stadt den Genossen Franz-Josef Drabig zur Doppelspitze von Politik und Verwaltung wählen. Dieses Konstrukt ergab sich aus der veränderten Kommunalverfassung des Landes Nordrhein-Westfalen. Bis dahin gab es einen politischen Kopf, den Oberbürgermeister, und einen Oberstadtdirektor, der sich um die Verwaltung zu kümmern hatte. Nunmehr mussten die Wähler über die politische Zusammensetzung der Stadträte im Pott entscheiden und über die mit neuer Machtfülle ausgestatteten Oberbürgermeister.

In Dortmund war Franz-Josef Drabig einer, der – aus Sicht der SPD – sämtliche Voraussetzungen für dieses Amt erfüllte: Franz-Josef Drabig, heute ehrenamtlicher Vorsitzender des SPD-Unterbezirks, ist ein volksnaher Tribun mit Stallgeruch – und einer tiefen Verwurzelung im Arbeiterstadtteil Scharnhorst. Nur dass ihm Ende 1998 als designierter Oberbürgermeister ein folgenschweres Malheur unterlief: Drabig wurde von einer Zivilstreife erwischt, als er nach einer Jubilarehrung eine Prostituierte im Dortmunder Sperrbezirk, dem Drogenstrich der Stadt, in seinen dunkelblauen BMW steigen ließ. Er gab später zu Protokoll, dass er sie bloß als Anhalterin mitnehmen wollte. Das glaubte ihm niemand, zumal die Dame ganz anderes aussagte. Drabig war zu diesem Zeitpunkt Vorsitzender der SPD-Ratsfraktion. Zwei Wochen nach der Rotlichtaffäre stand eine Abstimmung im Rat an, in der er schon ein knappes Jahr vor der Kommunalwahl zum hauptamtlichen Oberhaupt der Stadt gewählt werden sollte – von einer SPD-Mehrheit.

Trotz der öffentlichen Empörung über die Affäre beharrte die SPD im Rathaus aber auf ihrem politisch listigen Fahrplan. Sie wollte kurz vor Ablauf der Verfassungsfrist den Oberstadtdirektor in Staatspension schicken und die Ära des seit fast 26 Jahren amtierenden, dienstältesten Oberbürgermeisters Deutschlands, Günter Samtlebe, feierlich beenden. Ziel der Operation Neuwahl: Drabig hätte mit Amtsbonus und Spitzengehalt in die Direktwahl der NRW-Rathauschefs im September 1999 starten können, resümierte damals die «Welt».

Die geheime Abstimmung im Rat fand statt, Drabig fiel durch, und die SPD ging mit einem gehörigen Eklat ins Jahr der Kommunalwahl. Es fehlte nur eine Stimme. Fünf von 46 Ratsvertretern seiner Fraktion verweigerten ihre Gefolgschaft. Visitenkarten und Briefbögen für den vermeintlichen Oberbürgermeister Drabig waren schon in Auftrag gegeben worden. Angeblich standen schon neue Büromöbel auf seiner Bestellliste. Einige Monate später musste er auch noch das Amt des Fraktionsvorsitzenden niederlegen, da gegen ihn wegen Steuerhinterziehung ermittelt wurde. Damit war eine aussichtsreiche Politikerkarriere vorbei. Tatsächlich war die sogenannte Rotlichtaffäre um Franz-Josef Drabig das passende Vorspiel für ein Debakel der SPD im Pott. Vom dem hat sie sich bis heute nicht mehr erholt.

Wolfgang Clement war ein halbes Jahr vor dieser Affäre vom Landtag zum Ministerpräsidenten gewählt worden. Als solcher hatte er schon die Einladung zur Abschiedsfeier von Urgestein Günter Samtlebe angenommen. In dessen Amtszeit fand das Regieren zwischen Bierständen, Fußballplätzen und Werksführungen statt. Er betrieb die Volksnähe als Beruf. Seine Abschiedsfeier wurde nach Bekanntwerden der erwähnten Polizeikontrolle noch rechtzeitig abgesagt. Clement sagt heute, dass die Vorherrschaft der SPD im Ruhrgebiet mit der darauffolgenden Kommunalwahl zu Ende ging.

In Dortmund wurde die CDU mit 41,7 Prozent erstmals stärkste Partei. Die SPD aber schnitt mit 41,0 Prozent so schlecht ab wie bei keiner Wahl seit 1946. Bei der ersten Direktwahl der Oberbürgermeister lag in Dortmund auch der CDU-Kandidat, der Unternehmer und Seiteneinsteiger Volker Geers, mit 45,6 Prozent vor SPD-Bewerber Gerhard Langemeyer, der auf 42,2 Prozent kam. Die Stichwahl zwei Wochen später konnte der SPD-Kandidat dann knapp für sich entscheiden. BVB-Fan Geers hatte die Stadt mit einem modern geführten Wahlkampf in den Farben Schwarz-Gelb überzogen, von dem die SPD völlig überrumpelt wurde.

In fast allen großen Städten des Ruhrgebiets verlor die SPD bei dieser Wahl zweistellige Prozente. In den meisten bedeutete dies zumindest den Verlust der absoluten Mehrheit. Wenn nicht gar einen Machtwechsel zu Gunsten der CDU: In Duisburg verlor die SPD 13 Prozent, in Essen 14 Prozent – und fiel um den gleichen Wert hinter die CDU zurück. In Bottrop verlor sie 12 Prozent – und landete wie in Gelsenkirchen hinter der CDU, minus 14 Prozent. Ähnliche Verluste erlitt sie in Recklinghausen und Herne, in Bochum verlor sie 9 Prozent, blieb aber stärkste Partei. Diese Kommunalwahl schüttelte das Ruhrgebiet komplett durcheinander. Das Bild vom politischen Erdbeben passte. Die SPD musste in Essen, Gelsenkirchen, Hagen und Hamm die Chefsessel in den Rathäusern für die CDU räumen. Mit 55 Prozent fiel die Wahlbeteiligung 1999 so gering aus wie bei keiner Wahl zuvor. Vor allem in den SPD-Hochburgen im Ruhrgebiet blieben viele Wähler einfach zu Hause.

In Eving reichte es damals noch zur absoluten Mehrheit für die SPD. Erst bei der nächsten Kommunalwahl fiel sie unter 50 Prozent. Es sieht so aus, als würde die SPD ihren Niedergang hier mit zeitlichem Verzug erleben. «Unsere Ergebnisse nahmen kontinuierlich ab in all den Jahren», erkannte Meyer-Jäkel beim Blick in das statistische Material. Ein letztes Mal konnte sich die SPD 2002 aufbäumen. Sie hatte wieder in die Westfalenhalle geladen. Diesmal kämpfte Bundeskanzler Gerhard Schröder um seine zweite Amtszeit, gegen Edmund Stoiber (CSU) einen Bayern – zum Glück für die SPD. Im September stieg die Abschlusskundgebung der SPD wieder im Ruhrgebiet, wo Schröder sich die Zuneigung der Basis durch die Arbeitsmarktreformen seiner Agendapolitik noch nicht gänzlich verspielt hatte. Zwei Tage vor der Bundestagswahl war die Halle voll. Einige Genossinnen und Genossen liefen mit weißen T-Shirts durch den Saal, auf denen «Ich wähle der Doris ihren Mann seine Partei» stand. Zum kulturellen Rahmenprogramm gehörte neben der Band «Extrabreit» («Hurra, hurra, die Schule brennt») aus Hagen auch eine Rede von Literaturnobelpreisträger Günter Grass. Auf den Tag genau 30 Jahre vorher stand Grass schon einmal in der Dortmunder Westfalenhalle. Zu Willy Brandts Zeiten. Viel Erinnerung wurde beschworen an die großen Zeiten der SPD. Auch Rut Brandt, seine Witwe, war da und saß neben der Kanzlergattin Doris Schröder-Köpf in der ersten Reihe. Und wenn Dortmund wirklich die vielbeschworene Herzkammer der deutschen Sozialdemokratie ist, «dann hat sie hier noch einmal heftig geschlagen», fasste es einer der professionellen Beobachter zusammen. Zum letzten Mal hatte sie damals geschlagen – und das auch nur ausnahmsweise.

Schröder wurde nach der Abschlusskundgebung in Dortmund jedenfalls wiedergewählt, die SPD noch einmal stärkste Partei im Bund. Das Ruhrgebiet blieb trotz Verluste mit 52,8 Prozent der Stimmen fest in SPD-Hand. Inzwischen war Wolfgang Clement als Superminister in die Bundesregierung nach Berlin gewechselt, um entscheidend an der Umsetzung der Sozialreformen mitzuwirken. Damit zementierte der damalige SPD-Vorsitzende Gerhard Schröder eine Ausrichtung seiner Partei, die bei den gewerkschaftsorientierten Mitgliedern im Pott endgültig keine Zustimmung mehr finden sollte.

Der Bundeskanzler und SPD-Parteivorsitzende wusste das wohl, war aber von der Notwendigkeit seiner Reformen überzeugt. Deshalb unternahm er immer wieder Versuche, die erodierende Basis der SPD zu binden, sie von seinen Reformen zu überzeugen. Und zwar dort, wo sie am stärksten war – im Pott. Etwa beim Politischen Aschermittwoch, im März 2003, in dem Festsaal «Freischütz» auf der Grenze zwischen Schwerte und Dortmund. Ohne Erfolg, der mitgliederstärkste SPD-Unterbezirk verweigerte ihm die Zustimmung zur Agenda 2010. Es war das Jahr tiefgreifender Veränderungen, auch schmerzhafter Einschnitte in die Strukturen der sozialen Sicherungssysteme. Viele Wähler und Mitglieder der SPD wollten diesen Weg nicht mitgehen und gingen auf Distanz zur SPD. Es folgte eine Austrittswelle, von der die Partei besonders stark im Ruhrgebiet betroffen war.

Inzwischen war der aus Hamburg importierte spätere Bundesfinanzminister Peer Steinbrück vom Landtag als Nachfolger Clements zum SPD-Ministerpräsidenten gewählt worden. Auf der Evinger Kohlenkirmes hätte Steinbrück zu der Zeit mit hoher Wahrscheinlichkeit unerkannt ein Bier trinken können. Ihm gelang es nicht, den Niedergang der SPD im Ruhrgebiet aufzuhalten. Schon Clement hatte sich nicht sonderlich um die Belange der Partei gekümmert. Er sah sich gar nicht als Parteipolitiker, wollte ganz pragmatisch die Probleme des Strukturwandels lösen und wirtschaftspolitisch handeln. Das gelang ihm wesentlich besser, als die Sympathie der SPD-Stammwähler zu erlangen. Die emotionale Lücke, die der SPD-Landesvater Johannes Rau bei den Genossen im Pott hinterlassen hatte, als er ins Bundespräsidialamt nach Berlin wechselte, konnte Wolfgang Clement nicht füllen. Das war auch nicht sein Ansinnen, als er in die Düsseldorfer Staatskanzlei einzog. Das gibt er heute gerne zu. «Ich bin auch in meiner aktiven Zeit kaum in den Ortsvereinen gewesen. Ohne jede Hemmung, bis zu meinem Ausscheiden.» Die Parteiarbeit war Clements Sache nie. Elfriede Fey, die in ihrer Kneipe regelmäßig einen Ortsverein bewirtet, auch Clement einmal, meint dazu: «Der passt sowieso bessa nach Bonn als nach Bochum.» Vor der Landtagswahl 2005 herrschte eine allgemeine Wechselstimmung in NRW, die auch im Ruhrgebiet um sich griff. Die CDU gewann schließlich die Wahl. Und die SPD musste nach 39 Jahren die Macht im bevölkerungsreichsten Bundesland abgeben. Im Wahlkreis von Hans-Jürgen Unterkötter, Oliver Stenz und Dirk Meyer-Jäkel setzt sich nun fort, was bei den vergangenen Kommunalwahlen begonnen hatte: der Abwärtstrend. Wieder liegt die Partei deutlich unter 50 Prozent. Die CDU kommt der SPD selbst in Eving immer näher.

Dort sind sie heute der Meinung, Clement hätte gut daran getan, öfter an ähnlichen volksnahen Unternehmungen wie dieser SPD-Fahrradtour teilzunehmen. Blicken wir also noch einmal zurück auf den Sonntagmorgen. Jetzt ist es zehn Uhr. Die örtliche Parteispitze beschließt, noch einige Minuten auf mögliche Nachzügler zu warten. Ich beschließe, meiner Lust auf Kaffee nachzukommen. Das sollte hier am Markt doch funktionieren. Während die SPD sich in den aktuellen Wahlkämpfen für den Mindestlohn einsetzt, putzt ein Mitglied der betroffenen Zielgruppe die Sonnenbänke im Solarium mit angeschlossenem Kiosk, Kaffeeautomat und ambulanter Außengastronomie. «Was ist denn da los?», fragt mich die Migrantin mit Blick zu dem Fahrradpulk, während sie den Kaffeeautomaten bedient. «Die SPD versammelt sich, um für Sie zu kämpfen», sage ich – und warte auf eine Reaktion. Jetzt summt der kleine Automat, und ein dünner Strahl brauner Brühe läuft in einen Plastikbecher. Vielleicht freut sich die Frau ja über das Engagement in ihrem Sinne. Stattdessen fragt sie nur: «Milch und Zucker?» – «Schwatt», sage ich.

Draußen wird für das Foto getrommelt. Das scheint eine ziemlich wichtige Angelegenheit zu sein. Meyer-Jäkel gibt genaue Anweisungen. Seine Ehefrau Jasmin Jäkel positioniert sich, schließlich ist sie Ratsvertreterin der SPD. Auch Unterkötter nimmt Haltung an. Oliver Stenz dreht sich noch ein bisschen, «nur von vorne bitte, ihr wisst ja, warum.» Denn der Hausmeister hat nicht nur dicke Oberarme. «Weiter noch weg von dem Plakatständer», ruft Meyer-Jäkel.

«Genau, nicht dass die Schwatten noch mit uns aufs Bild kommen», sagt einer aus der Gruppe. «Kommt denn die Presse auch?», fragt ein anderer. «Nein, ist aber nicht schlimm, wir schicken denen wie immer unsere Fotos zu.» Der Leserreporter von der SPD gibt noch ein paar Anweisungen. Nach dem Foto verabschiedet sich der SPD-Bezirksvorsteher, der Bürgermeister des Stadtteils im Nordosten der Stadt. «Termine, Ihr wisst ja, wie dat is.» «Ja, nee, is kla», sagt Oliver Stenz. Dann tritt Jasmin Jäkel vor, eine freundliche Mutter mit jugendlicher Natur, mit der sich die Nachbarn bestimmt gerne beim Bäcker unterhalten. «Liebe Genossinnen und Genossen», hebt sie zur offiziellen Begrüßung an – und trägt dann den genauen Routenverlauf der vor uns liegenden 12-Kilometer-Strecke vor.

Vor einigen Tagen war ich bei einer SPD-Veranstaltung im Kreis Unna, nicht weit von hier. Dort hatte sich die Parteiprominenz aus Düsseldorf in einem der vielen Technologieparks versammelt, die es im Pott überall dort gibt, wo früher die Zechen standen. Bei dieser Gelegenheit hieß die Begrüßungsformel vor der versammelten Mitgliedschaft: «Meine sehr geehrten Damen und Herren.» Und es wurde hochoffiziell festgestellt, dass «wir die Industriearbeitsplätze, die wir heute verlieren, nie wieder zurückbekommen werden». Aber wie gesagt, Eving ist ein bisschen «Goodbye, Willy Brandt». Der Pulk fährt los, Hans-Jürgen Unterkötter vorneweg, Meyer-Jäkel hält die Truppe als Letzter zusammen. An der ersten roten Ampel schlägt Oliver Stenz vor, «dat we ma vorschlagen müssen, in Doatmund die Farben umzudrehen, so dat we bei rot fahn können». Am Rande Evings schimmert es grün aus dem angrenzenden Münsterland. Die roten Polohemden bewegen sich wie gewünscht als politische Akzente durch die Gegend. Es geht durch den Maienweg, wo der sozialdemokratische Traum als Bungalows in den Vorgärten steht – und das Vereinsheim in der Kleingartenanlage «Vorwärts» natürlich auch Wahllokal ist. Der Vorfahrer Unterkötter hält die Truppe gelegentlich an und belehrt über die heimische Natur, die SPD-Bemühungen um Flora und Fauna sowie über den Schallschutz an der A2, deren Asphaltschneise quer durch den nördlichen Stadtbezirk führt. Unterwegs von Oberhausen nach Warschau. Der Radweg führt über eine Fußgängerbrücke, die an ihren jeweiligen Enden in eine Schallschutzwand eingelassen ist. Die Elemente sind mit lieblosen Graffiti übersät. Natürlich meldet sich Empörung von einer der beiden flotten Kurzhaarfrisuren.

«Muss dat denn imma sein, wenn die wenigstens wat Schöönes malen würden.» Unterkötter entdeckt sofort, dass eines der Sichtelemente aus Plexiglas beschädigt ist. Ein klarer Fall von Vandalismus. Der Schaden soll behoben werden, zuvor aber noch der SPD nutzen. Und zwar so: «Der Fraktionsvorsitzende der SPD in Eving, Hans-Jürgen Unterkötter, und die Ratsvertreterin Jasmin Jäkel sind verärgert, dass nach der Reparatur der Lärmschutzwände gegen Ende der letzten Woche schon wieder die Lärmschutzscheibe an der alten Ellinghauser Straße auf der Fürst-Hardenberg-Allee zerstört wurde. Die SPD will jetzt einen Antrag für zusätzliche Maßnahmen gegen Vandalismus stellen.» Diese Zeilen stehen zwei Tage später in der Lokalzeitung, Unterkötter hatte aus dem Missstand gleich eine Meldung gemacht. Bei der kommenden Mitgliederversammlung wird er dafür reichlich Zuspruch erhalten. Der alte Haudegen weist immer wieder darauf hin, wie wichtig solche Aktionen sind, um in die Presse zu kommen. «Wir müssen überall Reklame machen», sagt er, «und wenn es auf einer Beerdigung ist.»

Die Radtour geht nun ein bisschen bergauf. Am Horizont taucht ein grüner Förderturm auf, das Doppelbockgerüst der «Zeche Gneisenau» in Derne, dem benachbarten Stadtteil. Auf einer kleinen Anhöhe wirbt ein Schild für Kronen-Bier – und die Gaststätte «Schacht V». «Dat is also die Ränsch von Werner Böttger», sagt Unterkötter und zeigt auf eine große eingezäunte Wiese. Mittendrin steht ein steinerner, runder Turm. Der ehemalige Wetterschacht des Bergwerks «Minister Stein». Gebaut auf demselben Breitengrad wie der Förderturm in Sichtweite. Der Turm ist ein Unikat, das nach der Schließung der Zeche zum Denkmal erklärt wurde. Böttger hat ihn nach seiner Pensionierung gekauft. Seine Ehefrau betreibt hier ein zünftiges Ausflugslokal mit einem kleinen Biergarten. Böttger hat von hier aus den schönsten Blick weit und breit. Sanfte, grüne Hügel mit Feldern für Weizen und Mais. Auf einem Seitenweg reiten zwei Mädchen auf Pferden. Böttger ist heute ein alter Mann, der einst für den Bergbau in den Pott kam. Und um den DDR-Unrechtsstaat hinter sich zu lassen, rechtzeitig vor dem späteren Mauerbau. Aufgewachsen ist er in der waldreichen, grünen Gegend um den Kyffhäuser in Thüringen. Im Hintergrund hört man noch leicht diesen regionalen Singsang in Böttgers Stimme. Mit Anfang 20 war er schließlich hier. Die Zechen im Ruhrgebiet nahmen damals jeden, der gesund war – und sich der Arbeit stellte. Es war die Zeit, als man begann, ausländische Arbeiter anzuwerben.

Mein Opa hatte damals schon reichlich Kohlen der 175 000 000 Tonnen locker gemacht, die unter dieser Anhöhe aus der Erde geholt wurden. Bis Werner Böttger als letzter Betriebsführer auf «Minister Stein» 1987 hier die Schotten dichtmachte und später dafür sorgte, dass der 952 Meter tiefe Wetterschacht verfüllt wurde. Zwischenzeitlich war er die Stufen der Bergmannshierarchie hochgeklettert. In Eving, wo alleine 5500 Bergleute lebten, nannten sie ihn «Oller», den Alten, was bis heute so ist. Was der Betriebsführer sagte, wurde gemacht. Böttger sagte allen, die es wissen wollten, man müsse immer die SPD wählen. Seine letzten Jahre im Dienst war er Chef des «Stillstandsbereiches» der lokalen Zechen. Er musste helfen, sie abzuwickeln. In der sogenannten Betriebsdirektion Umwelttechnik. Dass der Himmel über dem Ruhrgebiet jetzt so blau sein kann wie an diesem Tag, ist für Böttger deshalb auch seine Leistung. Wenn es auch vorher genau andersherum lief: «Über Leute, die heute über Feinstaubbelastung reden, kann ich nur lachen. Früher fuhren über die Bergstraße täglich 600 LKWs Kohlen zur Halde nach Ellinghausen.» Zu der Stelle, wo Ikea heute in seinem weltweit größten Logistikzentrum seine Billy-Regale stapelt.

Jetzt sitzt Böttger an einem kleinen hölzernen Biertisch in dem urigen Turm und trinkt Malzbier. «Dunkelbier» heißt das hier oder «Mütterbier», weil sie damit früher die schwangeren Frauen gefüttert haben. Für echte Kerle wie Böttger war das eigentlich nichts. Der Mann ist mit seinen deutlich über 70 Jahren immer noch ein Hüne. Die graue Tolle steht ihm vor der Stirn, am Kinn ein Vollbart. Böttger hat das Kreuz eines Bergmanns, über das sich auch noch eines dieser blauen Zechenhemden aus saugfähiger Baumwolle spannt, mit denen wir Ende der 80er zur Schule gegangen sind. Ich glaube, diese Aktion sollte Solidarität mit den Bergleuten der schließenden Zechen ausdrücken. Tatsächlich ging es wohl darum, dass diese Hemden zu Jeans und Chucks cool aussahen. Bis zu den Knien gingen die Dinger und waren in einer engen Jeans ziemlich unbequem zu tragen, weil sich der Hemdsaum in der Hose widerspenstig zu einer Baumwollwurst rollte. Deshalb trugen manche sie über der Hose.

Böttger trägt eine weite Jeans und große grüne Gummistiefel dazu, weil er gerade aus dem Garten kommt, in dem sich ein bauchhoher Hund trollt und ein paar Dutzend Enten gackern. Der Mann sieht auch ziemlich cool aus. So, wie er dasitzt, könnte er glatt für das Dortmunder Designlabel «Zechenkind» werben. Unter diesem Namen werden Umhängetaschen und originelle Accessoires verkauft, die aus dem Stoff solcher Hemden gefertigt werden: «Aus recycelter und gereinigter Bergarbeiterkleidung, in der ein Stück Geschichte des Ruhrgebiets steckt. Unter Tage von ‹echten Kumpels› getragen, bekommt der robuste Stoff durch die ‹Maloche› und den Kontakt mit Kohle eine jeansähnliche Haptik und natürliche Grau- und Braun-Fär-

bungen», so die Eigenwerbung des kleinen Unternehmens, das sogar mit dem Preis einer «Gründerwerkstatt Kreativwirtschaft» ausgezeichnet wurde. Werner Böttger hätte diese Idee früher wohl wie Mütterbier gefunden. Aber die Zeiten ändern sich. «Als Bergmann habe ich ja mehr als genug richtiges Bier getrunken. Das war einfach so.» Seit fünf Jahren trinkt er keinen Alkohol mehr, mit dem Rauchen hat er auch aufgehört. Und heute «erhält und schafft Zechenkind Arbeitsplätze in der Region». Um Arbeitsplätze ging es ihm ja immer. In jeder Position.

Böttger hatte so ziemlich alle Funktionen inne, die man als sozialdemokratischer Bergmann besetzen kann. Vom Bundesgeschäftsführer der Berghütten- und Knappenvereine über den SPD-Ortsvereinsvorsitzenden, den Evinger Bezirksvorsteher bis zum letzten

Gesicht der Partei: Werner Böttger war so etwas wie der Staats- und Parteichef von Dortmund-Eving, als die SPD im Pott noch staatstragend war.

Betriebsführer auf der Zeche «Minister Stein». In zwölf Vereinen war er Mitglied, im Kaninchenzuchtverein, im Hühnerzuchtverein und so weiter. In der Gewerkschaft ist er bis heute, auch in der SPD. Fußball hat er natürlich auch gespielt, 25 Jahre lang. «Ich war linker Verteidiger.» Natürlich! Was denn sonst, etwa Rechtsaußen? Auch im Fußball haben sich die Zeiten geändert. Heute sehen die weltbesten auf dieser Position aus wie Philipp Lahm. Böttger war wohl ein Anti-Lahm. «Sie haben mich beim Fußball Eisenfuß genannt, mehr muss ich doch wohl nicht sagen», sagt er. Böttger war der König von Eving. Vorstellbar wie Bürgermeister und Pfarrer in Personalunion in einem niederbayrischen Dorf. «Als ich das erste Mal für die SPD als Bezirksvorsteher kandidierte, hatte ich niederbayerische Ergebnisse – 78 Prozent. Na, überlegen Sie mal, an jedem der Bergleute hingen doch noch vier Menschen mit dran.» Böttger wehrt sich nicht gegen den Begriff «Staatspartei», den die SPD im Ruhrgebiet de facto jahrzehntelang ausfüllte, eben bis zu jener Kommunalwahl 1999. «Die SPD war nicht nur Staatspartei, sondern auch staatstragend. Es hat niemand Alleingänge gemacht.» Böttger sagt, dass alle sich über das Ausmaß der Möglichkeiten im Klaren waren, und das musste man sich so vorstellen: «Du warst dann dran und jetzt ich. Eine Hand wusch damals eben die andere.» Böttger glaubt, dass bis heute niemand bei der Stadt Dortmund eine Karriere machen kann, «ohne der SPD zumindest nahezustehen». Auch wenn es nicht mehr so ist wie früher. Für die ganz offensichtlichen Dinge sei die Aufmerksamkeit in den anderen Parteien heute zu groß. Auch die der Presse, möchte man ergänzen. Böttger redet jetzt über Jobs bei den Stadtwerken und anderen städtischen Unternehmen. «Da wurde das plötzlich einer, der das Parteibuch hatte, und die anderen Bewerber eben nicht.» Böttger nennt jetzt Ross und Reiter, es fallen Namen und Positionen, die in der Stadt eine Rolle spielen. Es wäre eine Sisyphusarbeit, seine Behauptungen zu verifizieren. Ich frage mich: Warum hat das hier eigentlich noch niemand getan? Die Aufarbeitung der Verhältnisse in der Herzkammer der Sozialdemokratie wäre eine buchfüllende Arbeit. Aber wen interessiert das heute noch? Am Ende würde so ein Werk doch nur auf den Infotischen der «Schwatten» landen, wenn gerade mal wieder Wahlkampf ist. Dabei geht es unter denen, zumindest in Bayern, ganz bestimmt immer noch so zu. «Ich habe unseren Leuten immer gesagt, ihr braucht euch über Bayern nicht zu beschweren, bei uns läuft es doch genauso», amüsiert sich Böttger. Im Ergebnis halte ich ein dickes Stück roten Filz in den Händen. Ich denke an Halil aus Marxloh und komme auf «Made im Ruhrgebiet». Wäre doch ein tolles Gimmick für den SPD-Imageshop im Internet. Vielleicht können die Leute vom Designlabel Zechenkind praktische Umhängetaschen daraus nähen, mit denen Politikerdarsteller kokettierend bei ihren Parteitagen auflaufen.

Zumindest hat die SPD während ihrer großen Zeit im Pott keine politischen Gefangenen genommen. Da gab es schon viel schlimmere staatstragende Parteien auf deutschem Boden. Und dass Abschleppunternehmen, Schausteller, Schulhausmeister, Entsorgungsunternehmenvorsteher, Krankenhausverwaltungsmanager und so weiter mittels ihres roten Parteibuchs im Pott bis heute gut leben können, ist hier eine Binsenweisheit. Mit Sicherheit ist das auch einer der Gründe für die nachlassende Wahlbeteiligung. Man kann sich vorstellen, dass die Wähler sich bei solchen Zuständen nicht mehr ernst genommen fühlen. Bei Gelegenheit würde ich gerne mit Werner Böttger ein Bier trinken, um über die Praxis der Parteispenden zu reden, damals – in der Herzkammer. Das wäre ganz sicher unterhaltsam. Aber er trinkt ja kein Bier mehr. Außerdem wäre er anschließend wohl ein Fall fürs Zeugenschutzprogramm. Aber das ist eben nur eine Mutmaßung. Natürlich ärgert er sich darüber, dass die absolute Dominanz der SPD verschwunden ist. Dafür, dass hier keiner mehr über 60 Prozent kommt, hat er eine ziemlich einfache Erklärung. «Weil die Kameraden heute alle zu arrogant und zu faul und zu bequem sind, um sich mit der Bürgerschaft zu beschäftigen. Sie müssten einfach rausgehen – vor die Tür!» Stattdessen seien sie nicht mehr volkstümlich, schon gar nicht hemdsärmelig. Böttger missfällt das Ergebnis des natürlichen Generationswechsels. Daran gemessen, müsste der kantige Oliver auf schnellstem Wege in den Bundestag. Das stelle ich mir ziemlich gut vor. Oliver Stenz aus Eving live zu Gast bei Peter Hahne vom ZDF in «Berlin direkt». Wenn er dann noch auf den Medienberater verzichtet, hätte das ZDF eine Rekordeinschaltquote in der werberelevanten Zielgruppe der 14- bis 49-Jährigen. Der Wahlkreis Dortmund II hätte eine Wahlbeteiligung wie in alten Zeiten.

Dirk Meyer-Jäkel wünscht sich vom nächsten Bundesparteitag der SPD einfach nur ein klares Signal: nach links. Die Bewegung weg von der «Neuen Mitte» und von der Agenda 2010 ist jetzt im Pott ziemlich in Mode. Die letzten Stunden meines Urlaubs auf der Insel Eving verbringe ich auf einem kleinen vorgelagerten Atoll sozialdemokratischer Naherholung: Im Fredenbaumpark findet heute das Bergbau-Familienfest der Knappenvereine unter einem sattgrünen Blätterdach statt. Wie vor den Heimspielen des FC Schalke 04 ertönt auch hier in Dortmund das Steigerlied. Ein Dutzend Knappenvereine marschiert zur Regionalhymne in den Park ein, zackig vertont von lokalen Spielmannszügen. Alte Männer üben den aufrechten Gang, die Köpfe unter verzierten Schachthüten, im schwarzen Bergmannskittel, die Grubenlampe in weiß behandschuhten Pranken. Einige tragen die bestickten Standarten ihrer «Unterstützungsvereine» über der Schulter. Es ist ein vielbeiniges Museum, das da durch den Park läuft. Die Dichte der SPD-Mitgliedschaft wird hier und jetzt größer sein als an jedem anderen Ort Deutschlands. Und siehe da: Wolfgang Weiermann ist auch dabei, beklatscht von Freunden und Verwandten, am Kuchenbüfett zieht der Tross vorbei. Für diese Leute hier heißt der Ministerpräsident von Nordrhein-Westfalen immer noch Johannes Rau.

Am Tag der verlorenen Landtagswahl in NRW, als die SPD die Macht im Land an die CDU verlor, empfing Bundeskanzler Gerhard Schröder Franz Müntefering und Joschka Fischer im Kanzleramt. «Wir haben NRW verloren», sagte Müntefering zu Beginn des Gesprächs mit Verweis auf die ersten Hinweise der Wahlforscher, durchaus erwartungsgemäß. «Weiß ich schon», antwortete Schröder knapp.

In seinen Memoiren schrieb der Altkanzler, dass ihn die verlorenen Landtagswahlen zu «Neuwahlen im Bund bewogen hatten». Wie ihm die Stimmen aus dem Ruhrgebiet einst zur Kanzlerschaft verholfen hatten, kostete ihn die Abkehr der Stammwähler aus dem Pott nunmehr das Amt. Da halfen auch die gelegentlichen Stadionbesuche des angeblichen BVB-Fans Schröder nicht mehr. Seit seiner Abwahl wurde er dort übrigens nicht mehr gesehen. Inzwischen ist das riesige Stimmenreservoir aus dem Ruhrgebiet so etwas wie eine frei verfügbare Masse. Eine Macht, über die seit einigen Jahren keiner mehr so richtig verfügt. Wem das überzeugend gelingt, hat die besten Aussichten auf eine Dienstzeit als Bundeskanzler. Wolfgang Clement jedenfalls meint, dass es bei Wahlen im Pott nie wieder so wird wie früher: «Die SPD kommt sicher nicht mehr zu alter Stärke im Ruhrgebiet.» Und was ist mit ihren Mitgliedern? «Ach, die Parteiendemokratie geht doch mehr und mehr vor die Hunde», sagt Werner Böttger. Mit dieser These könnte er nach der nächsten Wahl selbst in Berlin landen. In der Talkshow von Maybritt Illner. Ich wäre gespannt, was ihm der Generalsekretär der SPD darauf entgegnen würde. Wahrscheinlich einen Satz, der mit «die Menschen im Land» beginnt und nach Mütterbier schmeckt.

# Ansichtssache

Die Halde Hoheward ist von Eving aus nicht so weit, als dass man nicht mit dem Fahrrad hinkäme. Zunächst muss ich wieder über die Fußgängerbrücke mit den demolierten Schallschutzwänden an der A2 fahren. Und dann geht es ein gutes Stück Richtung Westen. Hinter Recklinghausen-Hochlarmark türmt sich die größte Haldenlandschaft Europas über dem Ruhrgebiet auf – wie ein Tafelberg. Ihr höchster Punkt liegt etwas über der Aussichtsplattform des Dortmunder Fernsehturms. Dort hatte ich meine Reise zu einigen Menschen und Orten im Pott begonnen, auf 142 Meter Höhe. Von dem nördlichen Gipfelplateau der Halde aus kann man diesen Turm bei klarer Sicht gut erkennen: Mit der Handkante an der Stirn blicke ich zunächst nach Südosten. Dort steckt er ganz unten links wie ein Streichholz in der Fläche, die sich wie das Modell einer Industriemetropole unter mir ausbreitet. Man kann von hier oben aus nicht sehen, dass die meisten Gerätschaften, die da in der Landschaft herumstehen, nicht mehr im Einsatz sind. Die Fördertürme und sonstigen Industrieanlagen. Aber man kann es schließen – die Luft ist nämlich klar. Das war früher ganz anders. Am Himmel tanzen zwei bunte Drachen im Wind. Ihr gleichmäßiges Flattern und das Zwitschern der Vögel ist das Einzige, was ich höre. Ein Jogger, auf dessen T-Shirt tatsächlich «Ruhrpott» steht, kreist mich in großer Runde ein. Auf dem Hemd eines langhaarigen Spaziergängers steht «Iron Maiden», und eine junge polnische Mutter balanciert auf der Sprachgrenze. Sie spricht deutsch mit ihrem Kind und polnisch mit dessen Oma. Ich warte auf die Westenträger.

Die kommen einige Minuten später die Serpentinen am Südhang hochgetrampelt – in einer Gruppe. Ihr Reisebus steht unterhalb des Plateaus. Von der Nordseite aus kann man nur Treppen steigen – über 529 Stahlstufen, die schnurgerade die Halde hochführen. Viele kommen mit dem Fahrrad einen sich nach oben schlängelnden Weg hier hoch. Auf dem Plateau angekommen, lassen sich die älteren Leute von ihrem Reiseleiter die Landmarken erklären. Es gibt ein bisschen Streit. Einige in der Gruppe wissen angeblich mehr als der kluge Reiseleiter, der schließlich nachgibt. Was bleibt ihm übrig?

Dieser Ort hier besitzt für mich eine gewisse mystische Aura. Vielleicht hat das mit meiner Verbindung zu dieser Gegend zu tun, vielleicht auch mit dem riesigen Obelisken, auf den ich gerade schaue. Das meterhohe Teil ist der Sonnenstandsanzeiger einer großen Horizentalsonnenuhr. Rechts von mir spannen sich die beiden riesigen Stahlbögen über eine runde plattierte Fläche, die ich schon aus dem Zugfenster gesehen habe: wie die Großkreise Meridian und Himmelsäquator. «Die Bögen teilen dabei den Himmel in Ost- und Westhälfte sowie in Nord- und Südhalbkugel. Tagsüber dienen sie als Sonnenkalender – und nachts als Orientierungshilfe am Sternenhimmel», erklärt ein Buch aus meinem Rucksack. Ach so. An Silvester ist die Fläche unter den Bögen inzwischen ein sehr beliebter Treffpunkt, um von hier aus das Feuerwerk über dem Pott zu bestaunen.

Der Berg, auf dem ich sitze, ist jedenfalls das Produkt einer immensen lang andauernden Kraftanstrengung, die Menschen aus Oberhausen, Duisburg, Gelsenkirchen, Essen, Bochum, Recklinghausen, Herne, Hamm oder Dortmund jahrzehntelang unter der Erde vollbracht ha-

---

**In einen Pott: Dorthin wollen einige all diese Orte schmeißen, um im europäischen Wettbewerb der Metropolen eine Chance zu haben.**

ben. Diese Arbeit hat die regionale Mentalität geprägt. Die Arbeit ist heute eine andere, und die Mentalität wandelt sich. Jetzt können die Ruhris von hier oben aus auf ihre Heimat schauen. Nicht mehr nur von unten – oder eben von unter Tage. Von hier oben aus haben sie einen Blick für die Zusammenhänge der Region. Und irgendwann kommen sie so vielleicht zu dem Schluss, dass es eine Metropole ist: In deren einer Ecke steht ein Fernsehturm. Gleich unterhalb sehe ich einige Windräder, die einige hundert Haushalte im nahen Herten mit Strom versorgen. Ich drehe mich weiter nach rechts und sehe den Förderturm des Bergbaumuseums, in der Mitte ein riesiges Kraftwerk.

Dieser Tafelberg ist ein perfekter Ort zum Nachdenken über das Ruhrgebiet. Besser noch als der Gebetsraum in der Merkez-Moschee in Marxloh. Denn hier oben wird man nicht abgelenkt. Ich lasse meine Begegnungen und Gespräche der letzten Zeit Revue passieren. In meiner Vorstellung kommen dabei einige der Menschen zusammen, die ich auf meiner Reise getroffen habe. Und die eine starke Meinung zum Pott haben. Da sitzen wir also gemeinsam in luftiger Höhe mit dem Blick über unsere Heimat, und ich will von ihnen wissen, was sie denn nun sagen, wenn jemand im Ausland danach fragt, wo sie herkommen? Der Historiker Klaus Tenfelde sagt immer «somewhere close to Cologne». Schließlich sei ein Problem des Ruhrgebiets, dass es nicht hinreichend erkennbar ist. Auch Dieter Gorny erwähnt dann Köln. «Ich sage dann meistens: Ruhr-Area near Cologne, man kann es auch noch verdichten, in dem man einfach sagt: Essen, dann sagen die natürlich – what?» Dagegen gibt sich der Pornoregisseur Harry S. Morgan erst gar keine Mühe: «Ich sage immer Düsseldorf – das kennen die Leute schon wegen des Flughafens. Essen ist ja eine recht große – aber eine No-Name-Stadt.»

Damit sind wir eigentlich schon mittendrin in der Ruhrstadtdebatte, die seit Jahren durch die Gegend wabert. Nach dem Motto: alle in einen Pott. Sodass man künftig sagen kann: Man kommt aus der

Ruhrstadt, aus Ruhr-City, aus der Ciudad de Ruhr. Oder am besten gleich aus «Ruhr», das ist einsilbig und klingt fast wie Rom. Eine ewige Stadt. Manche fordern dafür gar eine Volksabstimmung. Nicht so Wolfgang Clement, der zu den größten Befürwortern dieser großen Lösung im Pott gehört. Von allen hier oben ist er wohl derjenige mit der meisten Erfahrung im Umgang mit Volkes Stimme. Aus seiner Sicht wäre eine Volksabstimmung chancenlos. «Das Ruhrgebiet leidet ja auch darunter, dass überhaupt die Frage, wo es anfängt und wo es aufhört, nicht sauber beantwortet werden kann», sagt der ehemalige Herrscher über diese Gegend da unten. «Wenn der Region das selbst nicht klar ist, was sie ist, dann strahlt sie das auch aus.»

Ich frage also den Wissenschaftler, was denn das Ruhrgebiet eigentlich ausmacht. Wo es anfängt, wo es aufhört? «Es definiert sich über den Raum, in dem die Schwerindustrie zuhause war. Also von Osten her kommend, nicht Paderborn, auch nicht Soest. Aber Hamm und Unna – klar, die gehören dazu.» Ganz am östlichen Horizont hat man eine Ahnung von diesen beiden Städten. Und immerhin steht an der A2 bei Hamm auch das braune touristische Hinweisschild «Ruhrgebiet», damit jeder, der aus Bielefeld, Hannover, Berlin oder Warschau kommt, weiß, wo das Ruhrgebiet anfängt. Dabei sind gerade die Polen ganz sicher diejenigen, die am allermeisten etwas mit der Identität des Ruhrgebiets anfangen können: «Zagłębie Ruhry» heißt es dort und drückt gleich aus, dass der Pott ein Abbaugebiet ist, also ein Revier. In Polen muss man niemandem verschämt erklären, dass man aus der Gegend von Köln kommt. Tenfelde meint jedenfalls, dass es von Hamm bis nach Moers reicht.

Auch der fernseherfahrene Kulturmanager sagt, dass der Pott einzig als Ruhrstadt eine Chance im Wettbewerb der globalen Städte hat. Vor allem fehlt es an einem gemeinsamen Auftreten der Ruhrgebietsstädte. «Es fehlt an Selbstbewusstsein und an einem geschlossenen Marketingkonzept.» Harry S. Morgan weiß, warum. Auch wenn der

Wahldüsseldorfer einer Ruhrstadt ansonsten gleichgültig gegenübersteht. «Wenn man jahrzehntelang sozialdemokratisch regiert wird, dann denkt man nicht an Public Relation und an Marketing. Das haben die Christdemokraten eben besser drauf», posaunt er in den Himmel über Herten. Ob der Sozialdemokrat ohne Parteibuch nun protestiert? Zumindest nicht prinzipiell; Clement muss schließlich keine Wählerstimmen mehr sammeln. Ich ärgere mich nun, dass von den Evinger Genossen keiner mit hier oben ist, um ein bisschen Dampf zu machen. Auch fällt mir jetzt ein, dass ich keinen der Stadtverteidiger eingeladen habe. Aber wir sind ja hier nicht bei Maybritt Illner. Ich bin nicht verpflichtet, für Ausgleich zu sorgen. Darum kümmert sich erstaunlicherweise Wolfgang Clement, der die Sache mit dem fehlenden Selbstbewusstsein so erklärt: «Die Leute im Ruhrgebiet haben ja Minderwertigkeitskomplexe. Die sind immer benachteiligt worden, bis heute.» Dazu fällt mir ein Kommentar aus seiner ehemaligen Zeitung ein, der mir in die Hände gefallen ist, mit «Ungerecht» wird da die Debatte um den im Solidarpakt II vereinbarten West-Ost-Transfer überschrieben. «Weststädte wie Duisburg und Dortmund mögen bis zum Kragen in den Schulden stecken. Sie zahlen sich müde für Ostkommunen, die gar keine Kredite mehr brauchen. Ihre Schulen und Straßen verkommen. Das ist nicht gerecht.» Clement meint, die Ausbeuterei der Menschen im Pott sei lange Zeit das System der Industrie gewesen. Man habe die Gegend einfach als Reservoir für Rohstoffe und Arbeiter betrachtet. «Genau», sagt der Bochumer Kabarettist dazu. «Man hat letztlich geglaubt, was die von außerhalb immer gesagt haben: Ihr seid alle dumm, eure Luft ist schlecht – und deshalb kann aus euch auch nichts werden.» Frank Goosen sieht das Ruhrgebiet ganz langsam auf dem Weg zu einer Metropole. «Aber die ist es so lange nicht, wie es hier keinen ordentlichen öffentlichen Nahverkehr gibt.» Bis sich das nicht ändert, würde er «das Wort Metropole überhaupt nicht in den Mund nehmen».

Und dann zieht doch noch einer den Vergleich, den ich eigentlich vermeiden wollte. «Der Nahverkehr ist ein Riesenproblem. Das liegt aber auch daran, wie hier alles entstanden ist. Berlin beispielsweise, wo der Nahverkehr gut funktioniert, war schon eine Großstadt, als sich der Verkehr langsam entwickelte. Dagegen bestand das Ruhrgebiet damals aus einer Kleinstädterei», sagt Bahnfahrer Clement. Am Ende sei ein unübersehbarer Wust von Verkehrsbetrieben mit einer komplizierten teuren Tarifstruktur dabei herausgekommen. Nur die einheitliche Verkehrsplanung einer gemeinsamen Ruhrstadt könne hier die Lösung bringen. «Außerdem benötigt man dringend eine einheitliche Wirtschaftsförderung», ergänzt Tenfelde. Und die Konkurrenz der Städte bei kulturellen Angelegenheiten sei auch ein Hindernis. Davon weiß Dieter Gorny ein Lied zu singen: «Wenn ich Spaß am Theater habe, dann fahre ich sowieso eher nach Bochum – das ist keine Entfernung aus Essen. Erst wenn wir merken, dass wir in den Städten einzeln überall dasselbe tun und die, für die wir es tun, die Bürger, nicht mehr ausreichend kommen, um diese ganzen Kultureinrichtungen zu besuchen, werden wir merken, dass es besser gewesen wäre, sich ruhrgebietsweit auf einzelne Spielstätten zu beschränken.» Allmählich langweilt der Diskurs, bei dem alle einer Meinung sind. Und dann setzt der Gorny noch eins drauf: «Irgendwann muss den Stadtverteidigern klar werden, dass sie eine Grenze verteidigen, die es bald gar nicht mehr gibt.» Immerhin gehört der Mann zu denen, die allgemeine Entwicklungen frühzeitig erkannt haben. Er könnte recht haben. Aber warum kommen all diese Argumente nicht bei den «Menschen im Land» am Fuße der Halde an? «Weil es nicht genug bekannte Persönlichkeiten gibt, die sich ausdrücklich als Ruhri bezeichnen – und damit auch eine breite Öffentlichkeit erreichen», sagt Goosen. Dem Pott fehlt also eine Lichtgestalt. Schade eigentlich, dass Franz Beckenbauer schon ein Bayer ist.

# Medien

**Bücher**

Auffermann, Uli, «Ruhrgebiet – Rother Wanderführer», München 2008

Beinhauer-Köhler, Bärbel / Leggewie, Claus, «Moscheen in Deutschland», München 2009

Bikeline, «Ruhrtalradweg», Rodingersdorf 2008

Clement, Wolfgang, «Klartext – damit Deutschland wieder in Fahrt kommt», Lahr/Schwarzwald 2009

Meyer, Jürgen, «Wat ist wat? – Das Ruhrstadt-Wörterbuch», Essen 2008

Nöllenheidt, Achim, «Ruhr Kompakt», Essen 2009

Ritter, Ursula, «Spuren aus Stahl», Münster 2008

Röwekamp, Georg, «Der Mythos lebt – die Geschichte des FC Schalke 04», Göttingen 2008

Rothmann, Ralf, «Junges Licht», Frankfurt a. M. 2006

Rothmann, Ralf, «Milch und Kohle», Frankfurt a. M. 2002

Rothmann, Ralf, «Wäldernacht», Frankfurt a. M. 2007

Sturm, Daniel Friedrich, «Wohin geht die SPD?», München 2009

Streletz, Werner, «Kiosk kaputt – Geschichte eines Irrtums», Bottrop 2008

Springer, Johannes/Steinbrink, Christian/Werthschulte, Christian, «Echt! Pop-Protokolle aus dem Ruhrgebiet», Duisburg 2008

Trump, Kelly, «Porno – ein Star packt aus», Herten 2005

von der Grün, Max, «Irrlicht und Feuer», Essen 2007

Welt, Wolfgang, «Doris hilft», Frankfurt a. M. 2009

Welt, Wolfgang, «Buddy Holly auf der Wilhelmshöhe», Frankfurt a. M. 2006

Zöpel, Christoph, «Weltstadt Ruhr», Essen, 2005

**Hörbücher**

Goosen, Frank, «A40 – Geschichten von hier», Bochum, 2007

Ringelnatz, Joachim, «Ich bin etwas schief ins Leben gebaut» (gelesen von Otto Sander), Düsseldorf 2004

**Filme**

ARD, «Schimanski» – Sammelbox, München 2008

Akin, Fatih, «Solino», Hamburg 2003

Schadewald, Bernd, «Verlierer», Essen 2005

Süddeutsche TV, «Gärtners Glück», München 2006

Thorwart, Peter, «Bang Boom Bang», Berlin 2000

**Internetquellen**

http://www.derwesten.de

http://www.dortmund.de

http://www.duisburg.de

http://www.spiegel-online.de

http://www.wdr.de

http://www.youtube.de

httpd://www.welt.de

**Sonstige Quellen**

Dortmunder Stadtarchiv («Phönixsee»)

Institut für Zeitungsforschung, Dortmund

Bericht der Bundesregierung: «Integration in Deutschland» – erstellt für die Beauftragte der Bundesregierung für Migration, Flüchtlinge und Integration, Berlin, 10.6.2009

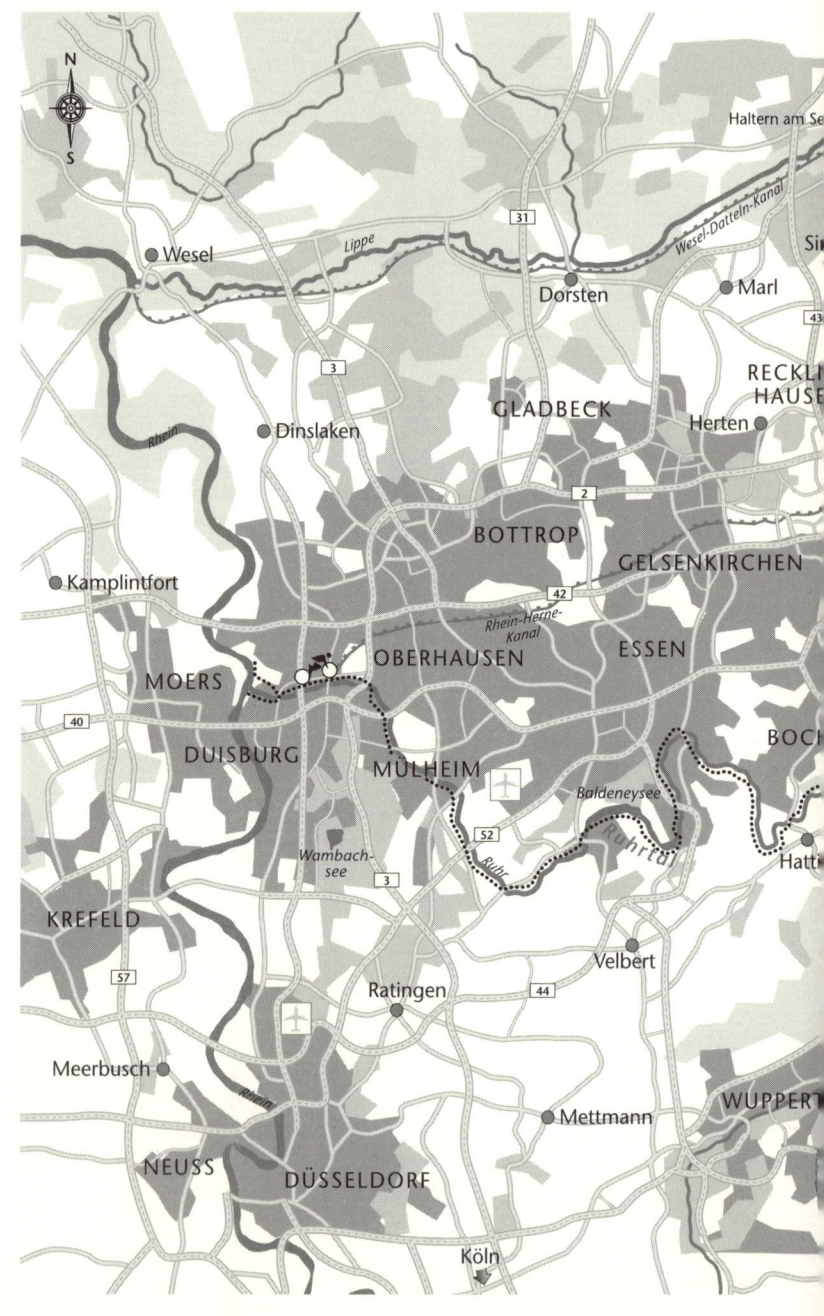